中国古代兵儒关系研究

李静 姚振文 著

山东大学出版社

图书在版编目(CIP)数据

中国古代兵儒关系研究/李静,姚振文著.—济南:山东大学出版社,2019.12

ISBN 978-7-5607-6482-5

Ⅰ.①中… Ⅱ.①李… ②姚… Ⅲ.①军制—研究—中国—古代 Ⅳ.①E291

中国版本图书馆 CIP 数据核字(2019)第 271958 号

责任编辑:郭凯迪
封面设计:陈欣欣　刘芳蕾

出版发行:山东大学出版社
　社　址　山东省济南市山大南路 20 号
　邮　编　250100
　电　话　市场部(0531)88363008
经　销:新华书店
印　刷:济南华林彩印有限公司
规　格:720 毫米×1000 毫米　1/16
　　16.75 印张　257 千字
版　次:2019 年 12 月第 1 版
印　次:2019 年 12 月第 1 次印刷
定　价:49.00 元

本书为山东省社科规划研究项目“中国古代兵儒关系研究”和滨州学院重大课题招标项目“孙子兵学与儒家思想的冲突与融合研究”最终成果

序

兵学和儒学共同产生于先秦时代。从历史发展的长河来看,中国古代兵儒关系发展的过程,就是从并立对峙逐步走向融合互补,兵学逐渐儒学化,最终实现儒学对兵学全面整合的过程。历史上出现“兵儒融合”“以儒统兵”这样独特的文化现象,有其深刻的原因,也是必然的趋势。

战争本身是极端残酷的暴力活动。李零教授说:战争是什么?有组织有目的地杀人。兵法是什么?是杀人艺术。军人是什么?是职业杀手。[1] 战争的非理性达于极致,则使得人之恶性原形毕露,好勇斗狠,时常如“豺狼一般的狂暴”。据说,黄帝伐蚩尤得胜之后,为示惩戒,剥下蚩尤身上的皮,做成箭靶;扯下蚩尤头上的毛发,做成旌旗;把蚩尤的胃掏出来,充上干草,做成蹴鞠;把蚩尤身体的骨肉剁烂,做成肉酱(马王堆帛书《经・正乱》)。

战争暴力本身就蕴含着巨大的破坏性能量。古人说:“师之所处,荆棘生焉。大军之后,必有凶年。”(《老子》第三十章)“争地以战,杀人盈野;争城以战,杀人盈城。”(《孟子・离娄下》)“敝邑易子而食,析骸以爨。”(《左传・宣公十四年、十五年》)。就古代战争而言,血腥屠杀是普遍现象。比如,白起长平之战坑杀赵国降卒40万人;项羽新安之战坑杀秦军降卒20万人;成吉思汗率兵攻城,一遇抵抗,即屠戮全城;丰臣秀吉杀朝鲜人,在京都堆耳成冢,视为“京观”。近代战争更是借助先进武器将战争的血腥暴力推向极致,德国法西斯屠杀600万犹太人,日本侵略者在南京屠杀中国无辜平民

① 参见李零:《兵以诈立:我读〈孙子〉》,北京大学出版社2006年版,第60页。

超过30万人，第一次世界大战死伤3000万人，第二次世界大战死伤1.9亿人。

战争以功利为目的，更把人类自私、贪婪、狡诈的本性发挥到极致。“兵之所贵者势利也，所行者变诈也。”（《荀子·议兵》）所谓的“兵者诡道”“兵不厌诈”“兵以诈立”等兵家概念，本质上都是人的狡诈本性在战争这一特殊领域的深刻反映。正如苏轼所言：“非贪无以取，非勇无以得，非诈无以成。廉静而信者，无用于兵者也。”（《孙武论上》）

总之，战争有其客观作用，且不可避免，但战争暴力又是必须约束和控制的。战争虽然破坏了人的常性和善良，但也催生了人类理性之光辉，进而形成了中国特色的伦理战争观。“圣王之用兵，非乐之也，将以诛暴讨乱也。”（《三略·下略》）战争的目的是除暴安民，是驱除人类之阴暗，追求社会之和平与光明；战争要取一时之“功利”，但又不能抛弃“仁德”之根本。故而，兵家之权谋诡诈和儒家之仁义礼乐相辅相成、有机融合，成为必然。明代赵本学坦言：“君子不得已而用权谋，正犹不得已而用兵也。用之合天理，则为仁义，合王法，则为礼乐。”（《孙子书校解引类·自序》）明代思想家李贽更发出“吾独恨其不以《七书》与《六经》合而为一，以教天下万世也”（《孙子参同·序》）的呼吁与感叹。

兵儒融合互补在当代社会的价值和作用，同样值得重视。《孙子》既是一部杰出的兵学理论著作，也是一部哲理性著作。因此，它既可以应用于军事领域，也可应用于一般社会领域，这是当前学界的共识。然而，当我们真正实践和探索孙子思想在非军事领域的应用之时，却发现事情远非那么简单。兵法研究的是军事活动的一般规律和指导原则，权谋诡诈是其核心与精髓，所谓“算的高明”“骗的巧妙”“示形误敌”“隐真示假”，是兵法思想运用的本质特点。然而，当我们怀着崇拜战争智慧的心理，将其对接、应用于一般社会领域时，就会发现这些东西给社会诚信和民众道德带来了难以估量的负面影响。近年来，笔者越来越认识到，囿于狭窄的兵学研究领域，单纯一味追求孙子思想在社会各领域的应用，很难达到弘扬传统兵学文化之真正目的。正确的思路应该是，一方面要“取其精华，去其糟粕”；另一方面要将兵家谋略创新转换为进步的、优秀的思想观念，

并与整个传统文化的核心精神结合起来，如此才能真正做到有价值、有意义的传播和运用。从历史角度看，儒家的政治理想、道德伦理确实可以对兵家思想的运用起到约束与规范作用。对此，古人早有明确的认识和看法。所谓“用仁义而施机权”“兵以正出而谲用之”，这既可充分发挥兵家的谋略价值，又可最大限度地降低其负面影响和社会危害。事实上，贯穿中国古代历史的“兵儒融合”文化现象之特殊价值正在于此，而其中的经验和教训也值得我们深刻借鉴，并充分合理地加以运用。

在当今学术界，关于历史上兵儒关系或兵儒融合的问题，早有前辈进行过探讨和研究。其中，比较有代表性的学者和成果主要有：倪乐雄先生对先秦孔、孟、荀军事思想的论证及其与兵家思想的比较研究；黄朴民先生最早提出“兵儒合流”的概念及相关论证分析；魏鸿女士对宋代兵儒关系的深入探讨；范中义先生对明代兵儒关系特点的深刻总结；宫玉振先生对晚清《曾胡治兵语录》理学底蕴的揭示与论证，等等。此外，赵国华《中国兵学史》(2004)、赵海军《孙子学通论》(2000)等综合性著作中均有讨论兵儒关系的专题。这些成果大都揭示了兵儒关系发展过程中的某些阶段性特征，很多成果和结论已经实现了个案研究的突破。然而，中国古代兵儒关系经历了一个漫长而曲折的历史过程，其内容也是丰富多样、色彩斑斓的。故而，梳理与总结古今学者在这方面的认识与成果，打通各个时期兵儒关系发展的主要节点，进而构建一个整体的思想内容体系，本身就是一件很有意义的事情。

从本书的整体架构来看，我们既注意到古代兵儒关系发展的自身特点和规律，也兼顾了整个中国历史发展的大致分期。其主体架构包括先秦时期的兵儒关系、秦汉时期的兵儒关系、魏晋南北朝时期的兵儒关系、隋唐时期的兵儒关系、两宋时期的兵儒关系、明清时期的兵儒关系等六个章节。对于每一章的主要内容，我们先对各个时期兵儒关系的主要内容和发展特点进行概括综述，继而以专题性内容对有关兵儒关系的人物或事件进行个案分析，最后以结论或余论的形式进行总结与提升。其中，涉及兵儒关系关键性人物的个案分析是全书内容的基础与核心，我们许多颇有新意的思想和观点也多见于这一部分。本书的最后一个章节，即第七章，简要论述了兵儒互补这一文化现象在当代社会的价值和作用，算是对这一课题的拓展和延伸。

为了使读者能够更好地把握本书整体内容，现将本书主要内容概述如下：

第一章，先秦时期的兵儒关系。先秦时期，是中国古代兵儒关系发展的第一个阶段。在这一阶段，兵学与儒学的关系主要表现为战争观念上的并立与对峙，同时表现为具体用兵理论上的互补与借鉴。

作为春秋时期兵、儒两家杰出的代表人物，孔子与孙子都承认战争与暴力在春秋乱世中的客观作用，对战争持慎战与备战的态度。然而，孔子的战争观念是从儒家的政治理想和道德观念出发，强调“礼”是发动和进行战争的主要依据，可以将其概括为“礼战”思想。孙子的战争观是从兵家的现实功利目的出发，强调“利”是判断战争合理性的主要依据，可以概括为“利战”思想。因此，“礼战”与“利战”主要思想及特色，体现了二人对战争问题最根本的认识差异。

与孔子相比，儒家“亚圣”孟子对战争暴力及兵家兵学表现出激烈的批判态度。其根本原因在于，针对战国时期私欲泛滥、道德沦丧的社会风气，孟子提出了以“仁政”“王道”为核心的“天下观”。此种“天下观”以心系天下苍生为理念，主张通过“仁政”与“王道”统一天下，而战争是“王道”“仁政”的最大对立面。因此，孟子力主以德服人，反对大国霸权和不义战争，甚至强调“我善为陈，我善为战。大罪也。”更痛斥统治者的兼并战争是“率土地而食人肉，罪不容于死。故善战者服上刑”。然而，孟子绝非不战主义者，他强调“仁者无敌”，主张“仁政”是决定战争胜负的根本因素，以至于把政治与军事完全等同起来，从根本上否定了“将帅之谋”“兵革之用”等战争要素的历史作用，从而使儒家的战争观念充满了泛道德主义的理想色彩。

战国末期的荀子，适应这一时期学术综合化的趋向，开始主动探求兵学与儒学之间的互补与借鉴。他不仅注意到军事学本身所具有的独立价值，而且深刻认识到要实现儒家的政治理想离不开必要的军事手段。正因如此，他不像孔子、孟子那样空谈“礼战为上”

“仁者无敌”，而是主张“王霸并用”“礼法兼容”，并能在保持儒家思想主体性的基础上，合理借鉴和吸取兵家的军事思想观念。荀子的军事理论，适应了战国末期诸子军事思想由对峙走向融合的基本趋势，并由此奠定了两汉以后兵儒合流格局的基础。当然，荀子的军事观念最终仍以儒家仁义思想为根基，他对兵家的诡诈思想同样持激烈的排斥与批判态度。

战国时期兵家的另一位杰出代表人物吴起，早年接受过儒家思想教育，在军事实践和军事理论方面有着突出贡献和成就。故而，吴起最早开始尝试对儒家的义战观进行吸收和改造，从而使自己理想化的战争观念真正进入兵学实践领域，其所著《吴子》一书也从整体内容上呈现了兵儒融合的特点。值得强调的是，不能因吴起性格的偏激及“杀妻求将”所带来的败坏的道德名声而否认其在兵儒融合方面的建树和成就。正如学界肯定与承认吴子在探究战争本质规律方面的杰出成就一样，对于其在兵儒融合方面的突出贡献，我们也应给予正确而合理的评价。唯如此，方能更好地审视《吴子》兵学理论在中国兵学史上的地位和作用。

战国末期的《六韬》是推动这一时期兵儒融合的又一杰出代表。它既能继承先秦兵家的成就，又能融合诸子百家的思想，最终集兵学之大成，构建了一个丰富完整的军事理论体系。在这一体系中，其对以民本为基础的儒家战争观的全面论述，对儒家“利而服之”的义战思想的深刻揭示，对将帅治军思想中“忠”与“仁”的合理分析，均深刻体现了儒家的基本战争理念。同时，《六韬》对权谋奇计的大力推崇和系统总结，对军事技术、具体战法的高度重视及详尽阐释，对将帅治军思想中“专”与“严”的精到论述，均能触及兵家理论的核心内容和要害问题。更为可贵的是，在《六韬》对儒家仁义思想和兵家制胜理论的论述在某些方面达到较高水平的情况下，又能巧妙地以适合的体例和结构将这两个方面的内容有机融合，从而使人们自觉或不自觉地体会到兵儒互补在战争中的重要地位和独特价值，这当是《六韬》在中国兵学史上的一个杰出贡献。

第二章，秦汉时期的兵儒关系。秦汉时期是“兵儒合流”发展模式基本确立的时期。秦末汉初，为适应大一统的需要，《吕氏春秋》《三略》《淮南子》等综合性典籍初步为这一时期的兵儒合流奠定了基础。比如,《吕氏春秋》站在秦国统一的立场上,提出"有义兵而无偃兵"的主张,并对儒家的义兵观念进行了详细论证;《三略》在阐释政略的基础上论述军事问题,本身就是兵儒合流的体现;《淮南子·兵略训》以道家思想为基调,以"道"化儒,以"道"化兵,有机地将兵、儒、道各家思想融合在一起。这些内容都体现了兵家与儒家、道家思想相融合的趋势。

至西汉中期,由于汉武帝接受董仲舒"罢黜百家,独尊儒术"的建议,儒家取得政治思想上的统治地位,而兵家思想也因现实战争需要而受到统治者的重视,从而使得政治与军事有机结合的"兵儒合流"发展模式得以确立。然而,兵学与儒学毕竟是性质不同的两种学说,二者在趋向合流的同时充满了激烈的矛盾和冲突。比如,汉初贾谊等人讨伐、清算"诈力"的革心运动,汉武帝时董仲舒等人对义利关系的论证,盐铁会议上贤良文学与桑弘羊的激烈论战,东汉班固等人对兵家的激烈批判,等等,都使得这一时期的兵儒关系充满了曲折和复杂的特点。

不过,到东汉光武帝刘秀之时,兵儒合流最终得以完成。刘秀既善于用儒家的仁本思想指导战争,又善于用兵家的诡道谋略克敌制胜,其总的特点是以"柔道"治国安邦。刘秀政治、军事实践的成功,从实践上证明了兵儒合流的可行性与圆满性,这在中国兵学发展史上具有里程碑式的意义。

第三章,魏晋南北朝时期的兵儒关系。魏晋南北朝时期,兵儒之间的关系较为复杂。在这一时期,虽然玄学的兴起、佛教的传入及道家的勃兴,使得兵家思想和儒家思想的发展都受到极大影响,但儒家思想仍然占据统治地位,兵家思想也因频繁发生战争而得到应用和推广,故而兵儒融合仍然有其存在的必要的基础条件。

尤其在汉魏之际,《孙子》的"兵经"地位得以基本确立。曹操、诸葛亮、刘备、司马懿等人的军事思想及军事实践,都突出体现了"仁诈合一"的特点。比如,被誉为"清平之奸贼,乱世之英雄"的曹操,用兵崇尚"贵奇用诈"的战术,但其一生的军事实践活动都是为了实现平乱安民、天下一统的宏伟目标;被时人看作"达治知变,正而有谋"的诸葛亮,堪称中国以正治国、以奇用兵的杰出代表,而其"鞠躬尽瘁,死而后已"的悲剧结局,正是因为受到了儒家思想的深

刻影响；同为乱世之英雄和枭雄的刘备，在既无良好创业基础又欠缺杰出军事才干的条件下，之所以能从一个底层人物一跃而成为一代雄主，关键在于其“宽厚待人”“甚得众心”所带来的道德信义优势；“文以瓒治”“武以棱威”的司马懿，其一生的文治武功也在一定程度上反映了“兵儒互补”模式在政治军事实践领域的可行性。然而，司马懿并不是儒家政治理想的真正践行者，其生性阴险狡诈、冷酷无情，手段毒辣残忍，其实与儒家思想的仁德理念格格不入。

值得注意的是，十六国的乱世之际，中国历史上还出现了一位杰出的少数民族政治家、军事家——慕容恪。其一生身经百战，多次以弱胜强，攻灭许多割据政权，是历史上少有的常胜将军。同时，他是一位“以慈掌兵”的仁义之将。每次征战，他都主张“修文德以服远人”，力求减少伤亡，兵不血刃，可谓儒家仁爱思想与兵家全胜思想有机融合的真正践行者。

第四章，隋唐时期的兵儒关系。隋唐时期，思想文化界呈现出以开放包容为主要特色的儒、道、佛并尊的格局，这使得兵儒关系以融合发展为主。佛、道的盛行与传播，引起了儒家士大夫知识分子的强烈不安和激烈反对。在此背景下，韩愈明确提出反佛思想，并以儒学“道统观”为旗帜开展反对佛教和道教的斗争。然而，总体来看，儒家思想仍占主导地位，儒、道、佛各家与兵家有很多相通之处，彼此之间既有排斥，也有渗透，终至唐代后期，形成了以儒学为主干，儒、兵、道、佛逐渐渗透合流的总趋势，从而为隋唐兵儒合流的延续奠定了坚实基础。

隋唐时期，兵儒融合反映在许多杰出的理论著作和学术成果之中。比如，杜佑《通典·兵典》立足文武之道，高度论证兵儒关系；杜牧继承杜佑的观点，强调兵儒之间“仁”与“诈”的高度统一；李筌《太白阴经》从整体内容上融合兵、儒、道各家思想；赵蕤《长短经·兵权》集中论述王霸经权之变，这些内容都是隋唐时期兵儒融合的突出表现。在理论与实践结合的层面，《唐李问对》有很多内容直接论述了兵儒关系。同时，作为杰出的政治家和军事家，李世民、李靖的政治及军事实践活动，对兵儒融合做出了突出贡献。

第五章，两宋时期的兵儒关系。两宋时期，兵儒之间的融合与冲突都达到了历史上的高潮阶段。同时，兵学与儒学的融合渐次呈现

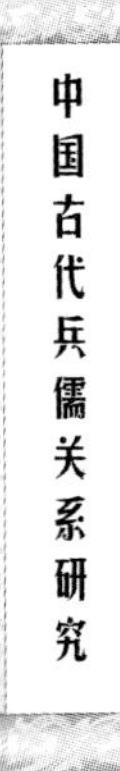

出以儒统兵的趋势，即用儒家的思想来改造兵学，力图将兵学纳入儒学的思想体系。

北宋初年，崇文抑武的治国方略使得儒学在经国治军中的地位被强化，社会上大兴重文轻武之风，从根本上制约了兵学的发展。另外，宋代儒学的理学化，使得儒家思想在中国文化中真正取得了主导地位。宋儒推崇儒家思想，贬斥兵家思想，使得儒家之道德仁义与兵家之诡诈谋略截然对立起来，从而加剧了兵儒之间的冲突和对立。故这一时期的兵儒关系以冲突为主。

宋神宗以后，兵儒关系开始转向以融合为主。北宋中期的边患危机，迫使统治者开始重视军事问题，逐渐恢复武举制度，继而设置武庙、武学，最后校定刊行《武经七书》，这些措施使孙子兵学取得了官方地位，从而大大推动了兵学的传播和发展。同时，北宋中期的军事危机引发了文人群体对军事问题的热心和关注，他们一方面在意识形态层面坚持对兵学的批判和贬抑立场，另一方面立足军事危机的客观现实，主张对兵学进行积极改造，使兵学为现实统治服务。

“文人论兵”思潮是宋代兵儒冲突与融合达到高潮的主要标志。在这一潮流中，一部分文人知识分子从儒家“仁”与“义”的立场出发，对孙子兵学的“利”与“诈”提出尖锐批评，进而否定兵学的价值和作用，其中又以北宋时期的刘敞，南宋时期的薛季宣、叶适、高似孙为突出代表。另外，“文人论兵”使兵儒两家的思想观念在相互涤荡中碰撞出火花，使人们对儒家“仁义”与兵家“诈力”等矛盾冲突之根源的认识更加清楚，对某些焦点和敏感问题的认知也更加到位，这又客观上推动了兵儒之间的互动与融合。再者，在“文人论兵”的过程中，一个更为重要的发展趋向是“援儒释兵”，即以儒家的思想观念浸润和改造兵家思想理论，进而推动儒学与兵学实现更深层次的融合。

南宋时期，兵儒冲突与融合呈现出加深的趋势，同时儒家人物对兵家、兵学的推崇和贬抑也达到了历史上的高峰。这对孙子兵学的发展而言，既有积极作用，也有负面影响。同时，它是北宋“文人论兵”这一复杂文化现象不断延续的表现。作为这一时期杰出的儒兵家代表人物，岳飞一生卓越的军事实践活动对推动兵儒融合做出了突出贡献，堪称中国古代将领中践行兵儒融合的杰出典范。

第六章，明清时期的兵儒关系。明清时期，是中国古代兵儒关系发展的最后一个阶段。这一时期，儒学向兵学的渗透开始在新的深度和广度上展开，体现出更深层次的兵儒结合，“以儒统兵”成为兵儒融合的主要模式。究其原因，明朝初年，文臣拜将现象的普遍化，使得文臣能以儒者的身份研习兵学，自然会把儒学思想更好地融入兵学之中。同时，他们会自觉或不自觉把兵学的基本思想理念带入对儒学的理解与认识当中，这就出现了历史上儒学与兵学真正互动、交融的格局。

明代的兵儒互动一方面表现为“援儒释兵”，即以儒家思想来解释兵法与兵学的具体内容，最典型的代表就是刘寅的《武经七书直解》。另一方面，兵儒互动表现出“援兵入儒”的倾向，其根本目的是要将兵家思想纳入儒家的思想体系之中，使二者有机地融为一体，这极大地推动了兵学与儒学的深层融合。如李贽的《孙子参同》、赵本学的《孙子书校解引类》，就是其中的典型代表。更值得强调的是，明代的兵儒融合并不局限于学术研究层面，而是渗透到作战和治军实践的各个领域。像王阳明、戚继光等，既崇尚儒学，又深通兵学，他们将儒家的人本观念、道德理想观念、修身养性思路和方法等经过适度改造后，创造性地运用于战争指导和治军实践中，极大地发展了兵学的思想体系，在中国传统兵学史上占有重要地位。

明代开创的兵儒互动、兵儒融合的良好格局，至清代逐渐发生改变。清朝统治者重文轻武，大兴文字狱，将君主专制的思想发展到极致。这不仅使兵学文化本身的发展受到严重阻碍，而且使儒家学说逐渐疏离兵学，从而结束了明代兵儒相互融合、彼此包容的大好局面。

值得注意的是，晚清之际曾国藩、胡林翼等儒兵家的大量涌现，对推动兵儒融合还是发挥了一定作用。一方面，曾国藩、胡林翼善于总结历史和现实的经验教训，注重吸收和继承传统兵学的思想精华。另一方面，曾国藩、胡林翼的成长具有深刻的理学背景和理学底蕴，他们以理学家的身份谈兵论战，又将理学的“诚心正意”学说作为兵学的出发点和归宿点，能够对传统兵学的范畴和体系做出新的诠释，进而提出大量富有借鉴意义的兵学理念和兵学命题。

然而，像曾国藩、胡林翼这样的晚清儒兵家又生不逢时。他们所遇到的是中国历史上几千年未遇之大变局，这种大变局所产生的直接后果之一就是传统兵学的嬗变。中国原有的兵学体系正在走向瓦解，而深刻影响兵儒关系的儒家思想也正在走向衰落，近代军事思想最终取代传统兵学思想成为必然的趋势。因而，晚清的儒兵家就成了中国古代最后一个对历史产生影响的兵家群体。

总体而言，中国古代兵儒关系发展的过程，就是从矛盾对峙逐步走向融合互补，最终实现儒学对兵学整合的过程，这使得兵学的地位得到承认，客观上有利于兵学的普及和发展。从主导意义上讲，兵儒融合对于中国古代军事理论体系的构建是积极的、进步的，也具有深远的历史意义。

首先，历史上的兵儒互补及兵儒融合，奠定了中国特色伦理战争观的基础。中国古代军事文化向来崇尚和平，注重武德，强调道德伦理在军事活动中的地位和作用。而传统兵学文化的这一发展特点和趋向，正是儒家道德伦理思想一步步渗透至兵学思想领域的重要表现。崇尚和平与安定，关注民生与和谐，是儒家的根本价值取向。在儒家思想占据统治地位且儒家学者积极关注军事问题的情况下，任何兵家与兵学都不能不自觉接受儒家思想的规范与指导，在战争实践中注重“仁为兵本”，“兵以仁用”，进而追求“杀人亦有限，立国自有疆，苟能制侵凌，岂在多杀伤”（杜甫诗）的至高理想境界。这可以说是兵儒互补最有意义、最有价值的地方。

其次，历史上的兵儒互补及兵儒融合，不仅大大丰富和深化了中国古代兵学思想，而且增强了传统兵学理论的理论性和思辨性。兵学本是实用之学，重视实际经验，追求可操作性，这是其最突出的特点。这样的特点使兵法具有专注获取现实功效的优势，但其思想体系欠缺理论上的精致性与思辨性。儒学对兵家思想的渗透及其改造，大大提升了兵家对战争复杂问题的理性认识，许多兵家人物和兵学典籍在儒学思想的影响下，大力倡导政略高于战略，军事服从于政治，而这正是传统兵学理论走向成熟的重要标志。

当然，兵儒的互补融合有其历史局限性，儒家思想对兵学发展也有很大的负面影响和消极作用。早期儒家过于强调“仁者无敌”，具有理想主义色彩，使得武器、训练、军需等在军事活动中的地位和意义被忽视，大大影响了后世中国兵学的独立发展。更为重要的是，儒家在军事观念上的泛道德主义倾向，极大地压缩了兵家现实主义的成长空间，使得兵家注重理性的现实主义传统被挤压到边缘地位，进而造成中国古代战略文化“道德目标”与“富强目标”关系的紧张和困窘。而至宋明时期，理学占据思想界的主导地位以及由此带来的“以儒统兵”趋势，有悖于兵学自身发展的特殊规律，更容易造成中国古代军事文化自觉意识的迷失，使得中国战略文化越来越体现出内向和保守的发展趋向，最终使得传统兵学向近代军事思想转变的进程步履维艰，这也是近代中国在反对西方列强入侵战争中屡战屡败的一个重要原因。

作者

2019 年 10 月

目　录

第一章　先秦时期的兵儒关系

先秦时期的兵儒关系首先表现为战争观念上的并立与对峙，二者虽有相通之处，但在根本性问题上还是以矛盾和冲突为主。

身处春秋时代的孔子的战争观念，主要是从“礼”和“仁”出发，而“礼”又是孔子在现实层面认识战争问题的基础。孔子极为推崇周朝的礼制，认为它可以解决当时社会的一切问题，故而在治国以礼这一基本观念的基础上，注重以“礼”作为认识战争、进行战争的主要依据。比较而言，对于“仁”与战争的关系，孔子论述不多，即使有也多属于后人演绎推理之结果。对于“义”与战争的关系，孔子也有论述，如“冉有用矛于齐师，故能入其军。孔子曰：‘义也。’”①但这句话本质上仍然体现的是“礼”的问题，所谓“义者，宜也”，二者都属于“按理应该做的事”。由此，我们可以将孔子的战争观概括为“礼战”思想。把握这一特色是我们正确认识和评价孔子军事思想的根本基础。

战国初期，儒家“亚圣”孟子战争观的思想基础是其“天下观”。孟子的“天下观”体现了春秋与战国两个时代的历史分野，开启了战国儒学的思想转换。因为在“天下观”的视野中，人民才是“天下”的真正代表者。孟子讲：“民为贵，社稷次之，君为轻。”②可见，人民作为主体的社会政治力量，已经登上了历史舞台的中心，这标志着孟子的政治理念已经大大超越了孔子的政治理念，进而在战争认识问题上形成了以“王道”“仁政”为核心的战争观。他的战争观与孔子战争观相比，已经

---

① （春秋）左丘明著，蒋冀骋点校：《左传·哀公十一年》，岳麓书社2006年版，第350页。以下仅注书名和篇目。

② 陈戍国点校：《四书五经·孟子·尽心下》，岳麓书社2014年版，第133页。以下仅注书名和篇目。

有了很大的差异。

至战国中晚期，伴随社会统一的步伐及诸子学说融汇的趋势，儒学与兵学关系开始进入相互借鉴、渗透的历史阶段。其中，兵家的主要代表是《吴子兵法》和《六韬》，而儒家在这方面的典型代表则是荀子及其《荀子・议兵》。

荀子作为战国晚期儒家思想的杰出代表，既继承了孔孟的军事思想，又突破了孔孟的军事思想。比如，他在战争问题上既充满理想，又持理性务实的态度；在对待兵家问题上坚持既批判又兼容的思想主张，这些都表现出与孔孟相异的鲜明特色。更重要的是，荀子是一位具有较高军事学术造诣的学者，是儒家兵学思想的集大成者。为适应战国末期天下一统的客观要求，他以积极主动的姿态对儒家军事思想进行系统总结，形成了比较完整的军事思想体系，进而代表了先秦儒家兵学思想的最高水平。

当然，荀子论兵将战争视为实现儒家理想的必要手段，其思想内容仍然是以"仁义"为主体、为根基的，如此其战争观念仍带有儒家的理想主义色彩。从战争指导的基本规律来看，其对兵家权谋诡诈思想的批判是失之偏颇的，其对具体战场实践中的战略战术问题的论述也有不少问题。

与孔、孟、荀相比，身处春秋末期的兵家孙子，代表的是以现实功利为基础的理性主义战争观。兵家思想的最大特点就是注重实用理性，能够客观冷静地对战争本身进行研判，不受任何非理性情感的干扰，一切以现实的利害为依据。这正是先秦时期中国兵家能够深刻把握战争规律，进而创造出较为成熟的兵学理论体系的根本原因。要知道，战争与一般社会活动不同，有其特殊的目标要求和责任，与之相应的军事学也必然有其独特的思维方式和思想理念，我们不能要求军事学家承担伦理学家的责任。

对于兵家战争观和儒家战争观的根本差异，学术界已有人做出较为系统的总结[①]，我们将其主要观点概括如下：

其一，就战争观的核心理念而言，儒家论证军事问题强调以仁义

---

① 参见赵海军：《孙子学通论》，国防大学出版社 2000 年版，第 101 页。

为本，兵家谈论战争问题注重以诡诈为根，“仁”与“诈”的对立乃是儒学与兵学冲突、对立的根本原因。

其二，就战争的目的而言，儒家与兵家之间表现为“义”与“利”的深刻冲突。儒家十分强调战争的正义性质，主张为禁除暴乱而战，同时认为民众是决定战争胜负的根本因素；而兵家则认为战争的主要目的在于争利，所谓“合于利而动，不合于利而止”[①]（《火攻篇》），利害乃是发动战争和战争决策的主要依据。

其三，就战争的评判标准而言，儒家与兵家存在着注重动机与注重事功的重大差别。儒家主要是从动机层面来判定战争性质的，只要是以除暴安民为目的的战争，就是正义战争；以满足统治者个人私欲为宗旨的战争，就是非正义战争。而兵家主要是从事功的角度来评判战争的，所谓“胜敌而益强”（《作战篇》）、“战胜而强立”[②]，这明显是一种功利判断而非价值判断。

其四，儒家与兵家之间还体现出理想主义与现实主义的重大差异。儒家从其“仁义”与“礼治”的政治理想出发，形成了以仁义取天下的战争理想模式，孟子甚至主张“仁者无敌”“以至仁伐至不仁”；而兵家则不然，他们承认战争的客观存在，同时能够正视战争的残酷性和复杂性。故而，他们以极为理性的态度认识战争、研究战争，强调“道、天、地、将、法”各方面因素对战争结果的影响，从而使兵家思想充满了强烈的现实主义精神。

当然，先秦儒学与兵学在战争观念上的这种差异性，也意味着这两种理论体系之间具有互补性。就纯军事理论的论述而言，无论孔孟抑或荀子，其兵学思想主张与孙子的兵学思想截然对立；但就大战略层次的政治与军事的结合而言，二者又可以相辅相成。儒家承认并汲取兵家的谋略思想，而兵家也吸收儒家的仁义和民本观念，这就为后世兵学与儒学的互补融合奠定了基础条件。

---

① 吴九龙主编：《孙子校释》，军事科学出版社 1996 年版，第 231 页。

② 霍印章编著：《孙膑兵法浅说 · 见威王》，解放军出版社 1986 年版，第 38 页。

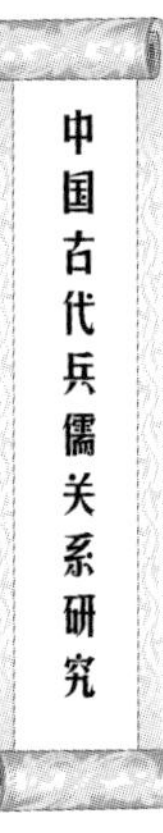

一、孔子与孙子战争观的比较

孙子在军事理论方面的杰出才能和卓越贡献无可置疑。其所著《孙子》一书深刻揭示了战争的本质规律,搭建了中国兵学体系的基础架构,指引了中国兵学发展的基本方向,故《孙子》一书被称为"兵学圣典",孙子本人也被称为"兵圣"。然而,比较孙子与孔子的战争观,还要事先阐明一个问题,即孔子是否懂军事?鉴于这一问题学术界有过争议,故还需要费一点笔墨,探讨一下孔子的军事素养问题。

(一)孔子具有良好的军事素养

从孔子的家世看,其先祖为宋国公室贵族,掌握军政大权,其父叔梁纥以勇力显于诸侯,曾多次立下战功。由此推断,孔子在成长过程中,必然会接受一些军事知识教育,同时受过军事技能的训练。《论语·述而》记载孔子"弋不射宿",《礼记·射义》亦载"孔子射于矍相之圃,盖观者如堵墙",这些都说明孔子具有高超的射技。

就孔子所培养学生的军事素养而言,其弟子冉有、子路都是当时有名的军事将领,这说明孔子的教学内容包括军事教育。《史记·孔子世家》记载:

> 冉有为季氏将师,与齐战于郎,克之。季康子曰:"子之于军旅,学之乎?性之乎?"冉有曰:"学之于孔子。"

孔子还具有敏锐的政治眼光和军事见解。当季孙子欲进攻鲁国附属国颛臾时,先派冉有、子路试探孔子的态度,孔子立刻做出这样的分析:

> 丘也闻有国有家者,不患寡而患不均,不患贫而患不安。盖均无贫,和无寡,安无倾。夫如是,故远人不服,则修文德以来之。既来之,则安之。今由与求也,相夫子,远人不服而不能来也,邦分崩离析而不能守也,而谋动干戈于邦内。吾恐季孙之忧,不在颛臾,而在萧墙之内也。①

---

① (宋)陈祥道:《论语全解》卷八《季氏第十六》,清文渊阁《四库全书》本。以下仅注书名和篇目。

齐、鲁举行“夹谷之会”时，孔子不仅事先强调“有文事必有武备”，让鲁国做好了“具左右司马”的周密准备，而且在关键时刻，临危不乱，指挥有度，最终挫败了齐国君臣借“莱人”劫持鲁君的图谋。

> 夏，公会齐侯于祝其，实夹谷。孔丘相。犁弥言于齐侯曰：“孔丘知礼而无勇，若使莱人以兵劫鲁侯，必得志焉。”齐侯从之。孔丘以公退，曰：“士兵之！两君合好，而裔夷之俘，以兵乱之，非齐君所以命诸侯也。裔不谋夏，夷不乱华，俘不干盟，兵不逼好。于神为不祥，于德为愆义，于人为失礼，君必不然。”齐侯闻之，遽辟之。①

孔子在列国关系方面也有敏锐的眼光和见识，善于辨识和运用外交人才。

> 田常欲作乱于齐，惮高、国、鲍、晏，故移其兵欲以伐鲁。孔子闻之，谓门弟子曰：“夫鲁，坟墓所处，父母之国，国危如此，二三子何为莫出？”子路请出，孔子止之。子张、子石请行，孔子弗许。子贡请行，孔子许之。……故子贡一出，存鲁，乱齐，破吴，强晋而霸越。子贡一使，使势相破，十年之中，五国各有变。②

基于上述多方面的史料记载，孔子精通军事应是不争之事实。对此，很多学者也持肯定的态度。清初颜元就认为：“此处记夫子‘慎战’，必夫子亦曾临阵。又证之夫子自言‘我战则克’，是吾夫子不惟战，且善战，明矣。”③孙祚民先生认为：“孔子在战略战术上有一定的成就。”④李天佑先生认为：“孔子原来是军事行家出身，是一个文武兼备的儒学大师。”⑤高尚刚先生认为：“孔子军事思想确实是其思想体系的一个组成部分。”⑥倪乐雄先生也谈道：“若以春秋时期的军事学水准而

---

① 《左传·定公十年》。

② （西汉）司马迁：《史记·仲尼弟子列传》，中华书局 1959 年版，第 2197、2201 页。以下仅注书名和篇目。

③ （清）颜元：《颜习斋先生四书正误·上论》，《续修四库全书》编纂委员会编：《续修四库全书》第 166 册，上海古籍出版社 1996 年版，第 25 页。

④ 孙祚民：《孔子对待战争的态度》，《光明日报》1962 年 2 月 23 日。

⑤ 李天佑：《试谈孔子的军旅之学》，《文史哲》1962 年第 5 期。

⑥ 高尚刚：《略论孔子的军事思想》，《河南师范大学学报》1986 年第 4 期。

论，孔子也是一位杰出的军事家，只因他在中国文化史上作为文化巨人的光芒太耀眼，以致掩盖了他作为军事家的那部分光彩。”①

（二）孔子与孙子在战争态度上的相通性与差异性

论及孔子的军事思想，首先要阐明的是孔子对于战争的基本态度。孔子反对战争吗？答案是否定的。当子贡问他怎样治理政事时，孔子回答说：“足食，足兵，民信之矣。”②从这句话看，孔子把军事问题视为维系国家生存的三大支柱之一，足见他并不反对战争。

鲁定公十年（前 500）春，齐、鲁举行“夹谷之会”，孔子献策鲁定公，言：“臣闻有文事必有武备，有武事必有文备。”③这说明孔子并不反对武事。

孔子还十分注重对国民进行军事教育，同时强调慎战思想。《论语·子路》篇载：“子曰：‘善人教民七年，亦可以即戎矣。’”又说：“以不教民战，是谓弃之。”《论语·述而》篇亦载：“子之所慎：齐（同斋），战，疾。”该篇又载：“子路曰：‘子行三军，则谁与？’子曰：‘暴虎冯河，死而无悔者，吾不与也。必也临事而惧，好谋而成者也。’”从上述内容看，孔子对战争基本持慎战和备战的态度，这与孙子的重战和慎战思想具有相通性。然而，二人的战争观念还是有根本的差异。作为一代兵家，孙子建立的是一套兵学理论体系，自始至终重视战争的历史作用；而孔子建立的则是一套政治伦理体系，道德伦理在这一体系中占据主导地位，故而面临道德与暴力的选择时，他侧重于前者。进一步讲，在现实层面，孔子肯定战争暴力的作用；而在道德理想层面，他又有忽视战争暴力的倾向。

孔子对管仲有很多批评，认为其“不俭”“器小”且不“知礼”。但当谈到管仲不以战争暴力推动“尊王攘夷”和实现华夏一统的时候，孔子却盛赞其历史功绩：

> 子曰：“桓公九合诸侯，不以兵车，管仲之力也。如其仁！如其仁！”
>
> 管仲相桓公，霸诸侯，一匡天下，民到于今受其赐。微管仲，

---

① 倪乐雄：《孔子与战争》，《军事历史研究》1999 年第 4 期。

② 《论语·颜渊》。

③ 《史记·孔子世家》。

吾其被发左衽矣。[①]

要知道，在孔子眼中，“仁”是一个很高的境界，连他自己都做不到，“若圣与人，则吾岂敢？”[②]但他认为管仲“如其仁”。由此可见，他对不使用战争暴力的人给予了更多认可。

孔子的这种态度，还表现在对舜和武王的不同评价上。《论语·八佾》有载：“子谓《韶》，尽美矣，又尽善也；谓《武》，尽美矣，未尽善也。”舜的天下是通过禅让而取得的，这是儒家思想理念中道德完美的典型，因而孔子认为舜的《韶》乐是尽善尽美的；武王的天下是通过武力征伐取得的，这未能达到完美的道德境界，因而孔子认为武王的《武》乐虽然“尽美”但不“尽善”。

从孔子的亲身经历及其宣传政治主张的实践来看，一旦战争问题与其道德理想发生矛盾和冲突时，孔子同样会表现出否定战争暴力的态度。《孟子》中记载了孔子这样一句话：“仁不可为众也。夫国君好仁，天下无敌。”[③]这里的“天下无敌”可作两种解释：一作“天下不敢与之为敌”解，一作“天下自然没有人与之为敌”解。但无论哪种解释，都包含着这样一层内涵：只要国君好仁，就不需要运用战争暴力，而这正是孔子在理想层面上对战争的基本态度。同时，这说明在理论的终极追求中，孔子表现出一种否定战争暴力的倾向，而这是孔子以“仁”为核心的价值追求的必然结果。

总之，在探讨孔子对战争的态度时，我们应该注意“出世”的孔子和“入世”的孔子之间的区别。在社会现实层面，孔子作为具体政治的参与者和实践者，无法回避战争的现实存在和客观作用，并由此提出了重战、慎战和备战的思想。然而，一旦上升到道德理想层面，要追求“天下归仁”的美好境界之时，孔子又会超脱现实政治，在战争问题上表现出非暴力倾向。因为任何战争暴力对于普通民众而言，都是巨大的灾难。

与孔子相比，孙子对战争问题的认识更为客观理性。在孙子的兵学理论体系中，“慎战”是其研究战争、指导战争的一条核心主线，“重

---

① 《论语·宪问》。

② 《论语·述而》。

③ 《孟子·离娄上》。

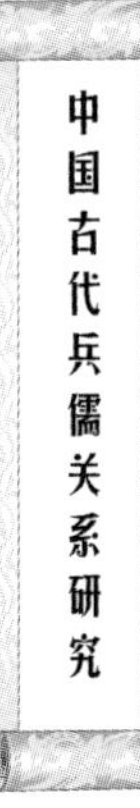

战”“慎战”与“备战”则是孙子战争观上相辅相成的三大支柱。其总体思想主旨是：一切以国家利益为核心，既要承认战争的客观存在，又要慎重对待战争，更要积极备战。换言之，既不能穷兵黩武，也不能寝兵偃武，这就构成了一个理性、现实的战争理论体系。

首先，重战思想是孙子整个战争理论体系的基点。孙子在《计篇》开宗明义：“兵者，国之大事，死生之地，存亡之道，不可不察也。”实际上就是既承认战争的客观存在，又主张理性、慎重地对待战争。当时，一些政治家、军事家也认为，战争既可给国家带来利益，也会带来灾难，因而要重战与慎战并用。管仲说：“明王……所重者，政与军。”[①]子罕亦言：“兵之设久矣，所以威不轨而昭文德也。圣人以兴，乱人以废，废兴存亡昏明之术，皆兵之由也。”[②]可见，他们都把战争视作国家大事，认为武力关系到国家的兴亡和民众的生存，战争不会因人们的善良愿望而自行消失。

其次，慎战思想是孙子整个战争理论体系的核心。战争是解决政治问题的最后手段，它用实力说话，用流血和暴力来强迫失败者臣服。因此，“兵凶战危”是对人类永远的警示。洪兵认为，战争的结局，直接决定着一个国家的命运，并且是用“生”与“死”、“存”与“亡”这种最惨痛的代价和最极端的选择来决定一个国家的命运。当在战争中失败，你必须接受“死”与“亡”的现实，既没有讨价还价的余地，也没有改正错误的机会。[③] 正是基于此种认识，孙子才一再告诫君主和将帅，慎重进行战争决策。所谓“主不可以怒而兴军，将不可以愠而致战。合于利而动，不合于利而止。怒可复喜，愠可复悦；亡国不可以复存，死者不可以复生。故明君慎之，良将警之。此安国全军之道也”（《火攻篇》）。何炳棣认为：

> 《孙子》论兵每每皆具卓识，其最基本的观念之一是对未来战争严重性的深切了解。春秋早、中期君子车战佐以徒兵半游戏式

---

① （唐）魏征编撰：《群书治要·〈管子〉治要》，天津人民出版社2015年版，第293页。

② 《左传·襄公二十七年》。

③ 参见洪兵：《孙子兵法与经理人统帅之道》，中国社会科学出版社2005年版，第10页。

的战争即将永逝不返，战争是关系国家生死存亡的大事，必须全凭理智做通盘计划，决不能允许感情用事。[①]

最后，备战思想是孙子慎战思想落实于实践的必然结果。孙子的慎战思想，并不是不战和避战，而是贯穿着积极的备战思想，强调要随时做好战斗准备，寻机战胜敌人。故而，孙子在强调“慎战”的同时，对备战思想有着更为系统的阐述和分析。孙子在《九变篇》中明确指出：“无恃其不来，恃吾有以待也；无恃其不攻，恃吾有所不可攻也。”即不应把胜利的希望寄托在对方不战和不攻上，而应建立在我方做好充分准备使敌人无机可乘上。其深刻的思想内涵在于，要做到“安国全军”，必先将自己的实力建设好，稳固好自己的后方，消除自身的问题、漏洞和危机，如此才能立于不败之地。

综上所述，孙子与孔子在对待战争问题上都具有慎战思想，然而二者还是有本质区别的。孔子的慎战思想建立在理想和现实的双重基础之上，而作为兵家的杰出代表，孙子的慎战思想建立在现实理性的根本基础之上。

（三）孔子“礼战”思想与孙子“利战”思想的根本差异

孔子的核心思想主要有两个：其一是“仁”，其二是“礼”。就二者的关系而言，“仁”是目的，是最高的理想境界；“礼”是达到“仁”的手段，更多体现于现实层面。孔子说过：“克己复礼为仁。一日克己复礼，天下归仁焉。”[②]就此而言，“礼”是孔子在现实中讨论战争问题的主要依据。在孔子看来，是否使用战争暴力以及如何运用战争暴力，都要看是否合乎“礼”的基本要求。有学者指出：“孔子对于军事的重视和对于战争的审慎是一致的，是深受他的礼治思想所支配和制约的，对于这一点，我们应有清醒的认识。”[③]

孔子所生活的时代，虽然礼崩乐坏，但周天子还是名义上的共主，礼乐制度还没有完全被破坏，故而孔子对当时的社会还抱有希望，认为具体途径就是“克己复礼”。因为“礼”不仅维系着自然的秩序，还有

---

① 何炳棣：《中国思想史上一项基本性的翻案：〈老子〉辩证思维源于〈孙子兵法〉的论证》，《东吴学术》2014 年第 3 期。

② 《论语·颜渊》。

③ 高尚刚：《略论孔子的军事思想》，《河南师范大学学报》1986 年第 4 期。

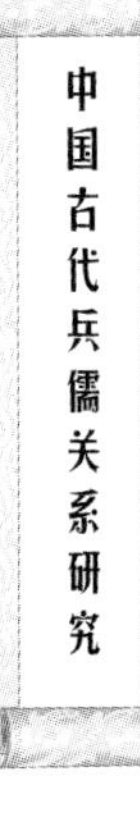

维系社会秩序和人类生存的功能。“礼者天地之序也。”[1]“礼，经国家，定社稷，序民人，利后嗣者也。”[2]“为政先礼，礼其政之本与。”[3]“君子有其事，必有其治。治国而无礼，譬犹之无相与……”[4]

既然“礼”是治理国家的主要政治手段，而战争是政治的继续，因而战争必然与“礼”有着密切关系，并接受“礼”的制约。换言之，战争必须成为“礼”的工具，成为建立孔子所向往的和谐社会秩序的有效手段。

《论语·季氏》中明确指出：“天下有道，则礼乐征伐自天子出；天下无道，则礼乐征伐自诸侯出。”这就是说，在合乎礼制、君臣有序的情况下，由天子决定征伐的战争是合理的，应该予以肯定。其根本原因在于：“天子将出征，类乎上帝，宜乎社，造乎祢，祃于所征之地。受命于祖，受成于学。出征，执有罪；反，释奠于学，以讯馘告。”[5]这样的战争出于维护礼制的客观需要，而战争的进行也合乎礼制的基本规范。

在著名的“堕三都”事件中，郈、费、成三邑都超过“百雉”，并且拥有甲兵，这完全不符合“礼”的规定。因此，时任鲁国司寇的孔子坚决主张使用武力，甚至不惜引起内战。

> 仲由为季氏宰，将堕三都，于是叔孙氏堕郈。季氏将堕费，公山不狃、叔孙辄帅费人以袭鲁。公与三子入于季氏之宫，登武子之台。费人攻之，弗克。入及公侧。仲尼命申句须、乐颀下，伐之，费人北。国人追之，败诸姑蔑。二子奔齐，遂堕费。[6]

“礼”作为发动战争的目的和依据，从价值合理性上看是绝对的，是不需要考虑任何其他实力与功利问题的。齐国大夫陈成子杀死了齐国的君主，孔子闻讯后在鲁国国君和三桓面前，执意请求出兵讨伐陈成子。当时的形势是齐强鲁弱，如若讨伐，几乎没有胜算，但孔子仍

---

① 陈澔注：《礼记·乐记》，上海古籍出版社1987年版，第208页。以下仅注书名和篇目。

② 《论语·里仁》。

③ 《礼记·哀公问》。

④ 《礼记·仲尼燕居》。

⑤ 《礼记·王制》。

⑥ 《左传·定公十二年》。

然坚持自己的主张。

> 陈成子弑简公，孔子沐浴而朝，告于哀公曰：“陈恒弑其君，请讨之。”公曰：“告夫三子。”孔子曰：“以吾从大夫之后，不敢不告也。君曰：‘告夫三子者。’”之三子，告，不可。孔子曰：“以吾从大夫之后，不敢不告也。”①

战争作为一种暴力活动，难免有杀戮之事，但只要符合“礼”，孔子仍然持认可的态度。

> 工尹商阳与陈弃疾追吴师，及之，陈弃疾谓工尹商阳曰：“王事也，子手弓而可。”手弓。“子射诸！”射之，毙一人。韔弓。又及。谓之，又毙二人。每毙一人，掩其目。止其御曰：“朝不坐，燕不与，杀三人亦足以反命矣。”孔子曰：“杀人之中，又有礼焉。”②

周敬王三十四年（前486），齐国发兵侵犯鲁国，孔子闻讯后即号令弟子挺身而出，共赴国难：“夫鲁，坟墓所处，父母之国，国危如此，二三子何为莫出？”③很多人据此认为，这是孔子爱国主义的表现。其实，这是以现代人的观念替古人表白，孔子此举仍然是对违礼行为的谴责与讨伐，我们从孔子“过而不式”的故事中可以更好地理解这一点。

> 荆伐陈，陈西门坏，因其降民，使修之，孔子过而不式。子贡执辔而问曰：“礼，过三人则下，二人则式。今陈之修门者众矣，夫子不为式，何也？”孔子曰：“国亡而弗知，不智也；知而不争，非忠也；亡而不死，非勇也。修门者虽众，不能行一于此，吾故弗式也。”④

从相反的情况看，如果是不合礼的战争，孔子就会坚决反对。《论语》中记载了这样一个事例：

> 季氏将伐颛臾，冉有、季路见于孔子曰：“季氏将有事于颛

---

① 《论语·宪问》。

② 《礼记·檀弓下》。

③ 《史记·仲尼弟子列传》。

④ （清）孙星衍等辑，郭沂校补：《孔子集语校补》卷九《论人·韩诗外传一》，齐鲁书社1998年版，第167页。

> 臾。”孔子曰：“求！无乃尔是过与？夫颛臾，昔者先王以为东蒙主，且在邦域之中矣，社稷之臣也，何以伐为？”①

《论语·卫灵公》又载：“卫灵公问陈于孔子，孔子对曰：‘俎豆之事，则尝闻之矣；军旅之事，未之学也。’”卫灵公是无道之君，不向孔子请教“礼”而请教战争，因而孔子不屑于与其谈论军旅之事，相辞而去。

《左传·哀公十一年》载：“孔文子之将攻大叔也，访于仲尼。仲尼曰：‘胡簋之事，则尝学之矣。甲兵之事，未之闻也。’”孔文子曾促使大叔疾抛弃妻子而娶自己的女儿，结果大叔疾娶其女儿后，又公然勾引前妻之妹，最终导致二人兵戈相向。这属于明显违背周朝礼制的行为，故而孔子拒绝为孔文子出谋划策。

值得注意的是，“礼”还有制止战争和节制战争的功用。治国以礼是孔子的政治理想，如果能够借此达成天下有序稳定的局面，就不需要战争暴力和杀戮。

> 子曰：“‘善人为邦百年，亦可以胜残去杀矣。’诚哉是言也！”②
>
> 季康子问政于孔子，曰：“如杀无道，以就有道，何如？”孔子对曰：“子为政，焉用杀？子欲善而民善矣。”③

另外，在孔子的礼战思想中，“礼”还是决定战争胜负的根本因素。这一方面表现为“礼”对治军的重要作用，所谓“以之田猎有礼，故戎事闲也；以之军旅有礼，故武功成也”④。另一方面表现为“礼”对民众力量的号召和凝聚作用，这一点已经触及民众乃战争胜负之本的基本理论了。

> 晋将伐宋，使人觇之。宋阳门之介夫死，司城子罕哭之哀。觇者反，言于晋侯曰：“阳门之介夫死，而子罕哭之哀，民咸悦，宋殆未可伐也。”孔子闻之，曰：“善哉，觇国乎！《诗》云：‘凡民有丧，匍匐救之。’子罕有焉。虽非晋国，其天下其孰能当之？是以周任

---

① 《论语·季氏》。
② 《论语·子路》。
③ 《论语·颜渊》。
④ 《礼记·仲尼燕居》。

有言曰：‘民悦其所爱者，弗可敌也。’”①

总之，孔子的战争观念主要围绕着“礼”，“礼”是其战争观念的核心要素，可以将其概括为“礼战”思想。

与孔子相比较，孙子则是典型的利本主义者。战争是不同阶级或集团政治经济利益冲突不可调和的产物，故专门研究战争问题的兵家主张“以利为本”，这也属必然。银雀山汉简《见吴王》中，孙子明确指出：“兵，利也，非好也。”在《孙子》十三篇中，孙子更是毫不掩饰其对战争功利的追求。所谓“兵以诈立，以利动，以分合为变”（《军争篇》）；所谓“合于利而动，不合于利而止”（《九地篇》）；所谓“非利不动，非得不用，非危不战”（《火攻篇》）。《孙子》一书共提及52个“利”字，可见“利”是孙子思考战争问题的基本出发点。

为了能够实现现实功利，孙子深刻揭示出“兵者诡道”的战争本质规律。《计篇》指出：

> 兵者，诡道也。故能而示之不能，用而示之不用，近而示之远，远而示之近。利而诱之，乱而取之，实而备之，强而避之，怒而挠之，卑而骄之，佚而劳之，亲而离之。攻其无备，出其不意。此兵家之胜，不可先传也。

可见，孙子以十分现实的态度对待战争谋略。只要能获取最大化的战争利益，只要能最大限度地达到我方生存之目的，什么手段都可以使用，什么骗术都可以实行，并且要计谋迭出，变化多端，这又突出表现为孙子“因敌制胜”的思想。

《虚实篇》指出：

> 夫兵形象水，水之形，避高而趋下，兵之形，避实而击虚。水因地而制流，兵因敌而制胜。故兵无常势，水无常形。能因敌变化而取胜者，谓之神。

在这里，孙子强调“因变”，就是要将自己的力量运用得像水一样，处于一种经常变化的状态之中，向敌展示一种随机而动的无固定形状，即

---

① 杨思贤译注：《孔子家语译注·曲礼子贡问》，中州古籍出版社2016年版，第392页。

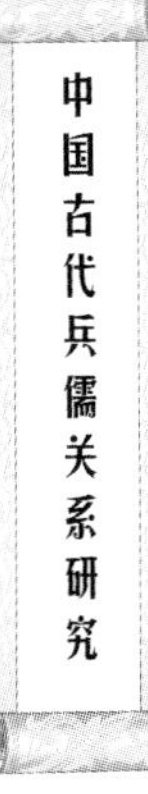

“兵无常势，水无常形”，最终达到一种追求功利、实现自我生存的目的。

《孙子》中是否有仁爱思想呢？答案是肯定的。孙子同样具有保国安民的政治理想，并将这种理想有机融合于他的军事理论中，故其思想中必然有仁爱的成分。但是，孙子的“仁”绝非儒家的道德理想主义或道德至上主义，而是与“诈”密切结合在一起的。换而言之，“仁”是目的，“诈”是手段；“仁”体现战争的理想目标，“诈”符合战争的本质规律，二者并行不悖、融合并用，这正是孙子军事思想创新性的重要体现。俞正山认为：

> 《孙子》就把在战争中施行“诡道”和实施人道（仁），既严格区分开来，又紧密统一起来了，为以“诡道”而行的野蛮战争中实施人道，开辟出了实实在在的生存和发展空间。这是《孙子》的伟大贡献。①

然而，当今许多学者从现代人道主义理念出发，过分拔高孙子的仁爱思想，这是不对的。从本质上讲，《孙子》的立足点还是国家本位或君主本位，而非人民本位。其“令民与上同意”“上下同欲”“视卒如婴儿”“视卒如爱子”等用兵观念，实际上还是将“仁”作为战争取胜的一种手段和策略。否则，如《九地篇》所言“帅与之期，如登高而去其梯；帅与之深入诸侯之地，而发其机；若驱群羊，驱而往，驱而来，莫知所之”，这样的内容又作何解释呢？再者，孙子在《谋攻篇》提出的“不战而屈人之兵”的全胜思想，其主要目的也是争取己方获取最大战略利益，旨在保全自身，而不是保全对方，这也完全可以从《九地篇》所论“信己之私，威加于敌，故其城可拔，其国可隳”的言论中得到佐证。

当然，在春秋战国民本思想日渐盛行的社会背景下，儒家学派所注重的伦理道德之仁爱思想对兵学的渗透也是不可避免的，但其在整个兵家思想理论体系中始终处于辅助的地位。尽管如此，孙子重视现实功利的思想在中国历史上仍具有重要的意义和价值，如陈二林认为：

---

① 俞正山：《仁为兵本，兵依仁用：略论先秦兵学的人道观念及人道规则》，《西安政治学院学报》2008 年第 1 期。

以孙子“利本”思想为代表的兵学理论为一些儒将追求事功、建立功业提供了有力的理论支撑，它将伦理道德与现实利益、整体命运紧密联系起来，在一定程度上避免了“平时袖手谈心性，临危一死报君王”的可悲结局，为中国历史增添了不少亮丽的色彩，为校正儒学理论的不足做出了自己的贡献。①

(四)余论

从上述分析来看，孔子与孙子对战争的基本态度是，都承认战争与暴力的客观作用，在此基础上又都提出了重战、慎战与备战的思想，这是二者的相似与相通之处。然而，孔子与孙子的战争观又存在着“利战”与“礼战”的根本差异。

孙子的战争观以“利”“诈”为基础，在战争问题上完全坚持以“功利”为标准的价值判断，因而在战争指导问题上注重以灵活多变的诡诈战术来追求战争的实际效益。孙子对战争的认识虽侧重于实际功利，但并没有推崇和倡导战争的残暴性，更没有成为一个黩武主义者。孙子所谓“不战而屈人之兵”的全胜思想正是出于安国全军的考虑，试图最大限度地降低战争的残暴性和危害性。因此，以孙子为代表的兵家之理性战争观是具有普适性价值的。

孔子的“礼战”思想具有一定的进步意义。在人类尚没有能力彻底消除战争的条件下，孔子将战争暴力视为维护社会秩序的工具，这对于突破和超越当前强权至上的世界丛林法则具有借鉴价值。同时，孔子的礼战思想本身所蕴含的制止战争、节制战争暴力的进步观念，对于维护世界和平也具有重要意义。有学者曾提出：

> 他为我们民族确立了一项评价战争的价值标准——“礼”，给战争这个“自然野性之物”套上了人类理性的缰绳，具有东方文明特征的“礼”成为历史上制约战争暴力最早的社会性规范之一，这是人类文明进步的重要标志之一，同时凝聚为中华民族文化传统中最有影响的战争价值观之一。②

另外，正如孔子礼制思想所固有的维护统治阶级利益的根本缺陷

---

① 陈二林：《论孙子兵法的“利本”思想》，《济南大学学报》2001 年第 6 期。

② 倪乐雄：《孔子与战争》，《军事历史研究》1999 年第 4 期。

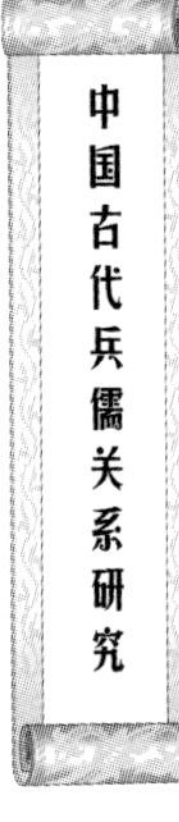

一样，他的“礼战”思想也明显带有君本位的特点。每当下层民众不堪压迫起义反抗之时，统治者总是冠冕堂皇地冠之以“犯上作乱”“大逆不道”的罪名，并予以无情镇压。此种思想极其恶劣，影响也极为深远，而其思想渊源正出于孔子以“礼”为核心的战争观念。再者，在春秋时期礼崩乐坏的大趋势之下，孔子再以“礼”作为论述战争的主要依据，不适合社会发展的基本需要，其中的某些内容和主张既与以仁爱为核心的道德伦理思想发生矛盾和冲突，也根本不具备指导现实战争的价值。正如有学者指出：

> 孔子内心深处充满对战争的排斥情绪，另一方面仍把战争作为实现儒家政治理想的手段；孔子认为德礼是首位的，文治高于武攻；儒家推崇德礼战争观，提倡礼乐征伐，使儒家在兵文化上也理性地走向天真的荒诞。①

二、孟子对兵家的激烈批判及其以“仁政”为基础的战争观

孟子(约前 372～前 289)，名轲，字子舆，战国时期邹国(今山东济宁邹城)人，著名哲学家、思想家、政治家，儒家学派重要代表人物。《孟子》一书是今天我们学习和研究孟子思想的主要依据，全书共 7 篇，约 3.5 万字。通观全书，“仁政”是其思想体系的核心，如此书开篇即言“王何必曰利，亦有仁义而已矣”②。受此影响，孟子的军事思想也以“仁政”为核心，以“民本”为基础，由此奠定了中国特色伦理主义战争观的基础。有学者指出：

> 在孟子的战争观念里，以“民本”为核心的“仁政”原则贯穿于战争始终，决定着战争是否正义，制约着战争的胜败，“仁政”成了战争发动者进行战争的起点和支点，战争在本质上成了一个道德问题。③

---

① 张颂之：《兵家文化与儒家兵文化》，《孙子学刊》1992 年创刊号。

② 《孟子·梁惠王上》。

③ 程远：《简论孟子的战争观》，《西安政治学院学报》2008 年第 2 期。

（一）孟子与孔子所处时代的差异

从春秋到战国，社会的组织架构发生了根本性变化。孔子所处的春秋时代，天下尚有共主，整个社会尚有秩序和精神依归可言，人性也没那么险恶和复杂。孔子是“贵族改良派”的代表人物，以维护传统的姿态追求改革，希望以“克己复礼”的途径实现“天下归仁”的理想境界。

孟子所处的战国时代，社会组织和人心已然混乱，天下充斥着暴戾之气。从社会危机的表现看，战国时代是大乱之世，是私欲与贪婪充斥的时代。权贵阶层迷信强权暴力，残酷狠毒，权谋诡诈无所不用其极。对此，孟子称之为“天下溺”[①]，是充满恶的“邪世”。此种“邪世”有两种突出表现：其一，统治者无休无止的横征暴敛，导致社会财富分配严重不公，以致“庖有肥肉，厩有肥马，民有饥色，野有饿莩”[②]；其二，统治者以大规模战争的形式进行有组织的掠夺和杀戮，“争地以战，杀人盈野；争城以战，杀人盈城”[③]。从人性危机的表现看，毁情灭性的现象在社会中普遍存在，弑君杀父、手足相残、弃绝忠良乃至荼毒百姓的事情多有发生。

> 梁惠王以土地之故，糜烂其民而战之，大败；将复之，恐不能胜，故驱其所爱子弟以殉之。是之谓以其所不爱及其所爱也。[④]
>
> 乐羊为魏将而攻中山。其子在中山，中山之君烹其子而遗之羹，乐羊坐于幕下而啜之，尽一杯。[⑤]

从如此泯灭人性与天良之事可知，当时人心中的暴戾、阴狠之气已充斥到了何等地步。诚如汉代儒家重要代表人物赵岐在《孟子题辞》中所描述的，孟子所处的战国时代已是“仁义荒怠”的时代。

> 周衰之末，战国纵横，用兵争强，以相侵夺。当世取士，务先权谋，以为上贤。先王大道，陵迟隳废……孟子闵悼尧、舜、汤、文、周、孔之业将遂湮微。正涂壅底，仁义荒怠。佞伪驰骋，红紫乱朱。于

---

① 《孟子·离娄上》。

② 《孟子·滕文公下》。

③ 《孟子·离娄上》。

④ 《孟子·尽心下》。

⑤ （西汉）刘向辑录：《战国策·魏一》，上海古籍出版社 1985 年版，第 777 页。以下仅注书名和篇目。

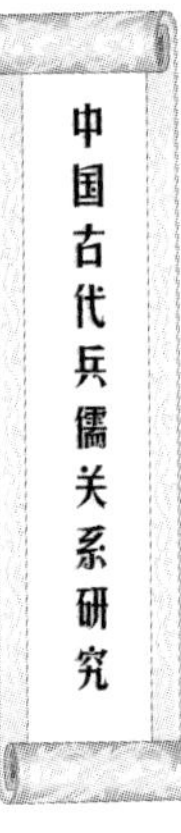

是则慕仲尼,周流忧世。遂以儒道游于诸侯,思济斯民。[①]

时代的变化与现实的变异,使孟子不再像孔子那样指责"礼崩乐坏"的社会弊端,亦不再强调"克己复礼"与"必也正名"的伦理价值。孟子已深刻认识到,要想取得医治乱世的良方,就必须以天下苍生为系念,彻底打破战国诸王各自控驭的所谓"国家利益"的藩篱。由此,他提出了以"仁政""王道"为核心的"天下观"。《孟子·梁惠王上》中孟子见梁襄王的一段话就突出表现了孟子这一思想:

> 出,语人曰:"望之不似人君,就之而不见所畏焉。卒然问曰:'天下恶乎定?'吾对曰:'定于一。''孰能一之?'对曰:'不嗜杀人者能一之。''孰能与之?'对曰:'天下莫不与也。王知夫苗乎?七八月之间旱,则苗槁矣。天油然作云,沛然下雨,则苗浡然兴之矣。其如是,孰能御之?今夫天下之人牧,未有不嗜杀人者也。如有不嗜杀人者,则天下之民皆引领而望之矣。诚如是也,民归之,由水之就下,沛然谁能御之?'"

(二)"善战者服上刑"——对战争暴力进行激烈批判

《孟子》一书对军旅之事的贬低与否定,可谓满纸皆是。其根本原因在于,当时的兼并战争与孟子的"仁政""王道"理想完全背离。

孟子对春秋时期战争的评价是:"春秋无义战。彼善于此,则有之矣。征者,上伐下也,敌国不相征也。"[②]孟子此言对当时战争的否定态度是极为明确的,他认为春秋时期的战争是不合礼法的,是不合道义的,甚至没有一场战争是合于道义、值得肯定的。宋代朱熹对此进一步阐释说:"《春秋》每书诸侯征战之事,必加讥贬,以著其擅兴之罪,无有以为合于义而许之者。"[③]

时至孟子所处的战国中期,兼并战争规模越来越大,战争的激烈程度也越来越残酷,所谓"争地以战,杀人盈野;争城以战,杀人盈城"(《孟子·离娄上》);"凶年饥岁,君之民老弱转乎沟壑,壮者散而之四

---

① 冯友兰:《三松堂全集》,河南人民出版社2000年版,第487页。

② 《孟子·尽心下》。

③ (宋)朱熹撰,金良年今译:《四书章句集注·孟子》,上海古籍出版社2006年版,第459页。以下仅注书名和篇目。

方者几千人矣”(《孟子·梁惠王下》)。孟子将这种残酷现实与仁政理想相比较,必然会大失所望,进而对战争进行更加猛烈的抨击与指责。

孟子不仅反对君主发动以强凌弱、以大欺小的兼并战争,还反对君主靠血腥和暴力取得天下,“行一不义,杀一不辜,而得天下,皆不为也”①。在孟子眼中,那些为了个人私欲而驱民作战的君主是不容于尧、舜之世的:“不教民而用之,谓之殃民。殃民者,不容于尧、舜之世。”②更值得注意的是,基于“战争暴力不可恃”的观点,孟子对儒家一直尊奉的某些古代典籍也表示怀疑:

> 尽信《书》,则不如无《书》。吾于《武成》,取二三策而已矣。仁人无敌于天下,以至仁伐至不仁,而何其血之流杵也。③

同时,孟子对研究和直接指导战争的兵家也进行了猛烈批判。他说:

> 今之事君者曰:“我能为君辟土地,充府库。”今之所谓良臣,古之所谓民贼也。君不乡道,不志于仁,而求富之,是富桀也。“我能为君约与国,战必克。”今之所谓良臣,古之所谓民贼也。君不乡道,不志于仁,而求为之强战,是辅桀也。由今之道,无变今之俗,虽与之天下,不能一朝居也。④

孟子甚至主张对好战分子处以最重的刑罚:

> 有人曰:“我善为陈,我善为战。”大罪也。⑤
>
> 此所谓率土地而食人肉,罪不容于死。故善战者服上刑,连诸侯者次之,辟草莱、任土地者次之。⑥

在这一点上,孟子的战争观与老子的战争观有很大的相似之处。老子有言:“胜而不美,而美之者,是乐杀人。夫乐杀人者,则不可以得志于天下矣!吉事尚左,凶事尚右。偏将军居左,上将军居右,言以丧

---

① 《孟子·公孙丑上》。
② 《孟子·告子下》。
③ 《孟子·尽心下》。
④ 《孟子·告子下》。
⑤ 《孟子·尽心下》。
⑥ 《孟子·离娄上》。

礼处之。杀人之众，以悲哀泣之；战胜，以丧礼处之。”[①]其根本原因在于，两位贤人虽然坚持救世的政治主张不同，但都具有悲天悯人的情怀，都呼吁对人之生命的尊重。

从上述内容看，孟子基于“仁政”“王道”的美好理想，对当时的兵家进行了激烈批判。从人本的角度讲，这虽具有进步意义，但也反映了孟子军事思想的历史局限性。就当时的客观实际情况而言，兼并战争虽反人道，但符合中国历史走向统一的基本趋势；而“仁政”“王道”合于人道，却解决不了当时现实社会所面临的问题。孟子以仁政思想否定当时的战争，却使自己的思想理论沦为苍白无力的说教。司马迁深刻认识到了孟子战争观的不合时宜性：

当是之时，秦用商君，富国强兵；楚、魏用吴起，战胜弱敌；齐威王、宣王用孙子、田忌之徒，而诸侯东面朝齐。天下方务于合从连衡，以攻伐为贤，而孟轲乃述唐、虞、三代之德，是以所如者不合。[②]

（三）“以至仁伐至不仁”——战争是推行仁政的重要工具

孔子与孟子虽都将自己对战争的基本认识建立在“仁”的基础之上，但二者的现实归途却截然不同。孔子追求“天下归仁”的政治理想境界，其具体途径是“克己复礼”。由此，在现实层面上，孔子将战争视为维护礼制的工具，镇压下层人民起义反抗的有效手段。可见，注重以战争维护礼制的思想倾向，并没有使孔子真正沟通战争与道德之“仁”的关系。孟子则不同，他不仅将战争置于儒家最高道德原则“仁”之上，而且将其落实到了具体的、现实的仁政层面，并以民本思想为中介，彻底沟通了二者之间的关系。如此一来，战争就不仅成为行“仁政”的主要手段，而且成为实现儒家宏伟蓝图的有力工具。

在追溯历史的过程中，孟子所赞誉或肯定的战争本来就是“救民于水火”，建设他所向往的“王道乐土”：

汤始征，自葛载。十一征而无敌于天下。东面而征，西夷怨，南面而征，北狄怨。曰：“奚为后我。”民之望之，若大旱之望雨也。

---

① （汉）河上公注，（汉）严遵指归，（三国）王弼注，刘思禾校点：《老子·第三十一章》，上海古籍出版社 2013 年版，第 65 页。

② 《史记·孟子荀卿列传》。

> 归市者弗止，芸者不变，诛其君，吊其民，如时雨降，民大悦……救民于水火之中，取其残而已矣。①

在现实社会中，孟子大力提倡和拥护所谓的“义战”，使其成为推行仁政的有力工具，并将民本意识有机融入其战争观念之中。

> 齐人伐燕，胜之。宣王问曰：“或谓寡人勿取，或谓寡人取之。以万乘之国伐万乘之国，五旬而举之，人力不至于此。不取必有天殃。取之何如？”孟子对曰：“取之而燕民悦，则取之。古之人有行之者，武王是也。取之而燕民不悦，则勿取。古之人有行之者，文王是也。以万乘之国伐万乘之国，箪食壶浆，以迎王师，岂有他哉？避水火也。如水益深，如火益热，亦运而已矣。”②

殊为可贵的是，孟子的战争思想还从民本观念出发，深刻阐述了“汤武革命”的正义性与合理性，进而表现出与孔子讳言“汤武革命”的迥异态度。孟子与齐宣王的一段对话，就充分说明了这一点：

> 齐宣王问曰：“汤放桀，武王伐纣，有诸？”孟子对曰：“于传有之。”曰：“臣弑其君，可乎？”曰：“贼仁者谓之贼，贼义者谓之残，残贼之人谓之一夫。闻诛一夫纣矣，未闻弑君也。”③

在上述思想的基础上，孟子提出了一系列反映儒家战争观的重要概念和命题，如“仁者无敌”“以至仁伐至不仁”“王师”“天吏”“诛一夫”等。从这些基本概念来看，孟子绝不是一个“非战主义者”或“非暴力主义者”，而是一个高扬“义战”旗帜的仁政论者。有学者指出：

> 孔子在现实政治中着眼点是一种秩序规范，孟子的着眼点是人民的生存权利，前者强调以君王为首的现实政治制度之权威神圣不可侵犯，后者强调民众的利益高于一切，甚至可以否定包括君王在内的一切权威。孔、孟两位儒学大师在战争暴力观上的这种重大对立影响极其深远。在后来两千多年的历史中，这两种战争暴力观分别成为统治者暴力镇压人民和人民用暴力反抗统治

---

① 《孟子·滕文公下》。

② 《孟子·梁惠王下》。

③ 《孟子·梁惠王下》。

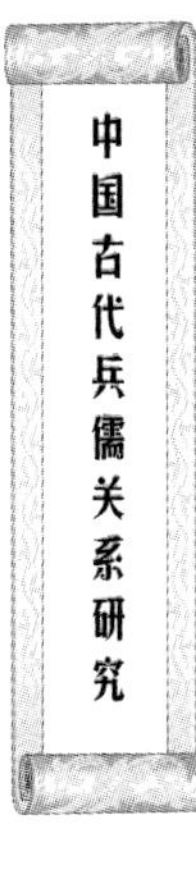

者的思想工具。[1]

(四)"仁者无敌"——仁政是决定战争结果的根本因素

中国几千年的传统观念认为,人心向背是决定战争胜负的根本因素,孟子"仁者无敌"思想正是这一观念最集中、最典型的表达。在《孟子》一书中,虽然提到孔子有过类似话语,"国君好仁,天下无敌焉……征之为言正也,各欲正己也,焉用战"[2],但真正阐明战争与人心内在关系的还是具有民本观念的孟子。

> 今夫天下之人牧,未有不嗜杀人者也。如有不嗜杀人者,则天下之民皆引领而望之矣。诚如是也,民归之,由水之就下,沛然谁能御之?[3]

这就直接论述了战争胜负与民心向背的关系,透露出深刻的民本主义战争观念。

当然,在孟子的眼中,"仁者无敌"不是一种预设的理想,而是经过了历史与先王们的亲自实践。为此,孟子不仅总结了先王的成功经验,而且将先王德政视为赢得天下的必然规律:

> 三代之得天下也以仁,其失天下也以不仁。国之所以废兴存亡者亦然。天子不仁,不保四海。诸侯不仁,不保社稷。卿大夫不仁,不保宗庙。士庶人不仁,不保四体。今恶死亡而乐不仁,是犹恶醉而强酒。[4]

从当时的社会战争实践来看,仁义的实施与否当然也决定着战争的成败。对此,孟子以燕国为例,进行了正反两个方面的论述。

> 今燕虐其民,王往而征之,民以为将拯己于水火之中也,箪食壶浆,以迎王师。若杀其父兄,系累其子弟,毁其宗庙,迁其重器,如之何其可也?[5]

---

① 倪乐雄编著:《寻找敌人:战争文化与国际军事问题透视》,经济管理出版社2003年版,第388页。

② 《孟子·尽心下》。

③ 《孟子·梁惠王上》。

④ 《孟子·离娄上》。

⑤ 《孟子·梁惠王下》。

接下来，孟子还对“仁者无敌”的根本原因做出了深刻阐释：其一是社会学层面的“勿夺民时”，其二是政治学层面的“王霸之道”。

王如施仁政于民，省刑罚，薄税敛，深耕易耨；壮者以暇日修其孝悌忠信，入以事其父兄，出以事其长上，可使制梃以挞秦楚之坚甲利兵矣。①

以力假仁者霸，霸必有大国。以德行仁者王，王不待大，汤以七十里，文王以百里。以力服人者，非心服也，力不赡也。以德服人者，中心悦而诚服也，如七十子之服孔子也。②

在上述论述的基础上，孟子最终提出了“得道者多助，失道者寡助”“天时不如地利，地利不如人和”等基本观念，进而将“仁者无敌”的历史经验上升到理论层次，使其成为战争指导领域的一个最高原则：

天时不如地利，地利不如人和……故曰：域民不以封疆之界，固国不以山溪之险，威天下不以兵革之利。得道者多助，失道者寡助。寡助之至，亲戚畔之。多助之至，天下顺之。以天下之所顺，攻亲戚之所畔，故君子有不战，战必胜矣。③

另外，孟子还强调，推行“仁政”“王道”不仅是战争制胜的决定因素，还是天下能够长期稳定延续的前提条件。战争与政治本就密不可分，因而“仁者无敌”不仅是儒家的战争观念，还是其治国安民的政治理想境界。

为民上而不与民同乐者，亦非也。乐民之乐者，民亦乐其乐。忧民之忧者，民亦忧其忧。乐以天下，忧以天下，然而不王者，未之有也。④

民之归仁也，犹水之就下、兽之走圹也。故为渊驱鱼者，獭也；为丛驱爵者，鹯也；为汤、武驱民者，桀与纣也。今天下之君有好仁者，则诸侯皆为之驱矣，虽欲无王，不可得已。⑤

① 《孟子·梁惠王上》。
② 《孟子·公孙丑上》。
③ 《孟子·公孙丑下》。
④ 《孟子·梁惠王下》。
⑤ 《孟子·离娄上》。

（五）余论

孟子以仁政为核心的战争观理论影响深远，但对其所起的历史作用需要从正反两个方面做出正确评价。

晚清胡林翼曾说："兵事为儒学之至精，非寻常士流所能及也。"[①]意思是，战争问题是儒学至精的学问，其中的玄机非一般士人所能领悟和参透。那么，这个"玄机"是什么？其奥秘在于，在生产力落后的冷兵器时代，双方在军事装备和技术方面的差距不会太大，即使有差距也不会持续太久，这些因素对战争胜负的影响也非常有限。因此，战争胜负主要取决于双方人口、兵员及相关资源的多少，而人口与兵员的增长又依赖于仁政的实施及人心的归附。这无疑是孟子"仁者无敌"思想及儒家战争观积极、合理的一面，倪乐雄先生对此有过很好的总结：

> 儒家的战争观首先建立在冷兵器时代对人力的绝对依赖的前提上，所以儒家在战争领域着眼于从根本上改变双方实力对比，而非纠缠于武器装备、战术训练、赏罚尺度等枝节末叶的表面。儒家认为道义上的"仁"是战争之纲，纲举目张，落实到政治层面，要"施仁政""行王道"，以赢得人心，心悦诚服才能四方来归、人多势众，天下皆为我所用。如此才能赢得军事胜利。[②]

另外，我们不得不重视孟子战争观念的负面作用和影响。在孟子眼中，战争胜负的根本因素完全取决于政治信仰和道德伦理上的得失，这实际上是把政治与军事完全等同起来，以至于从根本上否定了"将帅之谋""地形之利""兵革之用"等战争要素的地位和作用。从深远的历史影响看，儒家以"仁"为核心的战争观念及相关理论，大大扭曲了中国的战略文化传统。有学者曾写道：

> 在王道与霸道之间，王道必然是占据主导地位的；只要一有可能，正统的儒家总会毫不犹豫地张扬道德的价值，而贬低"霸

---

① 转引自李占峰主编：《中国军事谋略全集》第一卷，天津教育出版社 2009 年版，第 458 页。

② 倪乐雄：《农耕社会军事思维的超越：儒家战争观与现代军事技术之间的艰难对话》，《学术界》2008 年第 2 期。

道”的地位。道德主义的膨胀以及由此带来的泛道德主义倾向，极大地压缩了现实主义的生长空间，它使得中国的现实主义传统始终处于一种潜在的边缘性的地位，而不可能像西方那样成为战略文化的主流。[①]

三、荀子的军事思想体系及其对兵家思想的批判与继承

荀子，名况，赵国人，战国末期杰出的思想家、哲学家和教育家，也是儒家荀卿学派的创始人。

荀子生活的年代，正处于中国历史走向统一的前夜，以秦国为主导的兼并战争日趋激烈，规模越来越大，而此时的秦赵关系也更加紧张。在此背景之下，荀子先至秦国，觐见秦昭王进行游说，宣传自己的主张，然未能如愿。“昭王方喜战伐，而孙卿以三王之法说之，及秦相应侯，皆不能用也。”[②]后来，荀子又辗转至赵国进行游说，此时赵国正急需抗击秦国的对策，赵孝成王于是召集临武君与荀子讨论军事问题，这在历史上被称为“议兵于赵”。这次会谈的内容，经过后人记录整理，被编入《荀子》的《儒效》《议兵》《强国》各篇。其中，《议兵》篇作为讨论军事问题的专篇，集中反映了荀子的军事思想和观点，成为后人研究荀子军事思想的宝贵资料。

荀子议兵之论，首先表现为对孔孟军事思想的继承。比如，在最基本的战争认识问题上，孔子强调以“礼”为基础，孟子主张以“仁政”为基础，荀子也十分重视礼制、仁义与战争的关系。这三人作为儒家思想大师，对军事思想的阐释始终以儒家仁义学说为根基，其军事思想主张也以完善整个儒家思想体系为根本宗旨。然而，由于时代背景不同，荀子的战争观念与孔子、孟子相比，又有诸多差异，并在某些方面能够超越孔、孟。

（一）“禁暴除害”“隆礼贵义”的战争观念

荀子第一个超越孔、孟军事思想的地方，在于其“禁暴除害”“隆礼

① 宫玉振：《中国战略文化解析》，军事科学出版社 2002 年版，第 103 页。

② 张文治编：《国学治要 集部 子部》，北京理工大学出版社 2014 年版，第 1012 页。

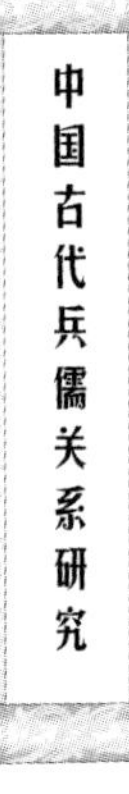

贵义”的战争观念。荀子首先从人性、社会两个角度深刻揭示人类社会发生战争的根源。

> 人生而有欲，欲而不得则不能无求，求而无度量分界则不能不争。争则乱，乱则穷。①
>
> 人之生不能无群，群而无分则争，争则乱，乱则穷矣。②

此种认识既立足于物质利益，又着眼于社会群体，更能直接触及人类的本性，有一定的认识深度，这是孔、孟军事思想所未能涉及的。

在战争根源认识的基础上，荀子区分了战争的基本性质，肯定了战争的历史功能，并以“禁暴除害”为核心内容，深刻揭示了儒家思想意识下的战争本质。

> 彼兵者，所以禁暴除害也，非争夺也。故仁人之兵，所存者神，所过者化，若时雨之降，莫不说喜。③

在荀子看来，战争是一种“禁暴除害”的行动，“凡诛，非诛其百姓也，诛其乱百姓者也”(《荀子·议兵》)。如果战争的实施主体是“仁人”“王者”，则能够“王者有诛而无战，城守不攻，兵格不击，上下相喜则庆之”(《荀子·议兵》)。因此，战争的根本目的在于维护社会稳定，保护民众安全，这是一种带有正义性的行为，实际上奠定了中国后来“义战”思想的基础。

值得注意的是，“礼制”是荀子整个思想体系的核心。但是，荀子之“礼”与孔子所主张的“礼”已大为不同，其被视为政治、法律和道德的总纲，并与“法”相结合，用以节制个人欲望，安定社会秩序，调和社会矛盾。同时，他把“礼”引入战争领域，将其视为决定战争胜负的根本因素。这与孔子的“礼战”思想相比，已经融入了新的内涵，二者具有实质性差异。

> 礼者，治辨之极也，强国之本也，威行之道也，功名之总也。王公由之，所以得天下也；不由，所以陨社稷也。故坚甲利兵不足

---

① (唐)杨倞注，耿芸标校：《荀子·礼论》，上海古籍出版社 2014 年版，第 227 页。以下仅注书名和篇目。

② 《荀子·富国》。

③ 《荀子·议兵》。

以为胜，高城深池不足以为固，严令繁刑不足以为威。由其道则行，不由其道则废。①

这就是说，荀子将军事思想建立在“礼制”理论的基础之上，体现了其军事思想的现实性。如荀子强调，“知礼仪而有教诲”，而教诲在战争准备中具有重要作用。

彼国者亦强国之剖刑已。然而不教诲、不调一，则入不可以守、出不可以战；教诲之、调一之，则兵劲城固，敌国不敢婴也。②

当然，荀子同时肯定“仁”和“义”在战争中的作用，并透射出政治支配军事、军事服从于政治的先进理念。在荀子看来，国家的命运最终取决于君主和政治，而不取决于将帅和军事，将帅指导战争只是次要问题。

女所谓便者，不便之便也；吾所谓仁义者，大便之便也。彼仁义者，所以修政者也……故曰：“凡在于军，将率末事也。”③

(二)“王霸并用”“以德兼人”的战争指导原则

荀子超越孔、孟军事思想的第二个重要方面，在于承认当时兼并战争的历史作用，主张“王霸并用”，这实际上就是在现实社会中认同兵家思想与儒家思想的互补融合。

战国后期，由兼并战争到天下一统已是大势所趋，此时各国变法也风起云涌、波澜壮阔，这种社会现实使荀子看到了改革变法的巨大力量和作用。因此，荀子既重视“隆礼贵义”的王道，也重视“重法爱民”的霸道。在荀子看来，“王道”与“霸道”没有根本性的不同，只在于修习“礼义之教”的程度不同。“礼义之教”修习得很好的就是“王道”，修习得不够好的就是“霸道”，但无论“王道”还是“霸道”，都是治国之道。这表明，荀子对战争问题的思考较之孟子更具现实性，其军事思想能够真正从政治学领域跨入军事学领域。

在正确认识“王道”与“霸道”的基础上，荀子在《议兵》篇中把当时

---

① 《荀子·议兵》。

② 《荀子·强国》。

③ 《荀子·议兵》。

的兼并战争分为三种类型："凡兼人者有三术：有以德兼人者，有以力兼人者，有以富兼人者。"所谓"以德兼人"，就是凭借自己良好的名声和德行，感化别国的民众，赢得他们的拥戴和归附，故这种兼并方式能够"得地而权弥重，兼人而兵愈强"；所谓"以力兼人"，就是凭借自己强大的实力和威势，要挟逼迫别国民众归降于我，故这种兼并方式的结果是"得地而权弥轻，兼人而兵愈弱"；所谓"以富兼人"，就是凭借自己大量的财富，接济别国民众，使他们为了填饱肚子主动投归于我，故这种兼并方式的结果是"得地而权弥轻，兼人而国愈贫"。

在上述三种方式中，荀子最为推崇的是"以德兼人"。因为在儒家看来，一个注重道德信义和仁爱礼仪的国家，对民众的吸引力和凝聚力远远超出以其他两种方式作为基础的国家。正因如此，荀子清醒地认识到，兼并战争与天下统一不是一回事，从兼并战争到天下统一的关键还在于民心的真正归附和凝聚。由此，他提出了一个独创性的思想观念："兼并易能也，唯坚凝之难焉。"[①]所谓"坚凝"，就是指国家在民心方面具有空前的团结力和凝聚力，一个国家唯有靠"坚凝"，才能真正巩固兼并战争的成果，不断走向强大，最终实现天下统一。否则，即使兼并了别国的土地和民众，还是会被别人夺走，其国家本身最终也会灭亡。

> 故能并之而不能凝则必夺，不能并之又不能凝其有则必亡，能凝之则必能并之矣。得之则凝，兼并无强。古者汤以薄，武王以滈，皆百里之地也，天下为一，诸侯为臣，无它故焉，能凝之也。故凝士以礼，凝民以政，礼修而士服，政平而民安。士服民安，夫是之谓大凝。[②]

如此一来，荀子的论述又回到自己所强调的"隆礼贵义"的战争基本观念上。在荀子看来，能否最终实现天下统一，关键在于统治者能否充分发挥"礼"的根本性作用，创造良好的政治环境，取得民众的拥护。如果能够通过"礼"做到"壹民"和"善附民"，那么在发动兼并战争时，就会占有绝对优势，做到"以守则固，以征则强"，进而一统天下。

---

① 《荀子·议兵》。

② 《荀子·议兵》。

（三）围绕"诡诈"问题，对兵家进行激烈批判

荀子超越孔、孟军事思想的第三个方面，在于能够深入战争与军事问题的本质层面来论证儒家的军事思想观念。从《荀子·议兵》的基本内容来看，荀子的军事学术造诣已经达到了一定高度。这突出表现为，荀子在与临武君展开军事对话之时，虽然对兵家有所批判，但已经不像孟子那样一味地反对战争，排斥兵家，而是能够真正从军事学术的角度来论证自己的观点。

在双方的论争中，临武君首先谈到了兵家制胜的核心要素问题。他说："上得天时，下得地利，观敌之变动，后之发，先之至，此用兵之要术也。"对此，荀子表达了截然不同的观点，认为"壹民"和"善附民"才是战争制胜的关键因素：

> 臣所闻古之道，凡用兵攻战之本在乎壹民。弓矢不调则羿不能以中微，六马不合则造父不能以致远，士民不亲附则汤、武不能以必胜也。故善附民者，是乃善用兵者也。故兵要在乎善附民而已。①

接下来，临武君提出"权谋诡诈"乃是用兵的基本原则：

> 兵之所贵者，势利也，所行者，变诈也。善用兵者，感忽悠暗，莫知其所从出。孙、吴用之无敌于天下，岂必待附民哉？②

而荀子在深入分析"权谋诡诈"有限性的基础上，明确提出了注重仁人之兵、反对兵家"巧夺变诈"的思想主张。

> 臣之所道，仁人之兵，王者之志也。君之所贵，权谋势利也；所行，攻夺变诈也，诸侯之事也。仁人之兵不可诈也，彼可诈者，怠慢者也，路亶者也，君臣上下之间滑然有离德者也。故以桀诈桀，犹巧拙有幸焉；以桀诈尧，譬之若以卵投石、以指挠沸，若赴水火，入焉焦没耳。③

这就是说，兵家所重视的"权谋诡诈"，终究是具体的战术性问题。它

---

① 《荀子·议兵》。
② 《荀子·议兵》。
③ 《荀子·议兵》。

在争城夺地的战争中确有优劣之分，但只能限于不义之师之间的相互征伐；而一旦遇到王者之师，此等“权谋诡诈”根本无法奏效。由此而言，荀子主张以王者之兵进行仁义之战，如此就实现了政治思想和军事思想的高度统一，进而超越了兵家所固有的局限。

当然，临武君立足纯军事学的视角，依据孙子“兵者诡道”理论，强调“兵以诈立”在战争中的根本作用，这符合军事战争指导的基本规律，荀子对此予以彻底否定，也反映了儒家军事思想的局限性。然而，荀子立足政治军事学的长远视角，强调民心是决定战争走向的根本因素，这多少透露出“战争是政治的继续”的进步意识，充分显示出政治家的眼光和头脑。需要说明的是，孙子创立“兵者诡道”理论，强调以“出其不意”而胜敌，是对中国军事学理论的伟大贡献。然而，荀子更敏锐地认识到了社会问题和社会因素对孙子所谓“诡诈”实际效果的“阻力”作用，这正是他比孙子、临武君更有政治眼光的地方。正如克劳塞维茨所说：“在想象中，出敌不意是非常引人入胜的，但在实行中，出敌不意却多半因为整个机器的阻力而难以实现。”①

当孝成王、临武君请教荀子“王者之兵设何道，何行而可”之时，荀子进一步强调了“隆礼”“贵义”在治国用兵中的重要性。

> 凡在大王，将率末事也。臣请遂道王者诸侯强弱存亡之效、安危之势。君贤者其国治，君不能者其国乱；隆礼贵义者其国治，简礼贱义者其国乱。治者强，乱者弱，是强弱之本也。②

殊为可贵的是，荀子还能从齐、魏、秦三国治军用兵方略的比较中，进一步揭示“仁义王者”之兵超越“权谋诡诈”之兵的深刻道理。

> 故齐之技击不可以遇魏氏之武卒，魏氏之武卒不可以遇秦之锐士，秦之锐士不可以当桓、文之节制，桓、文之节制不可以敌汤、武之仁义，有遇之者，若以焦熬投石焉。兼是数国者，皆干赏蹈利之兵也，佣徒鬻卖之道也，未有贵上、安制、綦节之理也，诸侯有能

① ［德］克劳塞维茨：《战争论》上卷，中国人民解放军军事科学院译，解放军出版社 1964 年版，第 169 页。

② 《荀子·议兵》。

微妙之以节，则作而兼殆之耳！[①]

从当时的现实情况看，齐、魏、秦三国所采取的不同奖赏制度正代表着战国时期治军制度变革的不同发展阶段和不同发展水平，而其主要的区别又在于对国家民心与民力的发掘程度不同。由此可见，荀子对时局的认识和分析，特别是对齐、魏、秦三国形势的判断颇有政治眼光。

（四）提出了较为系统完整的治军思想体系

荀子超越孔、孟军事思想的第四个方面，在于他能够适应当时诸家思想融合的基本趋势，多方吸收兵家的观点，建立起一套较为完整的治军思想体系。这在《议兵》篇中具体表现为“六术”“五权”“三至”“五无圹”等将帅治军用兵的基本指导原则。

> 故制号政令欲严以威，庆赏刑罚欲必以信，处舍收藏欲周以固，徙举进退欲安以重、欲疾以速，窥敌观变欲潜以深、欲伍以参，遇敌决战必道吾所明，无道吾所疑，夫是之谓六术。
>
> 无欲将而恶废，无急胜而忘败，无威内而轻外，无见其利而不顾其害，凡虑事欲孰而用财欲泰，夫是之谓五权。
>
> 所以不受命于主有三，可杀而不可使处不完，可杀而不可使击不胜，可杀而不可使欺百姓，夫是之谓三至。
>
> 敬谋无圹，敬事无圹，敬吏无圹，敬众无圹，敬敌无圹，夫是之谓五无圹。[②]

从上述内容看，“六术”反映了将帅指挥用兵的一些基本原则，“五权”反映了将帅战场用变的一些基本思想，“三至”反映了“将在外，君命有所不受”的将帅专权理论，“五无圹”反映了将帅对战争之事应持敬畏态度，间接反映了重战、慎战的思想宗旨。这表明，荀子能够适应当时社会形势发展的需要，或者直接吸收了兵家的思想观念，或在某些用兵主张方面与兵家思想暗合，从而建立起一套自己的将帅用兵治军理论，大大丰富了儒家的军事思想。当然，这些内容都建立在明确弘扬儒家仁义礼智思想的前提之下。

---

① 《荀子·议兵》。

② 《荀子·议兵》。

在上述基本思想的基础上，荀子还提出了一些战场用兵的基本规范和纪律准则，这实际上相当于涉及当时的军制问题。

> 将死鼓，御死辔，百吏死职，士大夫死行列。闻鼓声而进，闻金声而退，顺命为上，有功次之。令不进而进，犹令不退而退也，其罪惟均。
>
> 王者有诛而无战，城守不攻，兵格不击。上下相喜则庆之。不屠城，不潜军，不留众，师不越时，故乱者乐其政，不安其上，欲其至也。①

从这些内容看，荀子一方面强调以法治军、严明军纪在战场实践中的重要性，这是兵家所强调的一般、最基本的治军原则；另一方面突出体现了王者之师、仁义之兵的节制用兵原则，反映了其治军思想与儒家政治理想的高度吻合。

另外，对于治军中的赏罚问题，荀子也从儒家政治思想的高度进行了深刻剖析。他虽然承认“赏庆刑罚”有一定的功用，但认为其与礼智忠信相比，根本不足以尽人之力，尤其在战场危机形势下，更是“佣徒鬻卖之道也”。

> 凡人之动也，为赏庆为之则见害伤焉止矣。故赏庆、刑罚、势诈不足以尽人之力，致人之死。为人主上者也，其所以接下之百姓者无礼义忠信，焉虑率用赏庆、刑罚、势诈险厄其下，获其功用而已矣。
>
> 大寇则至，使之持危城则必畔，遇敌处战则必北，劳苦烦辱则必奔，霍焉离耳，下反制其上。故赏庆、刑罚、势诈之为道者，佣徒鬻卖之道也，不足以合大众，美国家，故古之人羞而不道也。②

（五）余论

如前所述，荀子是一位具有较高军事学术造诣的儒者，对军事问题的认识有着不同于孔孟的理性成熟的现实主义态度。他已经注意到军事学本身所具有的独立价值，更深刻认识到要实现儒家的政治理

① 《荀子·议兵》。

② 《荀子·议兵》。

想离不开必要的军事手段。正因如此,他不像孟子那样空谈“仁者无敌”,而是主张“王霸并用”“礼法兼容”,并能在保持儒家思想主体性的基础上,合理借鉴、吸取兵家的思想观点,以阐释军事问题。

从更深的层次讲,荀子的军事理论适应了战国晚期学术兼容背景下诸子军事思想由对峙走向融汇的基本趋势,由此奠定了两汉以后兵儒合流格局的基础,而这正是荀子军事思想高于或超越孔孟的地方。同时,荀子对先秦时期儒家军事思想的系统总结,是其对中国儒学思想发展所做出的巨大贡献。

当然,我们需要注意的是,荀子的军事思想大大丰富和完善了儒家的军事思想体系,而不是背离了这一体系。他的军事观念最终仍以儒家仁义思想为根基,其对兵家诡诈思想的排斥与批判就充分说明了这一点。

四、吴起对兵儒融合的开创性贡献

吴起(? ～前381),卫国左氏(今山东定陶)人,战国初年著名军事家、政治家,司马迁在《史记》中将其与孙武并列立传,故后人多以“孙吴”并称。吴起一生历仕鲁、魏、楚三国,通晓兵、法、儒三家思想,在内政与军事上均有极高成就。

吴起所著《吴子》,又称《吴子兵法》或《吴起兵法》,其内容主要是关于吴起与魏文侯、魏武侯论兵的记录。《吴子》的成书与《孙子》成书颇为相近,其原本为吴起所著,共6篇。后来,《汉书·艺文志》之所以著录为48篇,主要是其门人或后人附益所致。但这48篇文字在后来的流传中不断散佚,迄唐贞观年间已亡佚大部分。《隋书·经籍志》仅著录为一卷。故从唐代以来,《吴子》通行本均为6篇,其篇目分别是《图国》《料敌》《治兵》《论将》《变化》《励士》。

对《吴子》一书的真伪问题,学术界有很大争议。宋代施子美、晁公武、高似孙、王应麟、陈振孙以及明代宋濂、王阳明等,都认为该书为吴起所著。明代刘寅则疑为“后人删而取之”①。胡应麟则说:“《吴起》

---

① (明)刘寅直解,张实、徐韵真点校:《武经七书直解·凡例》,岳麓书社1992年版,第9页。以下仅注书名和篇目。

或未必起自著，要亦战国人掇其议论成编，非后世伪作也。”[①]然而，从清代起，有人开始质疑《吴子》，如清代姚鼐、姚际恒及近代梁启超、郭沫若等，均从不同角度认定《吴子》为伪书。当代学者并不同意上述质疑《吴子》的看法，认为仅凭书中“个别文字”或曰“言论肤浅”为证，不足为凭，故仍认定《吴子》为吴起所著，成书于战国前期，其6篇文字内容虽由后人增益或删改，但主体内容仍属于吴起的思想和言论。

目前，学术界对于吴起及《吴子》的研究，主要包括四个方面：其一，关于《吴子》一书真伪的研究；其二，关于吴起的军事实践成就及《吴子》的军事学术价值的研究；其三，关于吴起政治思想及改革变法成就的研究；其四，关于吴起个人性格与人生悲剧的研究。

在笔者看来，关于吴起在中国思想文化史及兵学史上的成就，还有一个领域值得深入研究，即如何认识与看待吴起作为一代兵家在兵儒融合方面所做出的开创性贡献。黄朴民先生曾经谈道：“《吴子》一书，在某种意义上可视为中国历史上‘兵儒合流’文化现象的滥觞。”[②]可惜未能展开论述。为此，笔者针对这一课题，进行补充拓展论述。

(一)吴起能够推动兵儒融合的深层原因

先秦诸子之学术思想，既有“异质”的一面，也有“同质”的一面。异质的存在，体现的是对立与差异，但使它们之间具有交流的必要性；而“同质”的存在，体现的是联系和贯通，又为它们之间提供了交流的可能性。因此，先秦诸子之学术思想自诞生之日起，就存在一种在对峙冲突中走向兼容的趋向。

一般而言，战国中期以前，诸子学术思想之间主要呈现出对峙性特征。各家学派为了保持自己的纯粹性，往往以比较决绝的态度排斥或攻击其他学派思想。比如，孔子就讲：“攻乎异端，斯害也已。”[③]孟子视墨家学派为异端，直言：“杨墨之言不息，孔子之道不著……能言距杨、墨者，圣人之徒也。”[④]同时，孟子激烈批判兵家，以至于主张“善战

① 胡应麟：《少室山房笔丛》卷十五，《文渊阁四库全书》第886册，（台北）商务印书馆1986年版，第322页。

② 黄朴民：《兵家亚圣，制胜钤键：〈吴子兵法〉略议》，《绍兴文理学院学报》2009年第5期。

③ 《论语·为政》。

④ 《孟子·滕文公下》。

者服上刑,连诸侯者次之,辟草莱、任土地者次之”①。反过来,墨家、道家、法家同样批判和非议儒家。比如,墨家曾借晏婴之口极力贬斥儒家:“儒学不可使议世,劳思不可以补民,累寿不能尽其学,当年不能行其礼,积财不能赡其乐……其道不可以期世,其学不可以导众。”②

至战国中晚期,由天下一统趋势所带动的“学术兼容”趋向日益明显。各家代表人物出于现实的需要,开始考虑如何在保持自己思想主体性的前提下,借鉴和汲取其他学派的优秀思想主张,以更好地丰富和发展自己的学说。在这方面,战国末期的《荀子》和《六韬》是典型代表。有学者指出:

> 荀子既重仁义,也言实力,广泛引入兵家的理论,从而使战国中晚期学术兼容大背景下的兵儒合流发展到一个新的阶段,与《六韬》一起,共同奠定了两汉以后兵儒合流文化格局的基础。这从一个侧面体现了战国中晚期诸子军事思想由对峙向融汇过渡的基本趋势。③

然令人疑惑的是,诸子之间学术兼容的趋向及兵儒合流现象都是在战国中晚期出现的。因为只在此时,政治上的大一统趋势才开始显现,各国之间的兼并战争也是在这一时期才逐渐转变为统一战争。那么,作为战国早期的吴子及《吴起兵法》是如何开启并推动兵儒融合的呢?这就得从吴起的成长经历、学术素养、个人智慧及性格特点等方面做出合理解释。

其一,吴起堪称那个时代的传奇人物,其性格上具有强烈的追求功名的欲望。为了追求功名,他耗尽千金家财,母丧不归,杀妻求将,最后身败名裂。然而,正是这种强烈追求功名的欲望,使其能够博学多才,通晓兵、法、儒三家思想,并在内政、军事上兼而用之,从而取得了极高的成就,进而成为中国历史上第一位自觉推动兵儒融合的兵家人物。

其二,吴起接受过系统的儒家教育。他在离家游学之初,师从曾

---

① 《孟子·离娄上》。

② (清)毕沅校注,吴旭民校点:《墨子·非儒》,上海古籍出版社 2014 年版,第 163 页。

③ 黄朴民:《荀子军事思想简述》,《邯郸学院学报》2013 年第 4 期。

参之子曾申，后又从子夏受业，系统学习了儒家经典。值得注意的是，我们不能因其母丧不归，被逐儒门，就怀疑其深刻的儒家教育背景；也不能因其杀妻求将之道德恶行而认定其背叛和抛弃儒学。通观《吴子》一书，无论是论及治国之总纲还是谈论治军用兵之要领，他均能袭用“仁”“义”“礼”“德”等儒家重要理念，以阐释自己的思想主张。我们可试举一例体会其真实性，如魏武侯问及战争制胜的基本条件时，吴起回答道：

> 君能使贤者居上，不肖者处下，则陈已定矣。民安其田宅，亲其有司，则守已固矣。百姓皆是吾君而非邻国，则战已胜矣。[①]

由此可见，吴起深厚的儒学造诣使其能从内心深处认同并肯定儒家思想对战争的指导作用，并能主动、自觉地将兵家思想与儒家思想融为一体，这正是其能够推动兵儒融合的第二个重要条件。

其三，吴起在军事实践及军事理论方面均取得了不凡的成就。为鲁将之时，他就能率兵攻齐，以少胜多，大破齐军；辅佐魏国之时，更是创下了“与诸侯大战七十六，全胜六十四，余则均解（不分胜负）”[②]的奇功伟绩；而在兵学理论研究方面所取得的突出成就亦为后人所公认，人们也因之多将其与“兵圣”孙子并称。历史上能够在兵学实践和兵学理论方面均取得杰出成就之人并不多有，而吴起能够在这两个方面取得非凡成就，足以说明他具有杰出的军事天赋，这是他能够推动兵儒融合的第三个重要条件。

其四，吴起是法家杰出代表人物，在当时的改革变法大潮中做出过突出贡献。在魏国担任西河郡守之时，他能修明政治，取信于民，并在军事上实行募兵制；而他在楚国的变革成就更是轰轰烈烈，《史记·范雎蔡泽列传》有云：

> 吴起为楚悼王立法，卑减大臣之威重，罢无能，废无用，损不急之官，塞私门之请，一楚国之俗，禁游客之民，精耕战之士……功已成矣，而卒枝解。

---

① 郭超主编：《四库全书精华·吴子·图国》，中国文史出版社 1998 年版，第541 页。以下仅注书名和篇目。

② 《吴子·图国》。

兵家思想与法家思想本是同源，中国自古就有“兵刑合一”的传统。故而，吴起以法家思想力行改革，必能从国家治理层面审视兵、儒、法三者之间的关系以及各自的作用，这是其能够推动兵儒融合的最后一个重要条件。

（二）吴起在战争观理论层面对兵儒融合的贡献

1.“内修文德，外治武备”的经国治军方略

吴起初到魏国之时，就在总结历史经验教训的基础上，向魏文侯提出了“内修文德，外治武备”的基本国策。这是吴起政治观点和军事思想的核心内容，具体表现于《吴子·图国》的相关阐述中。

> 昔承桑氏之君，修德废武，以灭其国家。有扈氏之君，恃众好勇，以丧其社稷。明主鉴兹，内修文德，外治武备。①

如何做到“内修文德”呢？首先要做到明德重义：

> 是以圣人绥之以道，理之以义，动之以礼，抚之以仁。此四德者，修之则兴，废之则衰……凡制国治军，必教之以礼，励之以义，使有耻也……必谨君臣之礼，饰上下之仪。②

这实际上就是以儒家的“仁义礼智”为核心，通过教育和引导，强化民众的道德素质，推动国家意志的统一和军队内部的团结，进而增强国家的综合实力。

为了强化这一认识，吴起指出有四种情况是不可以出战的：

> 不和于国，不可以出军；不和于军，不可以出陈；不和于陈，不可以进战；不和于战，不可以决胜。是以有道之主，将用其民，先和而造大事。③

这实际上已经涉及民心向背决定战争胜负的基本理论了，明显属于对儒家民本与仁和思想的继承和发展。

所谓“外治武备”，就是加强军队建设，打造一支战斗力强的军队，提高国家的战备能力。在这一方面，吴起有自己的独到见解：

---

① 《吴子·图国》。

② 《吴子·图国》。

③ 《吴子·图国》。

> 故强国之君，必料其民。民有胆勇气力者，聚为一卒。乐以进战效力以显其忠勇者，聚为一卒。能逾高超远轻足善走者，聚为一卒。王臣失位而欲见功于上者，聚为一卒。弃城去守，欲除其丑者，聚为一卒。此五者军之练锐也。有此三千人，内出可以决围，外入可以屠城矣。①

这里，“必料其民”就是清查户口的意思。在清查户口的基础上，精选士卒，训练锐士，以此打造一支能征善战的精锐部队。

在当时的历史条件下，吴起能够在某种程度上认识到军队对于夺取和巩固政权的突出作用，并且比较深刻地阐述“文德”与“武备”之间相辅相成、不可分割的关系，是有很大进步意义的。同时，需要认识到，吴起不仅师承兵家的军事思想和理论，而且很好地吸取了儒家、法家先贤的某些治国思想，并将三者有机融为一体，从而提出自己的经国治军理念，这是他推动兵儒融合的一个重要表现。

2.重战、慎战、“义兵至上”的战争观念

至于对待战争的基本态度，吴子与孙子的观点基本一致，都持一种现实主义的理性战争观。他同样主张慎战和备战，认为“安国家之道，先戒为宝”②，即平时要做好战争的准备，关键时刻要敢于迎战。同时，他结合儒家的思想理念进行论述，“当敌而不进，无逮于义矣；僵尸而哀之，无逮于仁矣”③，并以儒家历史观念为自己这一立场提出佐证：“昔承桑氏之君，修德废武，以灭其国。”④与此同时，吴子强调要吸取“有扈氏之君，恃众好勇，以丧其社稷”的教训，主张慎重对待战争，反对穷兵黩武。

他在《图国》篇中还明确指出：“然战胜易，守胜难。故曰，天下战国，五胜者祸，四胜者弊，三胜者霸，二胜者王，一胜者帝。是以数胜得天下者稀，以亡者众。”这明显是基于儒家的“王道”观念，进一步阐释和发挥孙子的全胜思想，所谓“是故百战百胜，非善之善者也；不战而屈人之兵，善之善者也”（《谋攻篇》）。

---

① 《吴子・图国》。

② 《吴子・料敌》。

③ 《吴子・图国》。

④ 《吴子・图国》。

对于战争原因和战争性质，吴起较之孙子有更多认识，他已经注意到战争发生的根源性问题：

> 凡兵之所起者有五：一曰争名，二曰争利，三曰积恶，四曰内乱，五曰因饥。其名又有五：一曰义兵，二曰强兵，三曰刚兵，四曰暴兵，五曰逆兵。①

这明显是着眼于统治阶级的本性来探索战争问题，可以说是中国历史上最早对战争起源和性质问题的系统论述。虽然这种划分并不十分科学，但在当时的历史条件下却是难能可贵的。

更为可贵的是，吴起结合儒家思想对上述五种战争做出了具体解释，并就每一种战争的特点提出了相应对策：

> 禁暴救乱曰义，恃众以伐曰强，因怒兴师曰刚，弃礼贪利曰暴，国乱人疲、举事动众曰逆。五者之数，各有其道：义必以礼服，强必以谦服，刚必以辞服，逆必以权服。②

很显然，在这五种战争中，只有“义兵”是正义战争，而其他几种都是非正义战争。吴子最推崇义兵，他与孟子和荀子一样，都强调“义兵至上”的战争观念。

> 若行不合道，举不合义，而处大居贵，患必及之。是以圣人绥之以道，理之以义，动之以礼，抚之以仁。③

3.“在德不在险”的战争制胜理论

基于“义兵至上”的基本观念，吴起对战争制胜理论也有卓越的见解，这从其与魏武侯的对话中可以窥见。当魏武侯问及“阵必定，守必固，战必胜”的条件之时，吴起回答说：“君能使贤者居上，不肖者处下，则阵已定矣。民安其田宅，亲其有司，则守已固矣。百姓皆是吾君而非邻国，则战已胜矣。”④这明显是对儒家“得道者多助，失道者寡助”思想的继承与发展；而其关于“在德不在险”的著名论点，又与孟子“天时

---

① 《吴子·图国》。

② 《吴子·图国》。

③ 《吴子·图国》。

④ 《吴子·图国》。

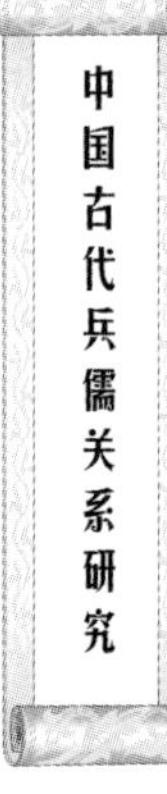

不如地利，地利不如人和”的基本主张趋于一致。

> 魏武侯与诸大夫浮于西河，称曰：“河山之险，岂不亦信固哉！”……吴起对曰：“河山之险，信不足保也；是伯王之业，不从此也。昔者，三苗之居，左彭蠡之波，右有洞庭之水，文山在其南，而衡山在其北。恃此险也，为政不善，而禹放逐之。夫夏桀之国，左天门之阴，而右天溪之阳，庐、睪在其北，伊、洛出其南。有此险也，然为政不善，而汤伐之。殷纣之国，左孟门，而右漳、釜，前带河，后被山。有此险也，然为政不善，而武王伐之。且君亲从臣而胜降城，城非不高也，人民非不众也，然而可得并者，政恶故也。从是观之，地形险阻，奚足以霸王矣！”武侯曰：“善。吾乃今日闻圣人之言也！西河之政，专委之子矣。”①

（三）吴起在治军理论层面对兵儒融合的贡献

吴起的治军思想有自己的特色。比如，“总文武”“兼刚柔”的将帅素养理论及“以治为胜”“教戒为先”的治军原则等，而这些都体现了兵儒融合的基本精神。

吴起与孙子一样，十分重视将领在战争中的地位和作用。孙子认为：“夫将者，国之辅也。辅周则国必强，辅隙则国必弱。”（《谋攻篇》）吴起也认为，“良将”关系到国家的兴衰存亡，所谓“得之国强，去之国亡”②。孙子对将帅素质提出了“五德兼备”的评价标准，吴子则提出了文武兼备、刚柔相济的更高标准，所谓“总文武者，军之将也；兼刚柔者，兵之事也”③。具体来说，就是要做到“所慎者五”和把握“四机”。

> 故将之所慎者五：一曰理，二曰备，三曰果，四曰戒，五曰约。理者，治众如治寡。备者，出门如见敌。果者，临敌不怀生。戒者，虽克如始战。约者，法令省而不烦。受命而不辞，敌破而后言返，将之礼也。故师出之日，有死之荣，无生之辱。④

在这段文字中，前面所讲的“五慎”（理、备、果、戒、约）乃是兵家的基本

---

① 《战国策·魏一》。
② 《吴子·论将》。
③ 《吴子·论将》。
④ 《吴子·论将》。

要求；而最后一句“受命而不辞，敌破而后言返，将之礼也。故师出之日，有死之荣，无生之辱”，则是儒家所重视和强调的将领为国献身的高尚情操。而把握“四机”的具体内容则是：

三军之众，百万之师，张设轻重，在于一人，是谓气机。路狭道险，名山大塞，十夫所守，千夫不过，是谓地机。善行间谍，轻兵往来，分散其众，使其君臣相怨，上下相咎，是为事机。车坚管辖，舟利橹楫，士习战陈，马闲驰逐，是谓力机。知此四者，乃可为将。然其威、德、仁、勇，必足以率下安众，怖敌决疑，施令而下不犯，所在寇不敢敌。得之国强，去之国亡。是谓良将。①

在这段文字中，前面的“四机”主要是强调将帅对各类战机的把握，是侧重于兵家智慧而言的；而后面一句“然其威、德、仁、勇，必足以率下安众”，明显又融入了儒家的道德素质要求。

在将帅治军的基本要求和原则方面，吴子坚持以“以治为胜”的观点，其实就是兵家“以法治军”的明确表述：

若法令不明，赏罚不信，金之不止，鼓之不进，虽有百万，何益于用？所谓治者，居则有礼，动则有威，进不可当，退不可追，前却有节，左右应麾，虽绝成陈，虽散成行。与之安，与之危，其众可合而不可离，可用而不可疲，投之所往，天下莫当，名曰父子之兵。②

如何做到“以治为胜”？吴子强调，首先要对士兵进行思想教育，用礼仪引导士兵，用信义激励将士，以此形成士兵的荣辱观念，这实际就是发挥和运用儒家思想的教化作用。《吴子・励士》有载：

于是武侯设坐庙廷，为三行飨士大夫。上功坐前行，肴席，兼重器上牢；次功坐中行，肴席器差减；无功坐后行，肴席无重器。飨毕而出，又颁赐有功者父母妻子于庙门外，亦以功为差。有死事之家，岁使使者劳赐其父母，著不忘于心。

同时，吴起立足于兵家实战的角度，十分重视军事教育和军事技能的训练。为此，他提出一整套具体的训练方法。

---

① 《吴子・论将》。

② 《吴子・治兵》。

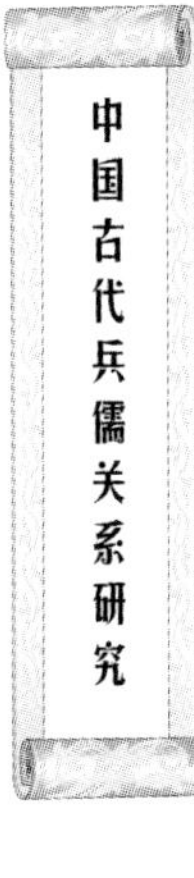

故用兵之法:教戒为先。一人学战,教成十人。十人学战,教成百人。百人学战,教成千人。千人学战,教成万人。万人学战,教成三军。以近待远,以佚待劳,以饱待饥。圆而方之,坐而起之,行而止之,左而右之,前而后之,分而合之,结而解之。每变皆习,乃授其兵。是为将事。[①]

值得强调的是,吴起对于军队中的严明赏罚问题还有独特的理解和见识。

武侯问曰:"严刑明赏,足以胜乎?"起对曰:"严明之事,臣不能悉。虽然,非所恃也。夫发号布令而人乐闻,兴师动众而人乐战,交兵接刃而人乐死。此三者,人主之所恃也。"[②]

这里所讲的士兵"乐闻""乐战""乐死",无疑突出的是儒家思想的教化之功。儒家注重人伦常情,强调情感在军队管理中的作用,这对于发挥士兵在战争中的积极性和主动性具有更好的效果。古代兵家注重打造"父子兵"的优秀思想,其根源当始自儒家。对此,吴起应该有深刻的体会,更能以自身行动践行之。

起之为将,与士卒最下者同衣食。卧不设席,行不骑乘,亲裹赢粮,与士卒分劳苦。卒有病疽者,起为吮之。[③]

(五)余论

综上分析,吴起作为中国历史上第一位切实推动兵儒融合的兵家代表人物是当之无愧的,其所著《吴子》一书也从整体内容上呈现了兵儒融合的突出特点。前人之所以未能高度重视吴子的这一思想贡献,大概与其"母丧不归",被逐出儒门以及"杀妻求将"而为世人所唾弃有很大关系。而在笔者看来,吴起道德人生的失败,既与当时的社会文化背景有关,又是其过于追求个人功名的偏执性格所致。然而,我们不能因为吴起性格的偏激及道德名声的败坏而否认其在兵儒融合方面的建树和成就。西汉扬雄曾评价吴起曰:"美哉言乎!使起之用兵

---

① 《吴子·治兵》。

② 《吴子·励士》。

③ 《史记·孙子吴起列传》。

每若斯,则太公何以加诸?”[①]这句话主要是针对吴起用三苗氏、夏桀、殷纣王不修德政而国破身亡的教训,以告诫魏武侯要广修善政而言的,因而对吴起有如此高的评价。

搜寻古籍,后世许多学者也从这一角度入手,分析吴子兵学思想与孙子兵学思想的差异。

> 起之书几乎正,武之书一乎奇。起之书尚礼仪、明教训,或有得于《司马法》者;武则一切战国驰骋战争也,谋逞诈之行耳。[②]
>
> 《吴子》之正,《孙子》之奇,兵法尽在是矣。《吴子》似《论语》,《孙子》似《孟子》。[③]

参考上述两种评论可知,吴起的兵学理论之所以合乎正统思想,应归因于儒家思想的影响。以此认知为基础,我们能够更好地认识与评价《吴子》在历史上的崇高地位。

五、《六韬》对兵儒融合的突出贡献

《六韬》是托名姜太公所著的中国古代著名兵书,为《武经七书》之一。唐代以前,人们对《六韬》的评价甚高,司马迁曾言张良,“数以太公兵法说沛公,沛公善之,常用其策”[④]。李靖也对姜太公的兵法推崇备至,“《太公·谋》八十一篇,所谓阴谋,不可以言穷;《太公·言》七十一篇,不可以兵穷;《太公·兵》八十五篇,不可以财穷”[⑤]。然而,自宋代以后,人们开始对《六韬》的作者与真伪问题产生怀疑与分歧,由此影响了对《六韬》地位和作用的评价。

就当代学者的认识和研究而言,他们均承认《六韬》并非姜太公亲著,而是由战国时期通晓太公言行和学问者整理而成,其中难免会加入整理者的个人观点和见解,但反映了姜太公的思想应是无疑的。同

---

① 《战国策·魏一》,第 783 页注释〔一〕。

② 赵国华:《中国兵学史》,福建人民出版社 2004 年版,第 68 页。

③ (宋)罗大经撰,孙雪霄校点:《鹤林玉露》,上海古籍出版社 2012 年版,第 16 页。

④ 《史记·留侯世家》。

⑤ (唐)李靖:《李卫公问对》卷上,续古逸丛书景宋刻《武经七书》本。

时，该书所论内容相当丰富，保存了大量先秦时期的珍贵军事史料，堪称先秦时期的“军事百科全书”。

关于《六韬》的成书年代，《汉书·艺文志》记载其成书于“惠襄之间，或曰显王时，或曰孔子间焉”。对于这三种说法，当代大部分学者认为其中的“显王时”之说较为可靠，即认为《六韬》成书于战国中后期，因为《六韬》大量言及骑兵的使用问题。根据相关史料信息，骑兵作为一个兵种大量用于战场是在赵武灵王“胡服骑射”之后，即战国中后期，且周显王和赵武灵王大体是同一时期的人物。

对于《六韬》一书的学术定性，学术界一般认为，它融汇诸子百家，集兵学之大成，能够突出反映战国末期学术兼容之趋向。或者说，它以兵学为基础，吸收儒、道、法家思想，具有明显的兼容性。这是我们研究《六韬》兵儒融合思想的根本基础。当然，也有一些学者认为，《六韬》是一部黄老道家的兵书。[①] 但这并不足以成为否认其融合兵儒的有力证据。因为战国末期的黄老之学，在继承发展道家基本思想的基础上，融会吸收其他各家之长，事实上已经成为一个兼容并蓄的学派。这就为《六韬》融合兵儒思想提供了可能性和先决条件。对于黄老道家的这一综合性特征，司马谈在《论六家要旨》中指出：

> 道家使人精神专一，动合无形，赡足万物。其为术也，因阴阳之大顺，采儒墨之善，撮名法之要，与时迁移，应物变化，立俗施事，无所不宜。[②]

笔者认为，《六韬》之融合兵儒，乃基于其思想内容所具有的特色和优势，并集中体现在三个方面，这三个方面的内容是以往学者研究所未能深入探讨和触及的。

（一）儒家民本战争观与兵家权谋奇计的有机结合

《六韬》对兵儒融合的第一个突出贡献，在于其以民本思想为基础的战争观念与一整套兵家谋略的有机结合。这首先表现为，《六韬》的政治主张是以仁义怀柔天下，而终极理论则是以武力夺取天下。

---

① 参见陈锦松：《〈六韬〉是部黄老道家的兵书》，《上海第二工业大学学报》1994年第2期。

② 《史记·太史公自序》。

《六韬》以兵家而论政治，最精彩之处莫过于“天下者非一人之天下”思想，这也是其政治思想的最大特色。《六韬·文韬·文师》有言：

天下非一人之天下，乃天下之天下也。同天下之利者，则得天下；擅天下之利者，则失天下。天有时，地有财，能与人共之者，仁也；仁之所在，天下归之。免人之死，解人之难，救人之患，济人之急者，德也；德之所在，天下归之。与人同忧、同乐、同好、同恶者，义也；义之所在，天下赴之。凡人恶死而乐生，好德而归利，能生利者，道也；道之所在，天下归之。①

这段话的深刻内涵在于，天下非君主一人所独占独有之物，唯有通过仁、德、义、道的原则，与天下人共享利益，才能真正得到天下。这无疑是儒家“民贵君轻”“仁义道德”等思想的翻版，其中虽渗透了兵家的功利性理念，但也因此具有切实可行的一面。

更为可贵的是，“天下非一人之天下”的思想与孟子“民贵君轻”的观念一样，带有明显的革命性与民主性。它否定了君主神圣不可侵犯，反映出一定程度的民本思想，并主张将天下人的利益放在首位。

故利天下者，天下启之；害天下者，天下闭之；生天下者，天下德之；杀天下者，天下贼之；彻天下者，天下通之；穷天下者，天下仇之；安天下者，天下恃之；危天下者，天下灾之。天下者，非一人之天下，惟有道者处之。②

这实际上是说，君主与人民之间是一种相互作用的关系，即类似于荀子有关君民关系的“舟水之喻”，但其论说重心不是君主决定人民的利害、生死，而是人民决定君主的成败、安危。正因如此，《六韬》认为，治理国家的关键在于爱护民众，国家的政策措施必须有利于民众：

故善为国者，驭民如父母之爱子，如兄之爱弟。见其饥寒，则为之忧；见其劳苦，则为之悲；赏罚如加于身，赋敛如取于己。此爱民之道也。③

---

① (周)吕望：《六韬·文韬·文师》，清平津馆丛书本。以下仅注书名和篇目。

② 《六韬·武韬·顺启》。

③ 《六韬·文韬·国务》。

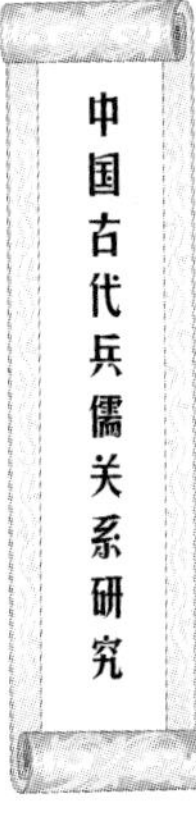

当然，《六韬》作者明白“治国安邦”与“文武兼备”的深刻道理。政治高于军事，这是儒家历来的主张。然而，儒家的仁义可以怀服民众，但不能包打天下，它必须借助武力和兵家谋略方能夺取天下。正是基于这样的认识，《六韬》十分重视权谋的作用。

谋略本是兵法最基本的组成部分，而权谋、奇计则是谋略之运用和转换的一种形式。《六韬》之论谋略与奇计，可谓达到极致，这与姜太公个人的重谋思想趋于一致。《史记》有言：

> 周西伯昌之脱羑里归，与吕尚阴谋修德以倾商政，其事多兵权与奇计，故后世之言兵及周之阴权皆宗太公为本谋。①

综观《六韬》一书，它似乎特别肯定“阴谋”“奇计”的实际效用。《武韬·文伐》中的“文伐十二条”，主旨即在于以非军事手段以外的权谋、计策摧垮敌人，倾覆敌国，诚可谓集阴谋诡计之大成。现试举几例：

> 一曰，因其所喜，以顺其志，彼将生骄，必有奸事，苟能因之，必能去之。
>
> 二曰，亲其所爱，以分其威。一人两心，其中必衰。廷无忠臣，社稷必危。……
>
> 四曰，辅其淫乐，以广其志。厚赂珠玉，娱以美人。卑辞委听，顺命而合。彼将不争，奸节乃定。

在《武韬·三疑》中，这种关于权谋奇计类的内容也随处可见：

> 凡谋之道，周密为宝。设之以事，玩之以利，争心必起。
>
> 凡攻之道，必先塞其明，而后攻其强，毁其大，除民之害。淫之以色，啖之以利，养之以味，娱之以乐。既离其亲，必使远民，勿使知谋，扶而纳之，莫觉其意，然后可成。

历史上，权谋奇计的出现，本身就是政治、军事、外交斗争复杂化的表现和结果，从《孙子》的“诡道”与“伐谋”发展至《六韬》的“文伐”与“三疑”，实际上是中国军事学术的一个重大进步。《六韬》作为传统兵书的集大成者，在充分阐释儒家民本战争观的同时，提出一整套兵家

---

① 《史记·齐太公世家》。

谋略思想，进而构建起完整的兵儒融合的军事思想体系，这不得不说是其在中国兵学史上的一大贡献。

（二）儒家"利而服之"的义战思想与兵家实际战法的有机结合

无论孟子还是荀子，均提倡义战思想，义战是儒家战争观的重要内容。而在《六韬》一书中，义战的主要标准是"利天下""服天下"，所谓"大明发而万物皆照，大义发而万物皆利，大兵发而万物皆服"[①]。在这句话中，申大义的目的在于"利天下"，是为"王道"；兴雄兵的目的在于"服天下"，是为"霸道"；二者都以义战为核心，相辅相成，不可偏废，这正是对荀子"王霸合一"思想的继承和发展。

如何做到"利而服"天下呢？《六韬》提出了三个方面的基本主张：

其一，"全胜不斗，大兵无创""上战无与战"。

> 故善战者，不待张军；善除患者，理于未生；善胜敌者，胜于无形，上战无与战。故争胜于白刃之前者，非良将也。[②]

在这里，无论是"全胜不斗"还是"上战无与战"，既是对孙子全胜思想的继承和发展，也是对儒家"利天下"王道思想的贯彻与弘扬。

其二，"示之以仁义""罪在一人"。

> 无燔人积聚，无毁人宫室，冢树社丛勿伐，降者勿杀，得而勿戮，示之以仁义，施之以厚德，令其士民曰："罪在一人"。如此，则天下和服。[③]

这就是说，军事征伐要与道德仁义结合起来，举兵用战的目的仅在于讨伐无道的君主，与百姓平民无关，这本身就是仁义之战。

其三，"除患去贼"，驱除"六贼七害"。

> 太公曰："王人者，上贤，下不肖；取诚信，去诈伪；禁暴乱，止奢侈。故王人者，有六贼七害。"[④]

---

① 《六韬·武韬·发启》。

② 《六韬·龙韬·军势》。

③ 《六韬·虎韬·略地》。

④ 《六韬·文韬·上贤》。

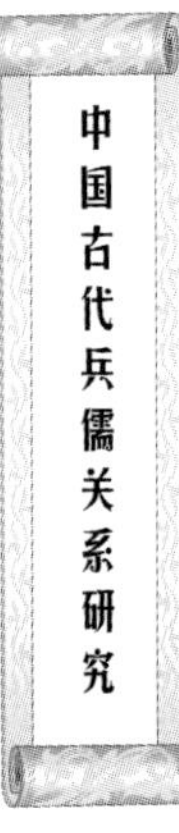

> 圣人兴兵，为天下除患去贼，非利之也。[①]

这里的“去诈伪，禁暴乱”或“除患去贼”，实际上既是对荀子“禁暴除害”战争观念的继承与发展，也是孟子民本主义战争观的深刻反映。

总之，在《六韬》一书中，作者将儒家的义战思想与实际的战争指导思想结合起来，从而使儒家“禁暴除害”的战争目的真正落到了实处。当然，这种义兵思想要真正取得实际效果，还有赖于战场层面的落实。正因如此，还需关注《六韬》论兵的另一个特点，即其关于战术战法的丰富、具体而深入的论述。

《六韬》十分注重军事技术的应用和先进武器的作用。

> 夫攻守之具，各有科品，此兵之大威也。[②]
>
> 凡帅师将众，虑不先设，器械不备，教不素信，士卒不习，若此，不可以为王者之兵也。凡三军有大事，莫不习用器械。[③]

同时，《六韬》全面论述了一系列战术原则，以及包括武器运用和技术改进在内的诸多作战方法。从比较的角度讲，《六韬》虽在战略思想方面和理论哲理性的层次上，无法达到与《孙子》相同的高度，但在论述具体战法和武器运用方面却远超《孙子》。

> 武王问太公曰：“敌人围我，断我前后，绝我粮道，为之奈何？”太公曰：“此天下之困兵也，暴用之则胜，徐用之则败。如此者，为四武冲陈，以武车骁骑，惊乱其军，而疾击之，可以横行。”[④]
>
> 发我兵去寇十里而伏其两旁，车骑百里而越其前后，多其旌旗，益其金鼓，战合，鼓噪而俱起。[⑤]
>
> 伏我材士强弩，武车骁骑为之左右，常去前后三里，敌人逐我，发我车骑，冲其左右。如此，则敌人扰乱，吾走者自止。[⑥]

---

① 徐勇主编：《先秦兵书佚文辑解·〈六韬〉佚文汇集》，天津人民出版社2003年版，第234页。

② 《六韬·虎韬·军用》。

③ 《六韬·虎韬·军略》。

④ 《六韬·虎韬·疾战》。

⑤ 《六韬·虎韬·动静》。

⑥ 《六韬·豹韬·敌武》。

这些内容既包括孙子提出的"疾战则存,不疾战则亡者"的用兵原则,也包括孙子未讲到的一些迂回伏击战术以及对付追兵的伏击战术等。有学者曾指出:

> 它对于中国兵法之贡献主要在于推出一系列具体、实际的战法,在于它所归纳的种种战术原则。作为一部军事学教材,对于一般将领来说,其实用性比理论性似更重要,这也就是《六韬》的主要价值所在。①

在笔者看来,《六韬》这一特色还成就了它的另外一个隐形价值,即将儒家的义战思想与兵家的实际战法有机结合起来,从而丰富和完善了其固有的兵学理论体系。

(三)将帅治军层面"专"与"忠"、"严"与"仁"的有机结合

作为兵学典籍,《六韬》第三个方面的突出贡献在于其对将帅理论的深刻论述。一方面,它继承了《孙子》《吴子》的相关思想,十分重视将帅的地位和作用,并针对将帅素质提出了"五材""十过"的著名论断,内容十分丰富。另一方面,它关于幕府建置的设想,颇有创新意识,类似于今天军队中的最高指挥结构。

> 凡举兵帅师,以将为命。命在通达,不守一术。因能受职,各取所长,随时变化,以为纪纲。故将有股肱羽翼七十二人,以应天道。备数如法,审知命理,殊能异技,万事毕矣。②

其中的七十二人集团,涵盖了军事参谋、作战指挥、后勤保障、情报搜集、外交交涉等方面,机制健全,组织严密,分工科学,非常利于提高军队指挥机构的效能,这是中国军事学术发展的一个重要创新内容。

从兵儒融合的角度讲,《六韬》的将帅理论则突出表现为"专"与"忠"、"严"与"仁"的有机结合。"专"是兵家的特殊要求。战场形势千变万化,随时随地都可能发生意外情况,故将帅必须有战场上的临机专断权。据此,孙子提出了"将在军,君命有所不受"③的著名思想。《六韬》继承孙子这一思想,也强调将帅要取得战争指挥的专断权。

---

① 陈亚如:《六韬论》,《上海师范大学学报》1992 年第 2 期。

② 《六韬·龙韬·王翼》。

③ 《史记·孙子吴起列传》。

凡兵之道莫过乎一，一者能独往独来。黄帝曰："一者阶于道，几于神。"用之在于机，显之在于势，成之在于君。[①]

这就是说，战争指导的基本原则在于统一指挥，统一意志，统一行动；而其关键则在于君主能否放权和授权，使将帅能够把握战场时机，驾驭战场态势，以取得战争胜利。为此，《六韬》从古代立将拜将仪式的角度进行了分析。

将既受命，乃命太史卜，斋三日，至太庙，钻灵龟，卜吉日，以授斧钺。君入庙门，西面而立；将入庙门，北面而立。君亲操斧持首，授将其柄曰："从此上至天者，将军制之。"复操钺持柄，授将其刃曰："从此下至渊者，将军制之。"[②]

另外，《六韬》基于儒家的政治主张和思想立场，强调了将帅对君主的自觉忠诚。

臣闻国不可从外治，军不可从中御。二心不可以事君，疑志不可以应敌。臣既受命专斧钺之威，臣不敢生还。愿君亦垂一言之命于臣！君不许臣，臣不敢将。[③]

在关于将帅"五材"的论述中，《六韬》突出了将帅之"忠"的基本素养。所谓"五材"，即"勇、智、仁、信、严"五个方面。它与《孙子》的"智、信、仁、勇、严"相比，显然有一定差别。《孙子》以"智"为先，《六韬》以"勇"为先；《孙子》终之以"严"，《六韬》终之以"忠"，这种差异明显体现了《六韬》对儒家思想的偏重和吸收。明代刘寅对此评论道：

《中庸》论三达德：曰智、曰仁、曰勇，而行之以诚。诚者，信之极也。太公终之以忠，恐为将者不能尽乎己，而有二心也。二其心，则事不成矣。孙子终之以严，恐为将者失于姑息，而爱克厥威也。爱克厥威，则允罔功矣。太公、孙武之言，各有攸当，宜参互考之，不可执一论也。[④]

---

① 《六韬·文韬·兵道》。
② 《六韬·龙韬·立将》。
③ 《六韬·龙韬·立将》。
④ 《六韬·龙韬·论将》。

在将帅理论层面上，《六韬》融合兵儒的另一个表现就是“严”与“仁”的有机结合。《六韬》论治军之“严”颇有特色，那就是著名的“罚大赏小”原则。

> 将以诛大为威，以赏小为明，以罚审为禁止而令行。故杀一人而三军震者，杀之；赏一人而万人悦者，赏之。杀贵大，赏贵小。杀及当路贵重之臣，是刑上极也；赏及牛竖、马洗、厩养之徒，是赏下通也。刑上极，赏下通，是将威之所行也。①

《六韬》在论治军之“仁”方面，也可以说达至极致。它依据儒家“仁”的思想对将帅做出了三种类型的划分：

> 将，冬不服裘，夏不操扇，雨不张盖，名曰礼将；将不身服礼，无以知士卒之寒暑。出隘塞，犯泥涂，将必先下步，名曰力将；将不身服力，无以知卒之劳苦。军皆定次，将乃就舍；炊者皆熟，将乃就食；军不举火，将亦不举，名曰止欲将；将不身服止欲，无以知士卒之饥饱。②

在这里，所谓的“礼将”“力将”“止欲将”，实际就是要求将帅要亲身体验士兵的冷暖、劳苦和饥饱，其本质乃是一种“三同”之道，即将帅要与士兵“同冷暖”“同劳苦”“同饥饱”。此种“三同”之道，是儒家治兵的理想境界，与兵家之“仁”有所区别。比如，孙子讲：“视卒如婴儿，故可以与之赴深溪；视卒如爱子，故可与之俱死。”（《地形篇》）这明显带有功利性目的，而《六韬》之“三同”之道则完全是以将帅的身先士卒来带动和感化士兵，融洽官兵关系，进而达成“上下同欲”的治军效果。

（四）余论

综上分析，一方面，《六韬》既能继承先秦兵家的成就，又能融合诸子百家的思想，最终集兵学之大成，构建了一个丰富完整的军事理论体系。在这一体系中，其对儒家军事观念和军事思想的吸收非一般军事论者所能比拟。比如，其对以民本为基础的战争观的论述，实际上是从儒家军事思想的最高层次来立论；其对儒家“利而服之”的义战思

① 《六韬·龙韬·将威》。
② 《六韬·龙韬·励军》。

想的揭示，对将帅治军思想的“忠”与“仁”的分析，均能达到极高的理论水平。另一方面，《六韬》对兵家思想的继承和发展大大超越了一般兵书。比如，其对权谋奇计的大力推崇和系统总结，对军事技术及具体战法的高度重视及详尽阐释，对将帅治军思想的“专”与“严”的精到论述，都能触及兵家理论的核心内容和要害问题。

更值得强调的是，《六韬》在对儒家军事思想和兵家制胜理论的论述均能在某些方面达到很高水平的情况下，又能巧妙地以适合的体例和结构将两个方面的内容有机融合在一起，从而使人们自觉或不自觉地体会到兵儒互补在战争中的重要地位和独特价值，这当是《六韬》在中国兵学史上的一个杰出贡献。

第二章　秦汉时期的兵儒关系

秦汉时期，兵儒之间既有融合，也有冲突。其中，最突出的成就和特点是，中国兵学文化发展的兵儒合流模式得以确立。秦汉兵学文化的发展，一方面上承战国末年开始的学术兼容趋势，另一方面适应大一统的需要，在兵学研究取向上表现为从“取天下”向“安天下”的转变。由此造成的影响和变化是，“儒、墨、道、法为代表的自然观念和政治伦理哲学渗透和规范兵学的理论构建与价值取向，使当时的兵学不再单纯以军事而言军事，而往往是将军事、政治、文化、经济融汇在一起，加以通盘的阐述”①。

秦汉兵学文化发展的这种综合化特色，突出表现在《吕氏春秋》《三略》《淮南子》三部书中。它们都是在黄老道学的基础上，兼采儒、道、兵、法各家的思想而构建起整体的内容体系。然而，由于时代背景和学术思想倾向的差异，三部书在推动兵儒融合方面的思路和重心有所不同。《吕氏春秋》立论的重心在于为秦国的统一战争寻找依据，尽管从根本上以法家思想为宗旨，进而推动统一战争的进程，但它又需要以儒家的道德仁义为自己代言。因此，它提出“有义兵而无偃兵”的鲜明主张，从而将儒家的战争观念渗透至兵家的理论体系之中。成书于秦汉之际的《三略》，其写作主旨在于探讨“安治天下”的治国方略，故其作为兵书的学术研究重心是政略，即论述以政治战略为主的大战略。事实上，兵儒互补的合理之处在于儒家政治战略与兵家军事战略的结合，故《三略》主讲政略、兼及军事的论证思路，正好契合了兵儒融合的客观发展需求。汉初的《淮南子》一书，旨在探讨“天人之变”“古

---

① 黄朴民：《秦汉兵学的建树及其文化特征》，《济南大学学报》2001 年第 5 期。

今之变”的基本规律，与前面二书相比，它更倾向于以道家思想理论为基调。因此，它对兵儒融合的贡献主要在于以“道”化儒，以“道”化兵，即以道家之“道”为统领，兼容儒家、兵家思想及其他各家思想。

秦及汉初的兵儒关系，主要表现为彼此思想观念的借鉴和渗透。自汉武帝“罢黜百家，独尊儒术”之后，两汉兵儒关系发生较大的变化，即儒家取得政治思想上的统治地位，兵家思想也因现实战争的需要而受到统治阶级的重视，从而使得政治与军事有机结合的兵儒合流模式得以确立。然而，由于兵学与儒学是两种性质根本不同的学说，因而兵儒之间在趋向合流的同时始终存在着激烈的矛盾和冲突。汉初贾谊等人对兵家“尚诈”的批评，汉武帝时董仲舒、刘歆等人立足于儒家思想对义利关系的论证，汉昭帝时盐铁会议上贤良学派与桑弘羊的激烈论战，东汉时刘秀偃武修文的政策及班固对兵家的激烈批判，都使得两汉时期兵儒关系经历了一种曲折而复杂的历史过程。

正是在这种双方既渗透又对峙、既融合又冲突的复杂互动中，兵儒合流得以延续发展。至光武帝时期，由于自觉融合兵儒的柔武思想在经国治军中发挥了根本作用，这才使得兵儒合流作为传统兵学发展的主流模式得以圆满完成。

一、《吕氏春秋》对“义兵”观念的详细论证

《吕氏春秋》是吕不韦主编的一部综合性典籍。该书“站在道家的立场上，‘采儒墨之善，撮名法之要’，吸收兵家、阴阳家的观点，形成完整的思想体系”①。其中，兵学方面的内容占有较大的分量，共 20 篇，约占全书的 10%。

《吕氏春秋》编撰的目的是为秦国完成天下统一制造理论声势，确立施政纲领，故而其兵学思想颇有自己的特色。该书从秦朝统一战争的大背景出发，立足于儒、道两家思想，从多个层面补充完善了兵家的战争观理论，并且在作战指导层面充分继承了《孙子》的战争指导理论。

---

① 赵国华：《中国兵学史》，福建人民出版社 2004 年版，第 194 页。

它既着眼于秦国和战国末年所面临的封建大统一的现实，又对包括《孙子兵法》在内的先秦兵学思想予以初步概括和总结，体现了理论与实践、传统与现实、认同与超越的辩证统一，并从特定层面显露出战国以来兵学与诸子学互渗的文化现象。①

虽然秦国的统一战争主要以法家思想理论为指导，但为了突出统一战争的合理性和正义性，又不得不充分汲取儒家、兵家的战争理论来讨论战争问题。

在战争起源问题上，《吕氏春秋》站在秦国统治者的立场上，从实现天下统一的政治目标出发，对战争存在的客观合理性进行了充分论述。

兵之所自来者上矣，与始有民俱。凡兵也者，威也；威也者，力也。民之有威力，性也。性者，所受于天也，非人之所能为也。武者不能革，而工者不能移。②

这是从人性论的角度来说明战争的根源。用兵打仗靠的是威势，而威势靠的是力量，具有威势和力量是人的天性，人的天性是不可泯灭的，因而战争是不可避免的。在这里，《吕氏春秋》明显继承了荀子的“性恶论”，进而从人的本性来说明战争的内在根源。比较而言，它与吴子、韩非子在战争起源问题上的“后天说”存在不少差距。吴子认为：“凡兵之所起者有五：一曰争名，二曰争利，三曰积恶，四曰内乱，五曰因饥。”③韩非子认为：“(古者)不事力而养足，人民少而财有余，故民不争。……(今者)人民众而货财寡，事力劳而供养薄，故民争。”④这明显更具现实合理性。

然而，《吕氏春秋》在战争存在的合理性方面有着更为坚定的态度。战争包括很多层次，但只有规模大小和性质上的区别，并没有存

---

① 丁原明：《〈吕氏春秋〉的兵学思想》，薛宁东主编：《超越哈佛：海峡两岸学者论兵》上册，军事科学出版社2011年版，第251页。

② (战国)吕不韦：《吕氏春秋·孟秋纪·荡兵》，北方文艺出版社2014年版，第74页。以下仅注书名和篇目。

③ 《吴子·图国》。

④ (战国)韩非撰，(元)何犿注：《韩非子·五蠹》，清文渊阁《四库全书》本。以下仅注书名和篇目。

在与否的问题。

在心而未发，兵也；疾视，兵也；作色，兵也；傲言，兵也；援推，兵也；连反，兵也；侈斗，兵也；三军攻战，兵也。此八者皆兵也，微巨之争也。[①]

基于上述论述，《吕氏春秋》详细阐释了“古之圣王有义兵而无有偃兵”的主张，并通过全面系统的论述，最终确立了儒家的义兵观念。这当是其对兵儒融合所做出的最大贡献。

夫有以饐死者，欲禁天下之食，悖；有以乘舟死者，欲禁天下之船，悖；有以用兵丧其国者，欲偃天下之兵，悖。夫兵不可偃也，譬之若水火然，善用之则为福，不能用之则为祸；若用药者然，得良药则活人，得恶药则杀人。义兵之为天下良药也亦大矣。[②]

那么，到底什么是“义兵”呢？吕氏门客依据儒家的思想理论，提出了许多准则，进行了全面而详细的论述。所谓“义兵”，就是铲除暴君统治的行动。暴君统治，违背民众意愿，不符合道义原则，所以必须铲除。这一突出的政治目的决定了战争的正义性，而整个战争的全过程也必须符合正义性。

战争之前，要发布讨伐暴君的专门檄文，列举暴君的罪行，以说明战争的正义性和合理性。

子之在上无道，倨傲荒怠，贪戾虐众，恣睢自用也，辟远圣制，謷丑先王，排訾旧典，上不顺天，下不惠民，征敛无期，求索无厌，罪杀不辜，庆赏不当。若此者，天之所诛也，人之所仇也，不当为君。今兵之来也，将以诛不当为君者也，以除民之仇而顺天之道也。[③]

在战争过程中，军队要有严明的纪律，禁止破坏行为，战争打击的主要目标仅限于暴虐的君主，而不会对民众造成伤害。

至于国邑之郊，不虐五谷，不掘坟墓，不伐树木，不烧积聚，不

① 《吕氏春秋·孟秋纪·荡兵》。
② 《吕氏春秋·孟秋纪·荡兵》。
③ 《吕氏春秋·孟秋纪·怀宠》。

焚室屋，不取六畜。得民虏奉而题归之，以彰好恶；信与民期，以夺敌资。①

战争结束之后，要从被占领国内部入手，建立新的官吏系统，制定保护民众的必要措施，调整政治秩序，维护社会稳定。

举其秀士而封侯之，选其贤良而尊显之，求其孤寡而振恤之，见其长老而敬礼之。皆益其禄，加其级。论其罪人而救出之；分府库之金，散仓廪之粟，以镇抚其众，不私其财；问其丛社大祠，民之所不欲废者而复兴之，曲加其祀礼。②

做到上述几方面，就会取得民众的拥护和支持，这样的战争自然无往而不胜。

故义兵至，则邻国之民归之若流水，诛国之民望之若父母，行地滋远，得民滋众，兵不接刃而民服若化。③

另外，《吕氏春秋》从"义兵"的角度批判了墨家的"非攻""救守"主张，并强调不能单凭战争方式来判断战争的性质。不是说"攻伐"的就要彻底否定，"救守"的就要完全肯定，关键要看战争的目的是否符合正义。

故取攻伐者不可，非攻伐不可；取救守不可，非救守不可，取惟义兵为可。兵苟义，攻伐亦可，救守亦可。兵不义，攻伐不可，救守不可。④

在中国兵学史上，"义兵"观念的确立经历了一个长期过程。从《司马法》的基本内容来看，"以义统兵"是春秋时期的通则。后来，吴起、孙膑的兵学理论中都含有"义"的成分。儒家代表孟子、荀子也宣扬过"仁义之兵"，论及"义兵"的观念。而《吕氏春秋》站在秦朝统一的立场上，通过论证战争根源及战争的合理性，批判了墨家"非攻""救守"的主张，从而使"义兵"的观念得以最终确立。这深化了当时人们

① 《吕氏春秋·孟秋纪·怀宠》。

② 《吕氏春秋·孟秋纪·怀宠》。

③ 《吕氏春秋·孟秋纪·怀宠》。

④ 《吕氏春秋·孟秋纪·禁塞》。

对“义兵”观念的基本认识，反映了该书学术综合化的基本倾向。其对兵家和儒家的战争理论而言，也是一种有益补充。

在“义兵”论证的基础上，《吕氏春秋》又采纳了儒家德政思想的观点，对战争中民心向背的重要性做出了进一步的分析。

> 夫以德得民心以立大功名者，上世多有之矣。失民心而立功名者，未之曾有也。①
>
> 人主其胡可以无务行德爱人乎？行德爱人则民亲其上，民亲其上则皆乐为其君死矣。②

此外，《吕氏春秋》还兼采兵、儒两家的思想话语来论证这一问题，强调如果统治者“善用其民”，则“民之走之也，若决积水于千仞之溪，其谁能当之”③。为了增强论证的说服力，《吕氏春秋》还引用秦穆公以酒给食其马肉的野人以及赵简子以所爱白骡之肝给家臣胥渠治病的事例来说明，君主只要“行德爱人”，人民就会“亲其上”，“乐为其君死矣”。

二、《三略》以“安天下”为宗旨，兼容兵、儒、道思想

《三略》又称《黄石公三略》或《黄石公记》，旧题“黄石公著”或“下邳神人著”。对于该书的作者和成书时间，学界尚存在争议。据《武经七书直解·凡例》的记载，“《三略》本太公遗书，而中间亦有黄石公之说”④。《四库总目提要·三略》则言：“盖自汉以来，言兵法者往往以黄石公为名……然大抵出于附会。是书文义不古，当亦后人所依托。”⑤赵国华《中国兵学史》则认为：“若论《三略》成书的时间，当依邳上老人授书的故事，暂定于秦汉之际。”⑥

《三略》是适应秦汉大一统的需要而产生的兵学，兼容博采是其主

① 《吕氏春秋·季秋纪·顺民》。

② 《吕氏春秋·仲秋纪·爱士》。

③ 《吕氏春秋·离俗览·适威》。

④ 《武经七书直解·凡例》

⑤ （清）永瑢等撰，张新奇、宋建勋、李智勇整理：《四库家藏·子部典籍概览》，山东画报出版社 2004 年版，第155 页。

⑥ 赵国华：《中国兵学史》，福建人民出版社 2004 年版，第 209 页。

要特点。有学者明确指出：

> 《三略》是博采兼容各家之长的产物，在继承前代兵学的基础上，以道家谋略取天下，以儒家思想安天下，以法家原则勒将卒，以阴阳家观点识形势。[①]

如何"安治天下"则是其基本宗旨和立论出发点。因而，《三略》全书论述的重点在于政略，即"政治战略"。它本质上是以治国御军为主要内容、以收揽人心为主要手段的大战略，与《孙子》类专门阐释兵略（军事战略）的兵书有很大差异，而这也正是其作为一部兵书能够更好融合兵儒的优势条件。

从《三略》的主要内容看，该书共三卷，分别为《上略》《中略》《下略》。《中略》有言："《上略》设礼赏，别奸雄，著成败。《中略》差德行，审权变。《下略》陈道德，察安危，明贼贤之咎。"[②]可见，《三略》主要论述的是政治方略，兼及军事问题。此种政治方略主要包括以仁为本、圣贤治国、倡导佚政、刚柔相济等思想，而这些思想既充分反映了儒家的治国思想，又蕴含了许多与之对应的兵家思想或道家思想。相关的内容可以归纳为以下四个方面：

其一，关于治国用兵之"以人为本"思想的论述。这里的"以人为本"，不是"以民为本"的意思，而是指在国家治理方面，要以得人为本。这里的"人"既包括英雄（主要指士人），也包括庶民，反映的是兵家和儒家在人才观念上的相通与融合。

> 夫主将之法，务揽英雄之心，赏禄有功，通志于众。故与众同好靡不成，与众同恶靡不倾。治国安家，得人也。亡国破家，失人也。
>
> 夫所谓士者，英雄也。故曰：罗其英雄，则敌国穷。英雄者，国之干；庶民者，国之本。得其干，收其本，则政行而无怨。[③]

与此相对应，《三略·上略》提出了"用兵之要"在于得人的思想。这里

---

① 黄朴民：《两汉兵学的发展及主要特色》，《光明日报》2002 年 12 月 19 日。

② （汉）黄石公著，陈世平译评：《三略》，经济日报出版社 2012 年版，第 8 页。以下仅注书名和篇目。

③ 《三略·上略》。

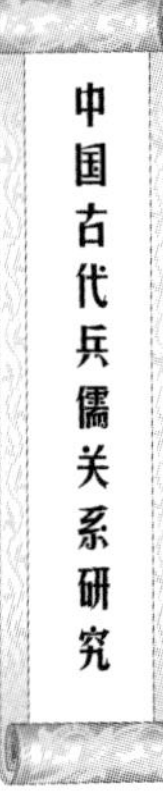

的得人同样包括士人、英雄和一般民众两个方面。

> 夫用兵之要，在崇礼而重禄。礼崇则智士至，禄重则义士轻死。故禄贤不爱财，赏功不逾时，则下力并而敌国削。
>
> 《军谶》曰："兴师之国，务先隆恩。攻取之国，务先养民。以寡胜众者，恩也。以弱胜强者，民也。"故良将之养士，不易于身；故能使三军如一心，则其胜可全。

其二，关于治国用兵之"圣贤"作用的论述。圣贤治国，是儒家政治思想的一个重要内容。《三略》既然十分关注政治问题，必然强调圣贤的作用，并以此作为实现天下一统的重要条件。

> 夫能扶天下之危者，则据天下之安；能除天下之忧者，则享天下之乐；能救天下之祸者，则获天下之福。故泽及于民，则贤人归之；泽及昆虫，则圣人归之；贤人所归，则其国强。圣人所归，则六合同。①

同样，这样的思想贯穿融合于《三略》将帅理论和治军理论之中。比如，它所讲的将帅"八过"，主要指将帅因自身的过失而失去贤人和功臣的支持，进而祸及国家。

> 夫将拒谏，则英雄散。策不从，则谋士叛。善恶同，则功臣倦。专己，则下归咎。自伐，则下少功。信谗，则众离心。贪财，则奸不禁。内顾，则士卒淫。②

同时，它引《军势》称，将帅安排自己的下属要因人成事，让他们能够各尽其能。

> 智者乐立其功，勇者好行其志，贪者邀趋其利，愚者不顾其死。因其至情而用之。此军之微权也。③

其三，关于治国用兵之"佚政"思想的论述。在《三略》看来，政治可以分为两类，即"佚政"与"劳政"。这里所谓的"佚政"，实际上就是

---

① 《三略·下略》。
② 《三略·上略》。
③ 《三略·中略》。

孟子所主张的“仁政”，是以“道、德、仁、义、礼”为支柱和准则的。因此，《三略》指出：

> 道、德、仁、义、礼，五者一体也。道者人之所蹈，德者人之所得，仁者人之所亲，义者人之所宜，礼者人之所体，不可无一焉。故夙兴夜寐，礼之制也。讨贼报仇，义之决也。恻隐之心，仁之发也。得己得人，德之路也。使人均平，不失其所，道之化也。①

基于“佚政”与“劳政”的不同论述，《三略》区分了两种不同的治国用兵方略，即“释近谋远”和“释远谋近”。这两种方略的实施，会带来不同的后果。

> 释近谋远者，劳而无功。释远谋近者，佚而有终。佚政多忠臣，劳政多怨民。故曰，务广地者荒，务广德者强。能有其有者安，贪人之有者残。残灭之政，累世受患。造作过制，虽成必败。②

其四，关于治国用兵之“刚柔相济”思想的论述。《三略》援引《军谶》“柔能克刚，弱能胜强”的论述，提出了“刚柔相济”的思想。

> 《军谶》曰：“能柔能刚，其国弥光；能弱能强，其国弥彰；纯柔纯弱，其国必削；纯刚纯强，其国必亡。”③

“刚柔相济”的思想用之于处理治国政务，即提倡德威并重。君主既要有德行，也要有威严，这对个人或国家而言都有重要的价值。

> 主不可以无德，无德则臣叛，不可以无威，无威则失权。臣不可以无德，无德则无以事君。不可以无威，无威则国弱，威多则身蹶。④

“刚柔相济”的思想用之于将帅治军，则突出体现为儒家之“仁”与兵家之“严”的有机结合。《三略·上略》谈道：

> 昔者良将之用兵，有馈箪醪者，使投诸河与士卒同流而饮。

① 《三略·下略》。
② 《三略·下略》。
③ 《三略·上略》。
④ 《三略·中略》。

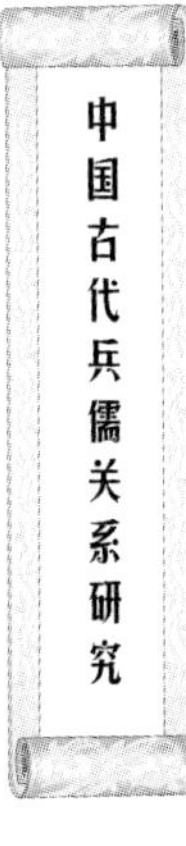

> 夫一箪之醪不能味一河之水，而三军之士思为致死者，以滋味之及己也。
>
> 《军谶》曰：“将之所以为威者，号令也；战之所以全胜者，军政也；士之所以轻战者，用命也。”故将无还令，赏罚必信；如天如地，乃可御人；士卒用命，乃可越境。

“刚柔相济”的思想还表现为儒、道、兵三家战争观的有机融合。一方面，它沿袭儒家和兵家的观点，强调重战和慎战；另一方面，它受道家思想的影响，视战争为不祥之物，而其核心宗旨则在于倡导“诛暴讨乱”的战争观念。《三略·下略》有言：

> 圣王之用兵，非乐之也，将以诛暴讨乱也。夫以义诛不义，若决江河而溉爝火，临不测而挤欲堕，其克必矣。所以优游恬淡而不进者，重伤人物也。

总之，《三略》主论的是政治方略，它立足于儒家政治思想理论的高度，分析治国用兵的大战略问题，而这本身就利于兵儒融合。比如，它在战争观方面宣扬“诛暴讨乱”的理念，在战争指导层面注重以人为本的原则，在将帅理论方面强调“崇礼重义”的道德素养，这些都是儒家思想向兵学渗透的反映。《三略》作为一部兵书，在学术思想方面又体现出明显的兼容性，即以兵家思想为根基，兼容儒、道、法思想，从而使其兵学思想较之其他兵学著述思想具有更强的实用性、宽容性和开放性，这更有利于实现兵学和儒学的互补融合。

三、《淮南子·兵略训》以“道”为根基，兼容兵、儒、道思想

《淮南子》是西汉初年淮南王刘安主编的一部综合性典籍，共21篇。其中，《兵略训》独立成篇，对以往的兵学理论进行了系统性总结，组成了完整的军事思想内容。

正如《淮南子》为黄老道家的代表作一样，《淮南子·兵略训》也是在道家思想的基础上，糅合儒、道两家思想，对传统兵学做出诠释，具有典型的黄老特征。

> 《兵略》者，所以明战胜攻取之数，形机之势，诈谲之变，体因

循之道，操持后之论也。所以知战阵分争之非道不行也，知攻取坚守之非德不强也。诚明其意，进退左右，无所击危，乘势以为资，清静以为常，避实就虚，若驱群羊，此所以言兵也。①

在这里，“数”“势”“变”乃兵家范畴，“因循之道”“持后之论”则属典型的道家思想，“道”“德”则是儒家的基本主张。可见，《淮南子》论兵明显以道家思想为根基，并在追求“道”的过程中，汲取兵、儒各家思想，形成彼此融合、有机贯通的思想内容。有学者指出：

从历史的实际来看，站在儒家立场上进行思想融合的代表性著作，是汉代大儒董仲舒的《春秋繁露》，站在道家立场上进行思想融合的代表性著作，就是淮南王刘安及其宾客集体撰著的《淮南子》。②

明确了这一点，我们就找到了《淮南子》融合兵儒的立足点和关键点。其大致可以分为三个方面：

其一，关于“义兵”观念的论述。与《吕氏春秋》一样，《淮南子》讨论战争问题也是基于人类的自然性和社会性。从揭示战争根源说起，实际上就是基于人的本性而遵循“道”的规律来展开论述。

人有衣食之情，而物弗能足也，故群居杂处，分不均、求不赡，则争；争则强胁弱而勇侵怯。人无筋骨之强，爪牙之利，故割革而为甲，铄铁而为刃。贪昧饕餮之人，残贼天下，万人掻动，莫宁其所。有圣人勃然而起，乃讨强暴，平乱世，夷险除秽，以浊为清，以危为宁，故不得不中绝。③

这就是说，人与动物一样，本身即具相争的天性，加之社会分配不均，贪婪凶暴者荼毒民众，因而引起了社会动乱。于是，圣人挺身而出，除暴安良，这就产生了战争。

那么，战争的性质是什么呢？

---

① (汉)刘安著，(汉)许慎注，陈广忠校点：《淮南子》，上海古籍出版社 2016 年版，第 530 页。以下仅注书名和篇目。

② 陈静：《论中国思想儒道互补基本格局的形成——从〈淮南子〉的杂说起》，《云南大学学报》(社会科学版)2004 年第 3 期。

③ 《淮南子・兵略训》。

> 夫兵者，所以禁暴讨乱也。炎帝为火灾，故黄帝擒之；共工为水害，故颛顼诛之。教之以道，导之以德而不听，则临之以威武；临之威武而不从，则制之以兵革。故圣人之用兵也，若栉发耨苗，所去者少，而所利者多。杀无罪之民，而养无义之君，害莫大焉；殚天下之财，而赡一人之欲，祸莫深焉。①

在作者看来，战争是禁止暴行、讨伐叛乱的行为。对于那些制造祸端、发动叛乱的人，先要用道义和德行进行教导；如果不听从教导，就用威势和武力进行威慑；如果威慑不行，就发动战争予以制止。这实际上讲的就是正义战争之“恩威并用”，既要有儒家的政治手段，又要有兵家的武力手段，二者相辅相成，最终的目的在于铲除恶人，保护广大民众。

对于“义兵”的具体论述，《淮南子》也有自己的特色。它在审视社会历史的基础上，区分出“古者”“晚世”和“当今”不同战争的根本差异，并从“义”与“不义”的角度做出相应评价，这符合儒家尊古崇圣的思想观念。

对于“古者”之兵，作者认为是正义性战争。因为只有诸侯行为暴虐，侵犯别国，不遵守礼法，不奉行王道，天子才会出兵征讨。

> 古者天子一畿，诸侯一同，各守其分，不得相侵。有不行王道者，暴虐万民，争地侵壤，乱政犯禁，召之不至，令之不行，禁之不止，诲之不变，乃举兵而伐之，戮其君，易其党，封其墓，类其社，卜其子孙以代之。②

对于“晚世”之兵，作者给予了深刻批判。因为这一时期，诸侯进行的是残酷的兼并战争，攻打无罪的国家，杀戮无辜的民众，由此造成了极大的破坏和无尽的灾难。从本质上讲，这种非正义的动机，不能成为发动战争的理由。

> 晚世务广地侵壤，并兼无已；举不义之兵，伐无罪之国，杀不辜之民，绝先圣之后；大国出攻，小国城守；驱人之牛马，傒人之子

① 《淮南子·兵略训》。
② 《淮南子·本经训》。

女；毁人之宗庙，迁人之重宝；血流千里，暴骸满野，以赡贪主之欲，非兵之所为生也。①

对于“今世”之兵，作者也持否定态度，认为当今时代天下一统，社会秩序稳定，人们生产和生活安宁，根本没必要发动残酷的战争。

逮至当今之时，天子在上位，持以道德，辅以仁义，近者献其智，远者怀其德；拱揖指麾，而四海宾服；春秋冬夏，皆献其贡职；天下混而为一，子孙相代。②

可见，《淮南子》对于“义兵”的分析，是从战争史观的角度予以立论的，即通过古今战争的比较，倡导义兵观念。这符合其“通晓古今之变”的写作宗旨。

其二，关于“道本”与“政胜”的论述。《淮南子》具有“道本”思想，认为“道”是决定战争胜负的根本因素，其他影响因素只有在“道”的统帅下才能发挥作用。

兵失道而弱，得道而强；将失道而拙，得道而工；国得道而存，失道而亡。所谓道者，体圆而法方，背阴而抱阳；左柔而右刚，履幽而戴明，变化无常；得一之原，以应无方，是谓神明。③

这里的“道”，首先是道家之“道”。它作为该书一个核心概念来阐释军事问题，主要是指“效法天地”。比如，静止时效法天地，行动时顺应日月，喜怒合乎四时变化，等等，如此方称得上合乎“道”，才能取得战争的胜利。

古得道者，静而法天地，动而顺日月；喜怒而合四时，叫呼而比雷霆；音气不戾八风，诎伸不获五度。下至介鳞，上及毛羽，条修叶贯，万物百族。由本至末，莫不有序。④

然而，值得注意的是，作者并未局限于这种道家内涵层面的“道”，同时赋予此“道”以“正义”的内涵，即顺应民众的意愿，利用民众的力量，铲

① 《淮南子·本经训》。
② 《淮南子·览冥训》。
③ 《淮南子·兵略训》。
④ 《淮南子·兵略训》。

除残害民众的奸贼。这就使道家之“道”融入了儒家的思想要旨，进而实现了道、儒、兵的有机结合。

> 夫为地战者，不能成其王；为身战者，不能立其功。举事以为人者，众助之，举事以自为者，众去之。众之所助，虽弱必强；众之所去，虽大必亡。①

在“道本”思想的基础上，《淮南子·兵略训》明确提出了“政胜”主张：

> 兵之胜败，本在于政。政胜其民，下附其上，则兵强矣；民胜其政，下畔其上，则兵弱矣。故德义足以怀天下之民，事业足以当天下之急，选举足以得贤士之心，谋虑足以知强弱之势，此必胜之本也。②

这里的“政胜”已是典型的儒家战争制胜观念。战争胜败的关键在于政治得失，而民众和民心是决定战争走向的根本因素。

> 因民之欲，乘民之力，而为之去残除贼也。故同利相死，同情相成，同欲相助。顺道而动，天下为向；因民而虑，天下为斗。③

“政胜”是大战略的体现，是用兵的最高境界，是其他用兵方式和手段所无法比拟的。因而，《兵略训》在吸收儒家和兵家思想的基础上，将用兵分为三个层次：

> 兵有三诋：治国家，理境内；行仁义，布德惠；立正法，塞邪隧；群臣亲附，百姓和辑；上下一心，君臣同力；诸侯服其威，而四方怀其德；修政庙堂之上，而折冲千里之外；拱揖指抙，而天下响应，此用兵之上也。地广民众，主贤将忠，国富兵强，约束信，号令明，两军相当，鼓錞相望，未至兵交接刃，而敌人奔亡，此用兵之次也。知土地之宜，习险隘之利，明奇正之变，察行陈解赎之数，维抱绾而鼓之，白刃合，流矢接，涉血属肠，舆死扶伤，流血千里，暴骸盈

---

① 《淮南子·兵略训》。
② 《淮南子·兵略训》。
③ 《淮南子·兵略训》。

场，乃以决胜，此用兵之下也。①

此三种方略，乃是对《孙子》“上兵伐谋，其次伐交，其次伐兵”思想的进一步阐发，其创新之处在于，将儒家的政胜思想有机融入了孙子全胜思想之中。

其三，关于将帅理论与具体用兵原则的论述。在将帅治军及具体用兵原则方面，《淮南子·兵略训》同样以“道”为统领，进而兼容兵、儒两家思想。在将帅素养理论方面，它提出了“三隧”“四义”“五行”“十守”之说，其具体内容同时包含儒家、兵家对将帅的基本要求。

> 所谓三隧者，上知天道，下习地形，中察人情。所谓四义者，便国不负兵，为主不顾身，见难不畏死，决疑不辟罪。所谓五行者，柔而不可卷也，刚而不可折也，仁而不可犯也，信而不可欺也，勇而不可陵也。所谓十守者，神清而不可浊也，谋远而不可慕也，操固而不可迁也，知明而不可蔽也，不贪于货，不淫于物，不嗞于辩，不推于方，不可喜也，不可怒也。②

《兵略训》的有些内容，明显体现了儒家仁义治军思想的基本要旨。将帅必须爱护士兵，视士兵如父子兄弟，必须身先士卒，与士兵同甘共苦；并强调，真正高明的将军用“积德”的军队去打击“积怨”的士兵，用“积爱”的军队去打击“积憎”的军队。

> 故古之善将者，必以其身先之。暑不张盖，寒不被裘，所以程寒暑也；险隘不乘，上陵必下，所以齐劳佚也；军食熟然后敢食，军井通而后敢饮，所以同饥渴也；合战必立矢射之所及，以共安危也。故良将之用兵也，常以积德击积怨，以积爱击积憎，何故而不胜？③

然而，对于将帅的总体素质要求，《兵略训》又以道家效法天地的思想来集中概括与归纳。就连将帅的心理素质问题，它也能结合四季运行的规律阐发出道家思想的特色。

---

① 《淮南子·兵略训》。

② 《淮南子·兵略训》。

③ 《淮南子·兵略训》。

> 发必中诠，言必合数，动必顺时，解必中揍。通动静之机，明开塞之节，审举措之利害，若合符节，疾如彍弩，势如发矢。一龙一蛇，动无常体；莫见其所中，莫知其所穷。攻则不可守，守则不可攻。
>
> 是故将军之心，滔滔如春，旷旷如夏，湫漻如秋，典凝如冬。因形而与之化，随时而与之移。①

在作战指挥方面，《兵略训》同样以“道”为本，提倡“柔弱胜刚强”“后发而制人”的用兵原则。

> 故用兵之道，示之以柔，而迎之以刚；示之以弱，而乘之以强；为之以歙，而应之以张；将欲西，而示之以东；先忤而后合，前冥而后明；若鬼之无迹，若水之无创。②

这一系列作战方法明显出自《老子》的思想，体现着黄老道家的特征。然而，有些关于作战方法的内容却不乏儒家“上下同欲”和兵家“以法治军”的特征。

> 故良将之用卒也，同其心，一其力，勇者不得独进，怯者不得独退。止如丘山，发如风雨；所凌必破，靡不毁沮；动如一体，莫之应圉。
>
> 故将以民为体，而民以将为心。心诚则肢体亲刃，心疑则肢体挠北。心不专一，则体不节动；将不诚必，则卒不勇敢。③

总体而言，上述三部书的内容都是在继承先秦兵学成就、综合诸子之学的基础上，推动兵儒融合。尽管这种融合不可避免地带有这样或那样的局限性，但其对中国兵学文化发展的影响是巨大而深远的，需要立足于宏观的历史视野予以审视。正如有学者指出：

> 从《吕氏春秋》到《淮南子》，对于中国兵学的贡献，是把兵学纳入整个学术体系里，从而确立了兵学的地位。④

---

① 《淮南子·兵略训》。

② 《淮南子·兵略训》。

③ 《淮南子·兵略训》。

④ 赵国华：《中国兵学史》，福州人民出版社 2004 年版，第 241 页。

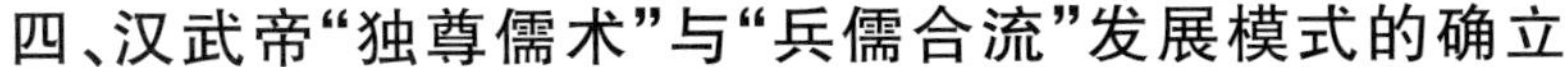

四、汉武帝“独尊儒术”与“兵儒合流”发展模式的确立

战国中晚期至西汉初年的兵儒合流，尚处于初始阶段。一方面，兵家借鉴、吸收其他学派的思想，不仅不以儒家为唯一对象，还汲取道家、法家、墨家等学派的思想。另一方面，儒家对兵学的吸收或改造，仍有很大的保留成分。比如，就连最为现实理性的《荀子·议兵》仍然高举“仁者无敌”的理想主义旗帜，并彻底否定兵家“兵者诡道”和“兵以诈立”的原则。这说明，兵儒之间的交流只是彼此思想观点的相互渗透和影响，还谈不上真正的合流。

然而，这种情况到西汉中期发生了根本性变化，兵儒合流逐渐成为兵学发展的一种基本模式，走向了成熟阶段。其根本原因主要表现在三个方面：

第一，西汉中期以后，汉武帝采纳董仲舒“罢黜百家，独尊儒术”的建议，使得儒学合乎逻辑地取得了统治思想的正统地位，儒家思想的基本精神也开始向社会政治生活的各个方面渗透。尽管此时儒家思想并未取得真正的独尊地位，仍是“霸王道而杂用之”，但儒家思想的大旗毕竟举起来了，这就为兵儒合流开辟了广阔的发展空间。当然，在现实实践中，统治者并非只取儒家思想来治国。汉宣帝曾训其太子（即后来的汉元帝）曰：

> 汉家自有制度，本以霸王道杂之，奈何纯任德教，用周政乎！且俗儒不达时宜，好是古非今，使人眩于名实，不知所守，何足委任？①

第二，这一时期，由于现实战争的客观需要，兵家思想并不像法家思想或墨家思想那样逐渐走向没落，而仍然受到统治阶级的重视和青睐。比如，对于《孙子》思想，西汉统治者表面上予以压制和贬斥，但实质上却持“内尊”的态度。西汉时期对兵书的三次大规模整理，足以说明统治者对兵学的重视。银雀山汉墓出土竹简《孙子》、青海大通县上

---

① （汉）班固撰，陈焕良、曾宪礼标点：《汉书·元帝纪》，岳麓书社 2008 年版，第 89 页。以下仅注书名和篇目。

孙家寨汉墓出土的《孙子》佚文，都表明墓主人生前对《孙子》的喜好和尊崇。从种种史料记载看，上层统治者提倡、注重研习兵法，即使是汉代的儒生群体，也大多习儒术，兼学兵法。东方朔在上书汉武帝时自称：

> 年十三学书，三冬文史足用。十五学击剑。十六学《诗》《书》，诵二十二万言。十九学孙、吴兵法，战阵之具，钲鼓之教，亦诵二十二万言。①

兵家思想受到统治者的高度认可，兵学知识学习的普及化，是汉代实现兵儒合流的第二个重要条件和保障。

第三，受当时大一统政治格局的影响，兵学研究的重心开始由“取天下”向“安天下”“治天下”转变。这就使得这一时期的兵书开始主动汲取儒家战争观念，进而推动传统兵学向更加成熟的兵儒互补的趋向发展。比如，《三略》就以政略为基础，阐释其军事思想和观点。政略高于战略，政治高于军事，怀柔高于杀伐，仁义高于权诈，这些基本观念的确立无疑为兵儒合流提供了强有力的理论支撑。

正是在上述兵儒合流及大一统观念的支配下，汉武帝一改“无为”政治为“有为”政治，坚持兵儒相辅相济，用儒家思想统治臣民，用兵家思想克敌制胜，从而把西汉“霸王道杂之”的治国用兵方略推到鼎盛。正是在这一时期，汉武帝组织了大规模反击匈奴的战争，大规模开疆拓土，建树了两汉时代最辉煌的武功。

汉武帝之后，以儒家仁政学说为治国理政的基本原则，以兵家的权谋诡诈之道为战争制胜的基本手段，此种基本思路已得到大多数统治阶级的认同与支持，兵儒合流的兵学发展模式基本得以确立。这一模式具有丰富的思想内容，涉及古代军事学的多个层面：在战争观念上，它既倡导以儒家的仁本和民本主义战争观念号召民众，凝聚民心，又主张以兵家的诡道思想、功利思想克敌制胜。在军队建设层面，它既强调儒家恤民、爱卒的道德治军理论，又注重兵家严明赏罚、公平公正的以法治军原则。在国防观念上，它既坚持儒家柔远徕众、以德服人的怀柔方针，又注重采纳和实行兵家发展实力、巩固边防、适时出击

---

① 《汉书·东方朔传》。

的边防策略。在作战指导思想层面，它既重视儒家的“王道”，也重视兵家的“霸道”，即所谓“王霸并用”“剿抚并用”。在具体的战术和实际战法层面，虽以兵家的诡诈和谋略原则为主，但仍强调要将其置于义战的前提之下，要服从儒家的政治理想和治国大略。

黄朴民先生在《中国历代军事思想的演化大势及其特征》中对兵儒合流有过经典的概括：

> 所谓“兵儒合流”，概括地说就是儒家政治理论与兵家权谋之道的有机结合与相辅相成，即儒家学说发挥统治思想的指导作用，规范了用兵的宗旨与目的、对待战争的态度以及战争与政治之间的内在逻辑关系等问题，从总揽全局的高度，为当时军事学术解决了政治立场、原则问题；而兵家的权诱诡诈用兵之道，则被充分运用于战争实践、治军活动之中，从操作的层次上满足了当时军事斗争的需要，保证了战争活动符合自身规律而达到克敌制胜的最终目的。①

也就是说，如果没有儒家仁义原则作为用兵的指导，军事活动就会失去正确的方向，甚至陷入战争泥潭而不能自拔；而不运用兵家的权谋智慧，则难以夺取战场的主动权，最终会导致战争失败。因此，兵学必须由儒学来统领，儒学必须以兵学为辅助，二者如影随形，不可分离。

五、汉代兵儒合流过程中的曲折性和复杂性

兵儒合流是一个曲折而复杂的过程，尽管两汉时期的兵儒关系以融合互补为主导，但其间也有兵、儒两种不同学说之间的激烈矛盾与冲突。西汉建立之初，许多儒家士人便站在儒家“仁义”“德治”的立场上，对兵学的“诡诈”“权谋”等思想展开批评。这不仅是西汉建立封建大一统政治格局的需要，还与汉朝建立后统治者改“逆取”为“顺守”的政策转向有关。所谓“逆取”，即指打天下要采用悖逆、诡诈之法，以保证克敌制胜；所谓“顺守”，是指守天下要行仁义之法，以建立合理的等

① 黄朴民：《中国历代军事思想的演化大势及其特征》，《浙江社会科学》1997 年第 5 期。

级秩序。司马迁在《史记》中总结秦亡的教训是：

> 秦王怀贪鄙之心，行自奋之智，不信功臣，不亲士民，废王道，立私权，禁文书而酷刑法，先诈力而后仁义，以暴虐为天下始。[①]

贾谊在《过秦论》中也认为秦亡的根本原因在于“禁文书而酷刑法，先诈力而后仁义”。“仁义不施，而攻守之势异也。”[②]这就在社会上造成了一种“阴谋不祥”的强大舆论声势，进而形成了一种讨伐、清算“诈力”的革心运动。由此，兵法与兵书受到贬抑也是自然之事。

至汉武帝时期，董仲舒上书建议“罢黜百家，独尊儒术”，极力禁止“师异道，人异论，百家殊方，指意不同”[③]。由此，统治者加强了对人民思想的控制，力图彻底扭转“孔氏之道微，而孙吴之术兴”的局面，从而使战国时期崇尚“诈力”的社会思潮得到进一步讨伐。董仲舒曾谈道：

> 夫仁人者，正其谊不谋其利，明其道不计其功，是以仲尼之门，五尺之童羞称五伯，为其先诈力而后仁谊也。为诈而已，故不足称于大君子之门也。[④]

汉昭帝时期，关于边防问题的盐铁会议之争，实际上表明兵、儒两家战争观的矛盾和冲突达于极致。以贤良文学为代表的一方，打着“为民请命“的旗帜，从儒家理想主义战争观念出发，否定汉武帝的开边战争以及秦代的统一战争，认为这些可以通过德教而和平实现。他们的很多言论，几乎可以看作孟子“仁人无敌于天下”思想的翻版。

> 故善克者不战，善战者不师，善师者不阵。修之于庙堂，而折冲还师。王者行仁政，无敌于天下，恶用费哉？[⑤]
>
> 去武行文，废力尚德，罢关梁，除障塞，以仁义导之，则北垂无寇虏之忧，中国无干戈之事矣。[⑥]

---

① 《史记·秦始皇本纪》。

② 《史记·秦始皇本纪》。

③ 《汉书·董仲舒传》。

④ 《汉书·董仲舒传》。

⑤ （汉）桓宽：《盐铁论·本议》，上海人民出版社 1974 年版，第 2 页。以下仅注书名和篇目。

⑥ 《盐铁论·世务》。

而以桑弘羊为代表的政府方面，则全面肯定汉武帝对匈奴战争之必要性，竭力维护汉武帝积极进攻的思想路线。他们在论战中对战争及兵学持赞成与肯定的态度，同时充分表达了对孙子思想理论的重视。比如，《盐铁论·论功》谈道："故兵者凶器，不可轻用也。其以强为弱，以存为亡，一朝尔也。"这是对孙子慎战思想的借鉴。《盐铁论·险固》则曰："有备则制人，无备则制于人。"这是对孙子备战思想和致人思想的继承与活用。该篇中又谈道："三军顺天时，以实击虚。"这无疑是结合实际，申明了孙子的避实击虚思想。另外，《盐铁论·本议》还强调了"善克者不战"的贵谋全胜思想等。这些思想言论与孙子的观点大致相同或相近。

至汉哀帝时，学者刘歆进一步将"孔氏之道"与"孙吴之术"置于根本对立的地位。

> 及夫子没而微言绝，七十子终而大义乖。重遭战国，弃笾豆之礼，理军旅之陈，孔子之道抑，而孙吴之术兴。陵夷至于暴秦，燔经书，杀儒士，设挟书之法，行是古之罪，道术由是遂灭。①

东汉建立之初，作为统治者的刘秀偃武修文，许多功臣也多近儒，再加上谶纬神学思想的蔓延，整个社会都沉浸在儒学的思想潮流中。在这种背景下，一些儒家学者对以《孙子》为代表的兵家进行严厉抨击，班固就是其中的典型代表。他将孙武、吴起看作变诈之兵兴起、追求功利的开端，"自春秋至于战国，出奇设伏，变诈之兵并作"(《汉书·艺文志》)。同时认为，孙、吴的悲剧结局乃是一种应有的报应：

> 至于末世，苟任诈力，以快贪残，争城杀人盈城，争地杀人满野。孙、吴、商、白之徒，皆身诛戮于前，而国灭亡于后。报应之势，各以类至，其道然矣。②

值得强调的是，他还在《汉书》中将提倡"以仁为本，以义治之"的《司马法》与《孙子》《吴子》相区分，将其列入《六艺略·礼部》。班固对《孙子》的这种贬斥态度和观点对后世有较大影响。

---

① 《汉书·楚元王传》。

② 《汉书·刑法志》。

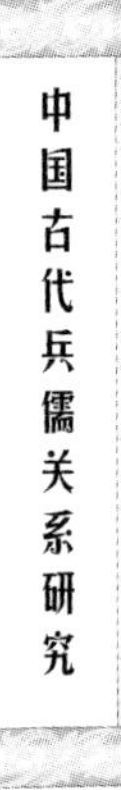

六、刘秀经国治军实践标志着兵儒合流的圆满完成

刘秀出身太学生，既精通儒学，又精通兵学，既善于用儒家的民本思想指导战争，又善于用兵家的诡道谋略克敌制胜，其总的特点是以“柔道”治国安邦。刘秀曾言：“柔者德也，刚者贼也，弱者仁之助也，强者怨之归也。”[①]这说明，在刘秀看来，“柔道”的实质乃是以儒家“德”“仁”为本，进而运用德化的手段达成军事胜利之目的。王夫之极为欣赏刘秀这种经国治军政策，他说：“柔者非弱之谓也，反本自治，顺人心以不犯阴阳之忌也。”[②]这深刻揭示了刘秀柔武理论的根本特点和实质。

在战争观层面上，刘秀作为杰出的军事家，一方面能够站在儒家“仁为兵本”观念的立场上，紧紧抓住“民心”这一影响战争胜负的根本问题，进一步发展和深化了兵家的道胜思想。他率兵北上经营河北之时，当地豪强多拥兵割据，农民起义军首领也自立称雄；而他兵微将寡，力量最弱，极为被动。然而，他采用高明的政治手段，争取到了各方力量的支持。

> 所到部县，辄见二千石、长吏、三老、官属，下至佐吏，考察黜陟，如州牧行部事。辄平遣囚徒，除王莽苛政，复汉官名，吏人喜悦，争持牛酒迎劳。[③]
>
> 窃见明公单车临河北，非有府臧之蓄，重赏甘饵，可以聚人者也，徒以恩德怀之，是故士众乐附。[④]

这不仅使刘秀壮大了自身力量，还消灭了最大的割据势力王郎，最终在河北地区站稳了脚跟。

另一方面，刘秀注重运用儒家的思想，教化民众，稳定民心。孙子在《火攻篇》有言：“夫战胜攻取，而不修其功者，凶，命曰费留。”为了巩固战

---

① (宋)范晔撰，(唐)李贤等注：《后汉书·臧宫传》，中华书局2000年版，第461页。以下仅注书名和篇目。

② (清)王夫之著，勾利军、刘海文主编：《读通鉴论》卷六，山西人民出版社1994年版，第149页。

③ 《后汉书·光武帝纪》。

④ 《后汉书·耿纯传》。

果，刘秀在战后多采取以教化为主的安抚政策。比如，修庙堂，建太学，完善法令制度，特别是通过选拔任用“重厚之吏”以改善民风。同时，为了更好地安抚人心，刘秀非常重视对地主阶级知识分子的任用与扶植。他强调：“今天下散乱，兵革并兴，得士者昌，失士者亡。梦想贤士，共成功业，岂有二哉！”[①]故所到之处，“未及下车，而先访儒雅”[②]；他属下的开国功臣，多为文吏，颇具“儒者气象”，正所谓“群雄崩扰，旌旗乱野，东西诛战，不遑启处，然犹投戈讲艺，息马论道”[③]。儒家及儒学的优势在于教化民众，如此一来，便收到了人心稳定、天下晏然的效果。

在战争实践和战争指导层面上，刘秀能做到兵家威慑与儒家教化的融而并用，进而达到战争制胜之目的。比如，瓦亭之战是剿灭隗嚣势力之关键一役，敌方守将是牛邯。光武帝得知王遵和牛邯是老朋友，遂命王遵修书牛邯：“今车驾大众，已在道路，吴、耿骁将，云集四境，而孺卿以奔离之卒，拒要厄，当军冲，视其形势何如哉？”[④]这是典型的战略威慑。然，又与教化手段结合使用：“今孺卿当成败之际，遇严兵之锋，可为怖慄，宜断之心胸，参之有识。”[⑤]此种柔武策略的使用，让牛邯最终倒戈归附。

另外，刘秀还能通过政治手段，实现兵家和儒家思想融合基础上的“全胜”方略。比如，统一战争之时，大赦天水、陇西、安定、北地等地为隗嚣所诱迫的官员，大赦因乐浪谋反而受株连的下属，废除边郡针对百姓的严苛法令，释放陇、蜀、凉、益的奴婢为庶民，等等，这些都是刘秀执行“柔远以德”政策的典型事例。在执行这种仁德政策的同时，刘秀尽力避免因处理各族事务不当而引发的矛盾与战争。建武二十一年(45)，鄯善王、车师王等十六国遣子入侍，自愿请求都护。刘秀以“中国初定，未遑外事”为由加以拒绝，不仅遣还侍子，而且对其大加赏赐。其目的就是避免战乱，对各族以恩德怀之。值得肯定的是，刘秀谨厚的性格，使他绝不会为了自己所谓的“万世功业”而穷兵黩武。建

① (晋)袁宏撰，李兴和点校：《袁宏后汉纪集校》，云南大学出版社2008年版，第5页。

② 《后汉书・儒林传上・序》。

③ 《后汉书・樊宏传》附《樊准传》。

④ 《后汉书・隗嚣传》。

⑤ 《后汉书・隗嚣传》。

武二十七年(51),臧宫、马武等将领建议乘“匈奴饥疲,自相纷争”之际进击匈奴,并预言“北虏之灭,不过数年”,而刘秀的回答是:

> 舍近谋远者,劳而无功;舍远谋近者,逸而有终……今国无善政,灾变不息,百姓惊惶,人不自保,而复欲远事边外乎?[①]

自此之后,诸将莫敢轻言战事,守边之将也以固守为本。于是,边疆遂宁,民众生活得以安定。

在治军层面上,刘秀突出体现了兵儒兼用、“以柔道理天下”的风格,史称其“上下相亲,天下之势乃固”[②],以至于出现了“今称天子者数人,唯洛阳甲兵最强、号令最明”[③]的局面。这突出体现在两个方面:

其一,以诚待将,以信治军。自古君将关系常处于一种两难困境,处理起来既充满权术欺诈,又伴随着暴力血腥;而刘秀以柔道处之,以一“诚”字赢取人心,这对后世有着重要的借鉴价值。例如,刘秀麾下大将冯异,战功卓著且“能御吏士”,镇守关中之时更是“威权至重,百姓归心”,当地百姓以“咸阳王”称之。这引起了朝野之臣的怀疑和警觉,担心其拥兵自重,图谋不轨。冯异闻知此情后,非常害怕,立即上书请求调离关中,以证清白。然刘秀的答复是:“将军之于国家,义为君臣,恩犹父子,何嫌何疑,而有惧意?”[④]如此坦诚之语,让冯异疑虑顿消,感激涕零。君臣之间能够如此肝胆相照、推心置腹,这在封建社会的政治舞台上实属罕见。

刘秀不仅以诚信待将,还以诚信治军。更始二年(24),刘秀在击败、招降铜马农民起义军之后,封其首领渠帅为列侯;然,降者兵众“犹不自安”。刘秀为赢得他们的信任,竟然出人意料地“敕令降者各归营勒兵,自乘轻骑按行部陈”[⑤]。此举令降者大为感动:“萧王推赤心置人

---

① (宋)司马光:《资政通鉴·汉纪三六》,清文渊阁《四库全书》本。以下仅注书名和篇目。

② (清)王夫之著,勾利军、刘海文主编:《读通鉴论》卷六,山西人民出版社1994年版,第150页。

③ (晋)袁宏撰,李兴和点校:《袁宏后汉纪集校》,云南大学出版社2008年版,第52页。

④ 《后汉书·冯异传》。

⑤ 《资政通鉴·汉纪三一》。

腹中，安得不投死乎！”此外，刘秀在攻破王郎后，对于缴获的部下与王郎私通勾结的书信，看也不看便当众销毁，这同样体现了以诚信待人的治军作风。孙子论将帅“五德”，曾将“信”置于第二位，可见其对“信”的重视。这个“信”，从很大程度上讲就是诚信，在本质上是一种上与下之间的高层次的精神互动，能够起到“士为知己者死”的感化效果。

其二，“泛爱容众”，“广施恩德”。将领贾复受重伤，刘秀诚恳地表示：“闻其妇有孕，生女邪，我子娶之，生男邪，我女嫁之，不令其忧妻子也。”①李忠母亲及妻子为敌所捕，刘秀指示下属不惜钱财营救，“赐钱千万，来从我取”②。征虏将军祭遵去世，刘秀“车驾素服临之，望哭哀恸”③。中郎将来歙征蜀时被刺身亡，刘秀“乘舆缟素临吊送葬”④。此外，刘秀还懂得关爱普通的士卒。手下将领王霸是善抚士卒的典范，以至于“死者脱衣以敛之，伤者躬亲以养之”⑤，刘秀因之对其大加褒奖，擢升为偏将军。从上述内容看，刘秀关爱将士的行为和表现绝非个案，也非一时的虚伪或冲动之举。历史上帝王优抚将士的实例不少，但像刘秀这样能做到真诚自觉、一以贯之的，却属罕见。

综上所述，刘秀的军事实践活动，从实践上证明了兵儒合流的可行性与圆满性。此后，儒家以仁义民本为核心的战争观的历史地位在战争实践中逐步得以确立，而兵家以诡诈和谋略为核心的作战指导思想也获得了更多的认同和应用，这不能不说是秦汉兵儒关系发展史上的一项突出成果。在以后的历史长河中，兵儒合流虽然不能顺利演进，其具体表现形式也可能有多种变化，但是它作为中国古代传统兵学发展的主流模式，却一直没有被逆转或改变，而是始终处于不断发展、延续与完善之中。这应该说是中国兵学文化的一个重要特色，也是对人类战争理论的一个重要贡献。

---

① 《后汉书·贾复传》。
② 《后汉书·李忠传》。
③ 《后汉书·祭遵传》。
④ 《后汉书·来歙传》。
⑤ 《后汉书·王霸传》。

第三章　魏晋南北朝时期的兵儒关系

魏晋南北朝时期是中国历史上长期割据战乱与民族大融合共存的时期，也是兵儒关系较为复杂的历史时期。东汉末年，统治集团分裂，社会矛盾日益尖锐，在意识形态上占据主导地位的儒家思想开始动摇。至魏晋南北朝时期，中国历史进入政权更迭最为频繁的时期。在短短360余年内，曹魏、蜀汉、东吴、西晋、东晋及南北朝等多个王朝以及大大小小30余个割据政权交替兴亡，加之连绵不断的战争，使这一时期思想文化的发展受到特别的影响。其突出表现是玄学的兴起、佛教的传入、道教的勃兴以及中原文化与少数民族文化的混杂交融。这些新的文化因素的互相影响、彼此渗透，使这一时期儒学的发展内容和历史地位等问题趋于复杂化。

然而，就总体而言，儒学的发展进程并没有中断。儒家思想文化本身经过玄、佛、道的猛烈冲击，脱去了因两汉造神运动所披上的神学外衣，反而表现出更加旺盛的生命力。就当时的玄学思潮来说，虽然具有空谈的弊端，但在一定程度上反映了当时士大夫知识分子改革和发展儒学的迫切愿望。他们反对把儒学凝固化、教条化、神学化，进而提出用“有无”“体用”“本末”等哲学概念来论证儒家名教的合理性；他们推崇孔子高于老庄，强调名教符合自然，力求在玄学思想中不断渗透儒家精神。就儒学、佛教和道家思想的关系而言，虽然出现三家学术之争，但由于儒家思想本身具有与国家政权结合的天然优势，儒学还是始终处于正统地位，佛、道二教最终不能不认同儒家的宗法伦理，于是思想文化界形成以儒学为核心的三教合流趋势。在政治实践领域，虽然儒学独尊的地位已不复存在，但统治者还是要依靠儒家的主要思想来治国。

这一时期，兵学的发展也曲折而复杂。汉魏之际，传统兵学无论在理论研究层面还是在普及应用层面，都获得较大进展，《孙子》在社会上的“兵经”地位基本得以确立。然而，在两晋南北朝时期，由于玄学清谈的影响及佛教、道教的冲击，兵学的理论研究呈现出衰落态势，不过兵学的实践应用仍取得了辉煌成就。值得注意的是，学术兼容的文化趋势在这一时期的兵学文化发展中依然表现得非常明显。许多兵家人物和兵学著述都在承接秦汉之际学术综合化的基础上，体现出兵学与其他学问融会贯通的特点。例如，曹操、诸葛亮、司马懿等的军事思想，既继承前代优秀的兵学成果，注重吸收申、韩等法家学说的精髓，又兼采儒、道、墨诸家之长。其他少数民族政治家，如王猛兼容儒、法、兵的军事思想观念，拓跋珪融合中原农业文明与北方游牧文化的军事思想观念，也充分反映了这一时期兵学文化发展注重综合、追求兼容的突出特点。

在上述文化背景之下，兵儒关系表现出了一些新的发展趋向。当时，封建统治者既重视儒学，又崇尚佛教，还不断抬高道教的地位，于是出现了儒、佛、道并立并尊的思想文化格局。同时，兵学思想与三家思想有着密切的联系。然而，这种文化格局不同于先秦时期诸子学派并立共存的局面，实际上更利于彼此之间的渗透与融合。先秦时期，在儒、道、兵、法诸家思想并立的过程中，各家学派既注重吸收他人思想的精华，又极力保持自身的本色，彼此之间的界限并未被消除。魏晋以后则大为不同，比如，在援引儒家的礼法来改革其思想内容的过程中，道家的许多理论观点甚至为儒家思想所代替，以至于出现“道貌儒骨”的特点。此种特点同样表现在兵家思想与儒、道思想合流的过程中，以至于同样出现了兵、儒、道之间界限逐渐淡化的趋势。由此造成的一个重要影响是，以兵家思想兼容儒、道、法思想有了更有利的条件，儒家之“仁”与兵家之“诈”的矛盾和冲突不再那么尖锐，“仁诈合一”成为许多优秀将帅用兵的一个突出特点。

一、三国杰出人物践行“仁诈合一”的经验与教训

(一)曹操“仁诈合一”的用兵思想及成功经验

曹操(155～220)，字孟德，沛国谯县(今安徽亳州)人。东汉末年杰出的政治家、军事家。曹操喜欢兵法，推崇孙子，故在孙子兵学理论

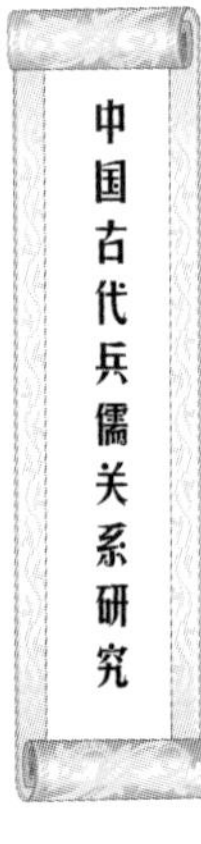

研究和孙子兵学实践方面都做出了很大贡献。史称其“行军用师，大较依孙、吴之法，而因事设奇，谲敌制胜，变化如神，自作兵书十万余言，诸将征伐，皆以新书从事；临事又手为节度，从令者克捷，违教者负败”①。

同时，曹操是一位“昼则讲武策，夜则思经传”的兵儒兼修的军事家。曹操为《孙子》作注，明显继承了先秦儒家以仁义为核心的军事思想观念。他在《曹操注孙子》序言中写道：

> 操闻上古有弧矢之利，《论语》曰“足食足兵”，《尚书》八政曰“师”，《易》曰“师贞丈人吉”，《诗》云“王赫斯怒，爰整其旅”。黄帝、汤、武咸用干戈以济世也。《司马法》曰：“人故杀人，杀之可也。”用武者灭，用文者亡，夫差、偃王是也。圣贤之用兵也，戢而时动，不得已而用之。②

从这段文字来看，曹操乃立足于以下几个方面来阐释他的战争观念：第一，承认战争的客观存在。他从历史的经验中认识到，战争发生实乃历史必然，自古圣人不仅不反对战争，而且要“足兵”“备师”，以做好战争准备。第二，明确肯定了正义战争的历史作用。他继承儒家“义战”的思想观念，认为正义战争是合理的、必需的，故兴兵学是士大夫承担社会责任的体现。为此，他引用《司马法》中的名言“人故杀人，杀之可也”加以论证，强调如果战争能够安定社会，解救庶民，那就应该去战斗。第三，辩证地提出了“用武者灭，用文者亡”的著名观点。为此，他列举了有关夫差和偃王的两个历史案例。史载，吴王夫差打败越国后，不知修明政治，安民治国，而是恃武北上以争霸，结果被越王勾践从后方偷袭，战败国亡，自杀身死。徐堰王走的是另一个极端，他只知修文，不思用武，最后被灭国。据《韩非子·五蠹》记载：“徐堰王处汉东，地方五百里，行仁义，割地而朝者三十有六国，荆文王恐其害己也，举兵伐徐，遂灭之。”曹操最后得出的结论是：穷兵黩武而不修明政治是要亡国的；而不做必要的战争准备，只讲仁政，也是要亡国的。

---

① （晋）陈寿撰，（宋）裴松之注：《三国志·魏书·武帝纪》注引《魏书》，中华书局1982年版，第54页。以下仅注书名和篇目。

② （明）张溥辑：《汉魏六朝百三家集》卷二三曹操《孙子兵法序》，清文渊阁《四库全书》本。

可见，曹操的战争观理论是兵家思想与儒家思想相融合的产物。

在战争实践领域，身为“清平之奸贼，乱世之英雄”①，曹操运用孙子思想的一个突出特点是，对孙子“兵者诡道”思想的彻悟和应用。在其军事生涯中，他对战争的指挥和决策几乎是步步用计、处处施诈，且大都取得了成功。曹操很欣赏自己这种尚奇贵诈的战术，故当诸将问其如何用兵时，他不无自豪地说：“兵之变化，固非一道也。”②

一方面，曹操的军事实践活动又以儒家仁义思想为指导。在平定黄巾军起义的过程中，他切实理解与感悟到时政弊端给下层百姓带来的痛苦和灾难。因而，他对黄巾起义和下层民众并不从单纯的政治立场予以否定，也不是一味地运用军事手段进行镇压，而是有的放矢地进行安抚和整编，其后又因时制宜地进行屯田，从而将无所依靠的民众有序组织起来进行生产，使他们能够得以温饱。另一方面，胸怀天下的曹操，终其一生都在为天下统一而奋斗不息，诚可谓“老骥伏枥，志在千里；烈士暮年，壮心不已”（《步出夏门行·龟虽寿》）。其军事实践的三个主要内容是“勤王”“平乱”和“伐异”，最终目的都在于恢复并稳定天下秩序，这也符合当时连年战争中广大百姓期盼和平的愿望。翦伯赞先生曾这样评价曹操：

> 他一贯地把统一中国作为自己的政治使命，虽然他没有完成统一的任务，但是他结束了汉末以来长期存在的豪族混战局面，并且从中国的西北边疆排除了游牧民族的威胁，保卫了黄河平原的城市和农村，恢复了黄河南北的封建秩序，替后来的西晋的统一，铺平了道路。③

（二）诸葛亮“仁智合一”的完美形象及悲剧结局

诸葛亮（181～234），字孔明，琅琊阳都（今山东沂南）人，早年躬耕于南阳，博览群书，关心时事，被誉为“卧龙”。建安十二年（207），刘备“三顾茅庐”，请其出山，自此登上历史舞台，为蜀汉政权奉献了自己的后半生。

---

① 《后汉书·许劭传》。

② 《三国志·魏书·武帝纪》。

③ 翦伯赞：《应该替曹操恢复名誉》，《光明日报·史学副刊》1959年2月19日。

诸葛亮的一生，是儒家忠君爱国的典范；其高洁的品格以及“鞠躬尽瘁，死而后已”的精神，是儒家仁人君子优秀品格的体现。正如陈寿评价道：“终于邦域之内，咸畏而爱之，刑政虽峻而无怨者，以其用心平而劝戒明也。可谓识治之良才，管、萧之亚匹矣！”[①]亦如裴松之征引袁准《袁子正论》的盛赞之语：“摄一国之政，事凡庸之君，专权而不失礼，行君事而国人不疑，如此即以为君臣百姓之心欣戴之矣。”[②]

关于诸葛亮的军事才能，历史上向来存在争议。陈寿对诸葛亮的总体评价是：“然亮才，于治戎为长，奇谋为短，理民之干，优于将略。”[③]那么，诸葛亮到底有没有高超的军事智慧和杰出的军事才能呢？对于这个问题，我们需要辩证地、历史地认识与看待，而不能单纯以成败论英雄。

在战略思想方面，诸葛亮能高瞻远瞩地预判天下三分之形势，在《隆中对》中能提出联吴抗曹、跨有荆益，进而与曹、孙三分天下的战略性决策。这是十分难能可贵的，没有卓越的政治见解和宏观长远的战略意识，绝对看不清这种形势。在治军思想方面，诸葛亮杰出的治军才能是史家公认的。据《三国志·蜀书·诸葛亮传》记载，魏军统帅司马懿在诸葛亮死后，“案行其营垒处所曰：‘天下奇才也。’”另外，晋人袁准所写的《袁子》一书中，这样评论诸葛亮带兵：“其用兵也，止如山，进退如风，兵出之日，天下震动，而人心不忧。”[④]在具体的战争指导方面，诸葛亮表现出杰出的谋略才能，善用诡诈战术。比如，第一次北伐之时，“扬声由斜谷道取郿，使赵云、邓芝为疑军，据箕谷。……亮身率诸军攻祁山”，结果魏军统帅曹真果然上当，亲自率兵抵挡赵云等，以至于祁山空虚，“南安、天水、安定三郡叛魏应亮”。[⑤]

值得强调的是，诸如郭淮、司马懿这样优秀的魏军统帅也畏惧与诸葛亮在战场较量，即使自身兵力几倍于诸葛亮军队，也从不敢向蜀军主动出击，甚至诸葛亮死后退兵之时，司马懿都不敢大胆追赶，这无

---

① 《三国志·蜀书·诸葛亮传》。
② 《三国志·蜀书·诸葛亮传》注引《袁子》。
③ 《三国志·蜀书·诸葛亮传》。
④ 《三国志·蜀书·诸葛亮传》注引《袁子》。
⑤ 《三国志·蜀书·诸葛亮传》。

疑从反面印证了诸葛亮具有高超的军事谋略才能。

傅干对曾用八字高度概括诸葛亮其人，所谓“达治知变，正而有谋”[①]。“达治”是指诸葛亮明于治国理政，“知变”是指诸葛亮善于应对时势，“正而有谋”是说他既具备儒家之仁德，又富有兵家之谋略。这无疑说明，诸葛亮乃是中国历史上兼容兵儒的优秀军事家。

然而，这样一位集政治与军事才能于一体、融杰出智慧和传统美德于一身的杰出人物，最终却落得“出师未捷身先死，长使英雄泪满襟”[②]的悲剧结局，其内在的深层原因又如何解释呢？在笔者看来，这正是儒家政治理想与兵家现实理性在实践中既相辅相成又矛盾冲突的深刻反映。就当时三国鼎立的基本格局来看，地处偏远荒凉之地的蜀国与地处物产富饶之地的魏国，实力差距实在太大。实力是决定战争胜负的根本因素，以贫弱之蜀国灭掉综合国力强大的魏国是根本不可能的事情。然而，深受儒家正统观念影响的诸葛亮却执意于实现《隆中对》的最高目标——“兴复汉室”，“达于一统”，这绝对违背了兵家“非利不动，非得不用，非危不战”(《火攻篇》)的现实理性原则。

《三国志·蜀书·诸葛亮传》裴注引《默记·述佐篇》载曰：

> 或曰，兵者凶器，战者危事也，有国者不务保安境内，绥静百姓，而好开辟土地，征伐天下，未为得计也。诸葛丞相诚有匡佐之才，然处孤绝之地，战士不满五万，自可闭关守险，君臣无事。空劳师旅，无岁不征，未能进咫尺之地，开帝王之基，而使国内受其荒残，西土苦其役调。魏司马懿才用兵众，未易可轻，量敌而进，兵家所慎；若丞相必有以策之，则未见坦然之勋，若无策以裁之，则非明哲之谓，海内归向之意也。

有学者认为，诸葛亮不会认识不到蜀弱魏强的现实状况，但其执意北伐曹魏的行为，乃深刻反映了儒家精神中“知其不可而为之”的人格信念和“士为知己者死”的文化传统。这有一定的道理，但要深入认识这一问题，还需从儒家价值优先观念及泛道德主义倾向对中国战略文化

---

① 《三国志·蜀书·先主传》注引《傅子》。

② (唐)杜甫：《蜀相》，邹福清、崔聪编注：《唐诗三百首》，长江文艺出版社2015年版，第217页。

的影响去进行深入本质的分析。

> 从汉代开始，儒家在中国文化中的主导性地位即已经确立，因而儒家的价值优先的思维倾向，实际上也就构成整个文化包括战略文化的基本特征，道德主义传统也由此构成了战略文化的强势传统，并对文化中的现实主义传统形成了巨大的文化压力，从而从根本上影响了中国战略文化中的现实主义传统的基本面貌。[①]

（三）刘备“仁义治兵”的功过得失

刘备，字玄德，涿郡涿县人，汉景帝之子中山靖王刘胜的后人。刘备虽为皇家血脉，但家道中落，幼年丧父，与其母“贩履织席”为生，生活过得十分艰难。此段人生经历，既磨砺了他的坚韧意志，也铸就了他与人为善的优秀品格。东汉末年，天下纷乱，刘备受到关羽、张飞等人的拥戴，并在当地商人的资助下组织起一支军队，开始登上政治舞台，历经磨难，终成一代雄主。

刘备既有豪气的一面，又具有一定的政治军事才能。他与曹操一样，都是乱世中的英雄和枭雄。曹操曾盛赞刘备：“今天下英雄，唯使君与操耳。本初（袁绍）之徒，不足数也。”[②]曹操的几个著名谋士，如程昱、郭嘉、贾诩等也认为“刘备有雄才”[③]。东吴大将周瑜、鲁肃则称：“刘备天下枭雄。”[④]然而，与曹操、孙权等相比，刘备创业起家的条件十分薄弱，既无官宦家世可资凭借，又无雄踞天险地域的优势。在雄才伟略方面，刘备也大不如曹操。陈寿曾评价刘备：“机权干略，不逮魏武，是以基宇亦狭。”[⑤]在军事指挥才能方面，刘备虽然指挥取得过博望坡之战、汉中之战的胜利，但总体而言是败多胜少，时人的评价亦不高。曹操的谋士赵戬曾谈道：“刘备其不济乎？拙于用兵，每战每败，奔亡不暇，何以图人？”[⑥]吴国大将陆逊则言：“寻备前后行军，多败少

---

① 宫玉振：《中国战略文化解析》，军事科学出版社 2002 年版，第 110 页。

② 《三国志·蜀书·先主传》。

③ 《三国志·魏书》之《武帝纪》《郭嘉传》《贾诩传》。

④ 《三国志·吴书》之《周瑜传》《鲁肃传》。

⑤ 《三国志·蜀书·先主传》。

⑥ 《三国志·蜀书·先主传》注引《傅子》。

成，推此论之，不足为戚。”[①]据统计，刘备参与或亲自指挥的战争共有25次。其中，失败16次，胜利9次。[②] 可见，刘备在战争实践中虽不至于说是屡战屡败，但败多胜少确属事实。

从上述分析看，刘备创业既无良好的基础条件，又欠缺雄才伟略和杰出的军事才能，那他是如何从一个底层人物一跃而成一代雄主的呢？在笔者看来，刘备宽厚待人、注重信义、“甚得众心”的长处和优势是根本原因。刘备少年时曾拜卢植为师，“年十五，母使行学，与同宗刘德然、辽西公孙瓒俱事故九江太守同郡卢植”[③]。卢植是一位文武双全的大儒，被誉为“学为儒宗、士之楷模、国之桢干”。刘备投其门下，虽然在学业上并无多大成就，但能够悟得儒家仁义、民心之精髓，并能自觉地将其运用于政治军事实践，始终恪守如一。这一点，是他远远超出曹操及其他三国时期英雄人物的地方，也是其成功立业的根本原因之所在。刘备曾对比己与曹操的为人而言曰：

> 今指与吾为水火者，曹操也，操以急，吾以宽。操以暴，吾以仁。操以谲，吾以忠。每与操反，事乃可成耳。[④]

刘备领平原相时，就有亲民的作风。“备外御寇难，内丰财施，士之下者，必与同席而坐，同簋而食，无所简择，众多归焉。”[⑤]陈寿对刘备的这一为人特点尤为赞赏，甚至在《三国志》中借一些具体事件予以着力描绘：

> 郡民刘平素轻先主，耻为之下，使客刺之。客不忍刺，语之而去。其得人心如此。[⑥]

刘备代陶谦领徐州之后，能在徐州一带辗转七八年，屡败屡起，其根本原因也在于得人心。袁绍说：“刘玄德弘雅信义，今徐州乐戴之，诚副所望也。”[⑦]后来，刘备投奔曹操，曹操的谋士郭嘉也说刘备“有雄才而

---

① 《三国志・吴书・陆逊传》。

② 参见陈倩：《刘备在正史中的原始形象》，《西华师范大学学报》2009年第6期。

③ 《三国志・蜀书・先主传》。

④ 《三国志・蜀书・庞统传》注引《九州春秋》。

⑤ 《三国志・蜀书・先主传》注引《魏书》。

⑥ 《三国志・蜀书・先主传》。

⑦ 李炳彦主编：《中国历代大战略》，昆仑出版社1998年版，第168页。

甚得众心”[①]，力劝曹操及早除掉他。曹操深知刘备“甚得人心”的威胁，但又害怕自己“杀一人而失天下之心”，因而最终还是没有杀刘备。建安十三年(208)，曹操南征荆州，有人劝刘备劫持刘琮及荆州吏士南到江陵。刘备回答说：“刘荆州(指刘表)临亡托我以孤遗，背信自济，吾所不为，死何面目以见刘荆州乎！”[②]后来，刘琮左右及荆州民众随刘备大军南撤，及至当阳，随行之众达十余万，只能日行十余里。有人劝刘备抛弃这些人，速行保江陵，刘备说：“夫济大事必以人为本，今人归吾，吾何忍弃去？”[③]东晋史学家习凿齿对此评论道：

> 先主虽颠沛险难而信义愈明，势逼事危而言不失道。追景升之顾则情感三军，恋赴义之士则甘与同败。观其所以结物情者，岂徒投醪抚寒含蓼问疾而已哉！其终济大业，不亦宜乎！[④]

宽厚待人是刘备的又一突出特点。魏人傅干称刘备“宽仁有度”[⑤]，晋人张辅也说刘备“宽宏而大略”[⑥]。从史籍记载来看，刘备一生，除战场上的搏杀外，几乎从未滥杀过无辜的士兵、百姓，即使对部属中的叛逆者，也极少加以杀戮。刘备伐吴失败，黄权因返蜀道路被吴军阻断，无奈率部投降。对这种“叛国”大罪，刘备却说：“孤负黄权，权不负孤也。”[⑦]吕蒙袭击荆州，驻守重镇江陵的南郡太守糜芳献城投降，按律应当追究家人的责任。可是，当糜芳的兄长糜竺把自己绑起来去见刘备之时，刘备亲自为他解绑，不予追责，此后对待糜竺仍是一如既往。

从上述内容看，刘备得人心的一个重要原因在于重信义，重仁德。“信义”与“仁德”正是儒家思想的基本观念，其反面就是奸诈、不讲道义。刘备为人注重前者，而曹操为人则更近于后者。陈寿《三国志·蜀书·先主传》评曰：

---

① 《三国志·魏书·郭嘉传》注引《傅子》。

② 《三国志·蜀书·先主传》注引孔衍《汉魏春秋》。

③ 《三国志·蜀书·先主传》。

④ 《三国志·蜀书·先主传》注。

⑤ 《三国志·蜀书·先主传》注引《傅子》。

⑥ 《太平御览》卷四四七引张辅《名士优劣论》。

⑦ 《三国志·蜀书·黄权传》。

先主之弘毅宽厚，知人待士，盖有高祖之风，英雄之器焉。及其举国托孤于诸葛亮，而心神无贰，诚君臣之至公，古今之盛轨也。机权干略，不逮魏武，是以基宇亦狭。然折而不挠，终不为下者，抑揆彼之量必不容己，非唯竞利，且以避害云尔。

所谓“成也由斯，败也由斯”，从政治战略高于军事战略的角度讲，刘备依靠诚信和仁义获取了民众的信任与支持，这是其建功立业的根基。然而，就基于诡诈和谋略的军事博弈而言，过分强调诚信和仁义会违背战争的本质规律，导致战争的失败。这一点尤其表现在关羽失荆州之后，刘备以义为先，不顾战略大局的需要以及诸葛亮、赵云等人的劝阻，执意要为义弟关羽报仇，大举兴兵伐吴，结果在夷陵之战中被陆逊火烧连营，使蜀国精锐尽失。从此以后，蜀国只得局促于益州一隅，陷入民贫国弱、内外交困的窘境之中。作为一国之主、三军统帅，刘备竟然为信义主导下的私人感情所左右，并以此决定兵国大事，实在是军事素养不成熟的表现，同时反映出儒家军事战争观念的重大缺陷。

(四)司马懿“文以缵治，武以棱威”的历史功绩及局限

司马懿(179～251)，字仲达，曹魏时期杰出的政治家、军事家，著名的功臣与权臣，西晋王朝的奠基者。受历史上儒家正统观念及《三国演义》等文学作品的影响，司马懿在历史上多遭到贬议，甚至被视为一位胆小、怕事、被诸葛亮玩弄于股掌之上的反面人物。事实上，从历史实际出发，以历史的眼光来审视司马懿，则会发现他是曹魏杰出的政治家和军事家之一，其政治智慧与军事才能绝不亚于曹操、诸葛亮，史称其“文以缵治，武以棱威”[①]当是一个公允的评价。

其一，文以缵治。东汉时期的司马家族是豪门大族，有着崇儒重教的良好家风。司马懿的父亲司马防是一位博学之士，同时是儒家礼仪的实践者，“性质直公方，虽闲居宴处，威仪不忒。雅好汉书名臣列传，所讽诵者数十万言”[②]。受这种博学肃慎的家庭氛围的影响，司马懿少时即博学多识，知晓天下大事。他对儒学领略颇深，并力求按照儒家学说的要求去立身处世。《晋书·高祖宣帝纪》云：

---

① (唐)房玄龄等撰:《晋书·高祖宣帝纪》，中华书局 1974 年版，第 21 页。以下仅注书名和篇目。

② 《三国志·魏书·司马朗传》注引司马彪《序传》。

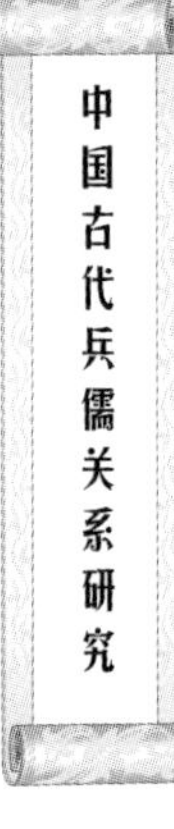

少有奇节，聪朗多大略，博学洽闻，伏膺儒教……汉末大乱，常慨然有忧天下心。

值得注意的是，东汉以后像司马氏这样的世家望族多是儒门。他们既以豪族大姓形成强大势力，又以儒家学术和学问教内处外，司马懿之胆略气度和“常慨然有忧天下心”正体现了上述两个方面的有机融合。在政治举措方面，司马懿倡导以“名法”治国，“宜弘以大纲，则（百姓）自然安乐”[①]。《三国志·魏书·傅嘏传》裴松之注引傅玄《傅子》有云：

河南尹内掌帝都，外统京畿……前尹司马芝，举其纲而太简，次尹刘静，综其目而太密，后尹李胜，毁常法以收一时之声。嘏立司马氏之纲统，裁刘氏之网目以经纬之，李氏所毁以渐补之……其治以德教为本，然持法有恒，简而不可犯。

同时，司马懿注重实施与民休息的措施，以此减轻人民的负担。景初二年（238）春正月，司马懿奉命征讨公孙渊之时，曾反对朝廷大修宫室，并向魏明帝进谏称：

昔周公营洛邑，萧何造未央，今宫室未备，臣之责也。然自河以北，百姓困穷，外内有役，势不并兴，宜假绝内务，以救时急。[②]

司马懿征辽东凯旋不久，魏明帝去世，齐王曹芳即位。作为新朝辅政大臣，司马懿再次上奏阻止了朝廷的颓靡奢费活动。

帝（司马懿）自辽东还，役者犹万余人，雕玩之物动以千计。至是皆奏罢之，节用务农，天下欣赖焉。[③]

在任人用贤方面，作为世家大族代表的司马懿并不完全倚重士族，也提拔了一批出身寒微但有实际能力的人担任军政要职。他“知人拔善，显扬侧陋，王基、邓艾、周泰、贾越之徒，皆起自寒门而著绩于朝”（《晋书·高祖宣帝纪》）。司马懿这种“用人如在己，求贤若不及”[④]的

① 《晋书·高祖宣帝纪》。
② 《晋书·高祖宣帝纪》。
③ 《晋书·高祖宣帝纪》。
④ 《晋书·高祖宣帝纪》。

精神，在当时靠门第入仕的恶劣风气下，是值得肯定和赞赏的。

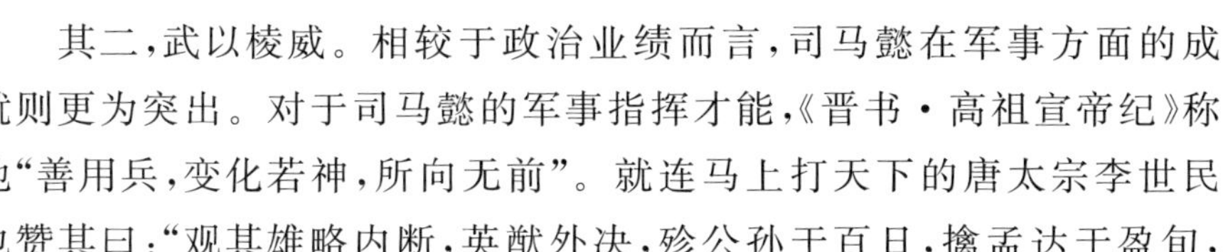

其二，武以棱威。相较于政治业绩而言，司马懿在军事方面的成就则更为突出。对于司马懿的军事指挥才能，《晋书·高祖宣帝纪》称他“善用兵，变化若神，所向无前”。就连马上打天下的唐太宗李世民也赞其曰：“观其雄略内断，英猷外决，殄公孙于百日，擒孟达于盈旬，自以兵动若神，谋无再计矣。”①

曹操讨伐张鲁时，司马懿主动献策：“刘备以诈力虏刘璋，蜀人未附而远争江陵，此机不可失也。今若曜威汉中，益州震动，进兵临之，势必瓦解。因此之势，易为功力。圣人不能违时，亦不失时矣。”②可惜的是，对于司马懿的建议，曹操并没有采纳。太和元年(227)二月，驻守新城(今湖北房县)的将领孟达叛魏归蜀，司马懿立刻做出反应和决策。一方面迅速飞马报书朝廷；另一方面致书孟达，迷惑其仍受魏国朝廷的信任；同时，亲率大军，倍道兼行，奔袭宛城，一举平定叛军。整个战争过程完全符合孙子“兵之情主速，乘人之不及，由不虞之道，攻其所不戒也”(《九地篇》)的用兵原则。诸葛亮第四次、第五次北伐曹魏之时，司马懿看透蜀军长途远征、粮草转运困难的致命弱点，始终坚持“坚壁拒守，以逸待劳”的作战方针，与蜀军长期对垒相持。即使诸葛亮送“巾帼妇人之饰”以激之，司马懿仍不出战，最终使得诸葛亮含恨病死五丈原。在平定辽东太守公孙渊的战争中，司马懿更是将孙子的“示形误敌”“避实击虚”等思想发挥得淋漓尽致。《晋书·高祖宣帝纪》载曰：

> 帝盛兵多张旗帜出其南；贼尽锐赴之。乃泛舟潜济以出其北，与贼营相逼，沈(按：沉)舟焚梁，傍辽水作长围，弃贼而向襄平。诸将言曰：“不攻贼而作围，非所以示众也。”帝曰：“贼坚营高垒，欲以老吾兵也。攻之，正入其计，此王邑所以耻过昆阳也。古人曰，敌虽高垒，不得不与我战者，攻其所必救也。贼大众在此，则巢窟虚矣。我直指襄平，则人怀内惧，惧而求战，破之必矣。”遂整阵而过。贼见兵出其后，果邀之。帝谓诸将曰：“所以不攻其

① 大华编著：《中国历朝皇帝小档案》，吉林大学出版社2009年版，第58页。
② 《晋书·高祖宣帝纪》。

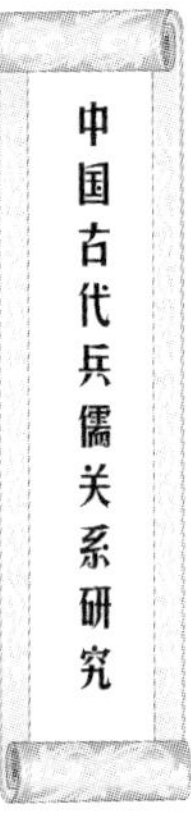

营，正欲致此，不可失也。”乃纵兵逆击，大破之，三战皆捷。

司马懿“文以缵治，武以棱威”的文治武功，从一定程度上反映了兵儒互补模式在政治军事实践领域的可行性，体现了司马懿在国家治理和天下统一方面的杰出贡献。然而，司马懿并不是儒家政治理想的真正践行者。他生性阴险狡诈，冷酷无情，手段毒辣残忍，这与儒家思想的仁德理念格格不入。《晋书·高祖宣帝纪》有载：

> 帝内忌而外宽，猜忌多权变。魏武察帝有雄豪志，闻有狼顾相。欲验之。乃召使前行，令反顾，面正向后而身不动。又尝梦三马同食一槽，甚恶焉。因谓太子丕曰：“司马懿非人臣也，必预汝家事。”太子素与帝善，每相全佑，故免。帝于是勤于吏职，夜以忘寝，至于刍牧之间，悉皆临履，由是魏武意遂安。及平公孙文懿，大行杀戮。诛曹爽之际，支党皆夷及三族，男女无少长，姑姊妹女子之适人者皆杀之，既而竟迁魏鼎云。

从根本上讲，司马懿对儒家学说的背离在于其为政理想信念和政治担当精神的缺失，在为官从政的高境界和大格局上，司马懿比之同时代的英雄人物逊色很多。对于一名政治人物而言，是否具有高尚的理想信念非常关键。曹操年轻之时，就有平乱报国之志；刘备年过半百，一路坎坷，仍胸怀仁德，心系天下；诸葛亮一生“鞠躬尽瘁”，至死不忘“兴复汉室”之理想。反观司马懿的为政行为，其更多的是为一人一家之私利，或待价而沽，或步步算计，即使掌权之后也是处处为个人所谋划。同为背负骂名的政治人物，曹操早年担任洛阳北部尉之时，就敢针对皇亲国戚严肃法纪，更因造五色大棒诛杀犯禁者而名噪一时；而司马懿年轻时担任河内郡上计掾，却因自己没受重用就擅离职守，甚至为了谋求更多的政治权利，竟多次装病而置国家利益于不顾。

有学者指出：“晋王朝的实际建立者——司马懿父子，是以卑劣的政治手段，作为晋王朝的立国根基的。司马氏留给子孙的财富，只有卑劣的人格示范。”[①]这一点，无疑会对司马懿一生的成就以及大业的延续产生深远影响。西晋建立之后，司马炎及后继的几位皇帝无不荒

---

① 付开镜：《司马懿父子的卑劣人格：晋王朝松软的立国根基》，《许昌学院学报》2006年第6期。

淫无度，加之司马氏子孙之间自相残杀，很快就导致西晋短期夭亡。此种悲剧的发生，与司马懿背离儒家政治理想有密切的关系。《晋书·高祖宣帝纪》所载的一件事充分说明了这一问题：

明帝时，王导侍坐。帝问前世所以得天下，导乃陈帝创业之始，及文帝末高贵乡公事。明帝以面覆床曰："若如公言，晋祚复安得长远！"

二、诸葛亮《将苑》《便宜十六策》对兵儒融合的体现

诸葛亮撰有哪些兵学著作一直是学术界争议的问题。除陈寿编辑的《诸葛亮集》收入各种文论 24 篇以外，后世学术传播中署名"诸葛亮"的著作还有《将苑》和《便宜十六策》。对于这两部书，学术界很多人认为是伪托之作，也有人认为并非伪书。比如，张澍认为："今考陈寿《进诸葛亮集表》有曰：'辄删除复重，随类相从。'是寿曾经删芟繁复，《便宜十六策》应在二十四篇之外也。"[①]许保林也认为："《将苑》一书，虽然其作者问题始终没有定论，但是其中所体现的思想与诸葛亮的军事思想大体是一致的。"[②]笔者的观点是，虽然《便宜十六策》与《将苑》为后人所伪托的可能性较大，但在没有确凿的证据之前，不应该轻易将其舍弃不用，故笔者在行文过程中采纳了两书的一些基本观点。

《便宜十六策》一书，以君主治国为主，兼及军事问题。其主要特点是将前人的成果加以系统归纳，以此形成不同内容的思想专题，其所隐含的一条主线就是兵儒融合的思想理念。在治国问题上，诸葛亮首先将治国与治家、治国与修身联系起来分析；而在具体的施政方针上，则主张"先理纲后理纪，先理本后理末"。

治国之政，其犹治家。治家者务立其本，本立则末正矣。[③]

---

① （三国）诸葛亮：《诸葛亮集》卷三《便宜十六策·澍案》，中华书局 1975 年版，第 87 页。

② 许保林：《中国兵书通览》，解放军出版社 2002 年版，第 127～130 页。

③ 徐寒主编：《中华传世兵书全集·便宜十六策·治国》，线装书局 2006 年版，第 382 页。以下仅注书名和篇目。

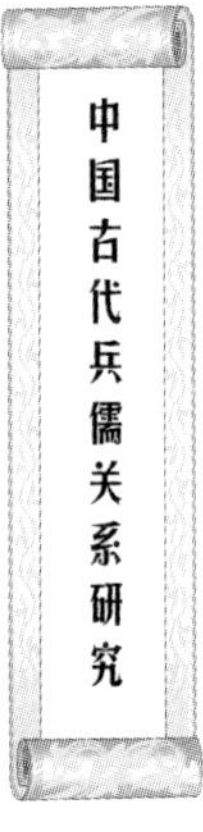

是以理纲则纪张，理令则罚行，理近则远安，理内则外端，理本则末通，理强则弱伸，理大则小行，理上则下正，理身则人敬，此乃治国之道也。[①]

上述内容都是典型的儒家治国理念。而在战争指导问题上，诸葛亮则在强调儒家除暴安民、文武兼备战争观念的基础上，归结出一套完整的治军用兵思路：

治军之政，谓治边境之事，匡救大乱之道，以威武为政，诛暴讨逆，所以存国家安社稷之计。是以有文事必有武备，故含血之蠹，必有爪牙之用，喜则共戏，怒则相害；人无爪牙，故设兵革之器，以自辅卫。

夫用兵之道，先定其谋，然后乃施其事。审天地之道，察众人之心，习兵革之器，明赏罚之理，观敌众之谋，视道路之险，别安危之处，占主客之情，知进退之宜，顺机会之时，设守御之备，强征伐之势，扬士卒之能，图成败之计，虑生死之事，然后乃可出军任将，张禽敌之势，此为军之大略也。夫将者，人之司命，国之利器，先定其计，然后乃行。[②]

《将苑》一书，从将帅本位出发，通过对《孙子》《吴子》《六韬》《三略》等兵书内容的梳理和提炼，提出了一系列观点，形成了独特的内容体系。其中既体现了对兵家思想的系统归纳与总结，又处处渗透着儒家的道德思想理念。

首先，该书对将帅的类型和层次做出了明确划分。按照将领不同的才能，分为九种类型：仁将、义将、礼将、智将、信将、步将、骑将、猛将、大将。按照不同的气度又分为六个层次：十夫之将、百夫之将、千夫之将、万夫之将、十万人之将、天下之将。尽管这样的划分并不十分科学，但它毕竟是对古代将帅理论体系的一种阐释，尤其是“仁将、义将、礼将、信将”的提法明显反映了儒家的思想理念。

其次，围绕将帅的基本素养，提出“五善”“四欲”之说。“五善者，所谓善知敌之形势，善知进退之道，善知国之虚实，善知天时人事，善

---

① 《便宜十六策·治乱》。
② 《便宜十六策·治军》。

知山川险阻。""四欲者所谓：战欲奇，谋欲密，众欲静，心欲一。"[①]另外，又有"五强""八恶"之论："高节可以厉俗，孝弟可以扬名，信义可以交友，沈（按：沉）虑可以容众，力行可以建功，此将之五强也。谋不能料是非，礼不能任贤良，政不能正刑法，富不能济穷厄，智不能备未形，虑不能防微密，达不能举所知，败不能无怨谤，此谓之八恶也。"[②]这些内容虽然不如《孙子》之"将有五德"理论简明概括，但贯穿了兵儒思想融合化的意旨，有利于人们全面把握将帅素养问题。

最后，围绕将帅的品格和性情素养，《将苑》提出了明确的要求："不恃强，不怙势，宠之而不喜，辱之而不惧，见利不贪，见美不淫，以身殉国，壹意而已。"[③]同时，要注意克服八种缺陷："一曰贪而无厌，二曰妒贤嫉能，三曰信谗好佞，四曰料彼不自料，五曰犹豫不自决，六曰荒淫于酒色，七曰奸诈而自怯，八曰狡言而不以礼。"[④]另外，作者还强调："善将者，其刚不可折，其柔不可卷，故以弱制强，以柔制刚。纯柔纯弱，其势必削，纯刚纯强，其势必亡，不柔不刚，合道之常。"[⑤]这些内容除融合兵儒思想以外，又明显加入了道家的思想内涵。

在具体的治军实践中，诸葛亮一方面坚守兵家之"严"与"酷"，同时立足于仁本的角度，追求儒家之"诚"与"信"。《便宜十六策》中记载了很多严酷的法令，比如：士兵违令，轻者处以髡刑或剪耳的刑罚，重者处斩刑；凡轻军、慢军、盗军、欺军、背军、乱军、误军者，均处以"斩"刑。这些惩罚手段看似"冷血"，然从战争理论的角度讲，又是必要的。军队是一个庞大的集团，动辄上万人甚至十余万人，没有严明的军纪做保证，是很难驾驭和指挥的。当然，诸葛亮治军并非单纯以"严"作为手段，他还追求一种更高的治军境界，所谓"刑于无刑，此用兵之智也"[⑥]，"人不干令，刑无可施，可谓善师者不阵"[⑦]。为了让士兵能够自

---

① （三国）诸葛亮著，韦建黎解析：《将苑·将善》，广西人民出版社 2007 年版，第 30 页。以下仅注书名和篇目。

② 《将苑·将强》。

③ 《将苑·将志》。

④ 《将苑·将弊》。

⑤ 《将苑·将刚》。

⑥ 《将苑·后应》。

⑦ 《将苑·不阵》。

觉地服从命令，听从指挥，诸葛亮特别讲求诚信。他说："吾统武行师，以大信为本。得原失信，古人所惜。去者束装以待期，妻子鹤望而计日。虽临征难，义所不废。"[①]这既体现了诸葛亮诚信为本的优秀品质，也表现了他关爱士兵的仁本情怀。

总体而言，从《便宜十六策》和《将苑》的基本内容看，诸葛亮的治军思想明显反映了兵家思想与儒家思想的互补统一。同时，它是诸葛亮本人优秀品格的写照。后人虽对诸葛亮的军事才能颇有争议，但对其忠心报国、"鞠躬尽瘁，死而后已"的精神均持赞誉的态度。

三、司马彪《战略》对兵儒融合的有力诠释

西晋司马彪所著《战略》今已散佚，然裴松之《三国志注》、唐代官修类书《初学记》、宋代官修类书《太平预览》均引用过该书之内容，故清代辑佚大家黄奭将上述书籍中的《战略》佚文汇集成编，收入《汉学堂知足斋·子史钩沉·史部杂史类》（又名《黄氏逸书考》）中。其中，从裴松之《三国志注》辑录佚文 5 条，分别为"刘表""傅干""蒋济""傅嘏""王基"。这些条目中，均是以实例阐释的军事战略问题，故对于历代兵略研究有着开创性贡献。正因为它阐释的是宏观长远的战略问题，其内容又深刻反映了儒家军事观念对兵家军事思想的渗透和影响，所以从某种意义上讲，《战略》一书可视为兵家思想与儒家思想互补融合的典型代表作。

"王基"[②]一条，说的是大将军司马文王接到襄阳太守胡烈"吴将来降"的表奏，欲派王基率大军万人前往沮水接应。王基派人快速回信给司马昭，先是陈述吴将邓由等人的可疑情况，继而详细分析了接应之地险恶的天时地利条件，最后举出姜维"不待辎重，覆军上邽"、文钦"昧利寿春，身没不反"的事例，以此说明此次进兵的危险性。值得注意的是，在这一事例中，王基为劝说司马文王止兵，还谈到一句话："嘉平以来，累有内难。当今之宜，当镇安社稷，抚宁上下，力农务本，怀柔

① 王瑞功主编：《诸葛亮研究集成》上册，齐鲁书社 1997 年版，第 318 页。

② 四川大学古籍整理研究所、中华诸子宝藏编纂委员会编：《诸子集成补编》（四），四川人民出版社 1997 年版。以下仅注条目名。

百姓，未宜动众以求外利也。得之未足为多，失之伤损威重。”这是典型的兵儒结合的用兵方略，是站在政治战略的高度审视战争中的实际问题，其内在主旨与孙子的“先胜”思想一脉相承。

“傅干”一条，更明确反映了兵儒结合的道胜思想宗旨。袁尚欲联合匈奴进犯河东，并遣使联络马腾、韩遂共同起兵，马腾阴许之。此举遭到傅干的极力反对，其劝说的基本依据是袁尚“逆德”，背弃道义和民心；而曹操“顺道”，占据道义和民心。

> 曹公奉天子诛暴乱，法明国治，上下用命，有义必赏，无义必罚，可谓顺道矣。袁氏背王命，驱胡虏以陵中国，宽而多忌，仁而无断，兵虽强，实失天下心，可谓逆德矣。①

从历史角度看，曹操本人虽有奸诈多疑的性格，但其一生所为又是立足于“大仁为本”的高度，顺应道义和民心而成就其功业的。就此而言，傅干对袁尚的劝谏言论，既是儒家伦理战争观念的深刻反映，又契合了孙子道胜思想的根本宗旨。

“刘表”一条所记载的战争实例，则深刻反映了兵儒两家在“仁”“诈”问题上的根本差异。在这一条目中，当刘表提出“宗贼甚盛，而众不附，袁术因之，祸至今矣！吾欲征兵，恐不集”的困惑时，贤者蒯良、蒯越分别做出了不同的回答，提出了不同的对策。蒯良的回答是：“众不附者，仁不足也，附而不治者，义不足也；苟仁义之道行，百姓归之如水之趣下，何患所至之不从，而问兴兵与策乎？”而蒯越的回答是：“治平者先仁义，治乱者先权谋。兵不在多，在得人也……越有所素养者，使示之以利，必以众来。”很明显，前者主张以仁义而制服反叛势力，后者主张以权谋消灭反叛势力。刘表对二人主张的评价是：“子柔（蒯良）之言，雍季之论也。异度（蒯越）之计，臼犯之谋也。”②最后，采取的是蒯越的策略与诈术：“遂使越遣人诱宗贼，至者五十五人，皆斩之……表乃使越与庞季单骑往说降之，江南遂悉平。”这一案例典型地反映了孙子“仁诈合一”的用兵思想，但从深层次考虑，则是兵儒互补观念在战争中的现实应用。

---

① 《三国志·魏书·钟繇传》注引司马彪《战略》。

② 相关历史典故见《韩非子·难一》。

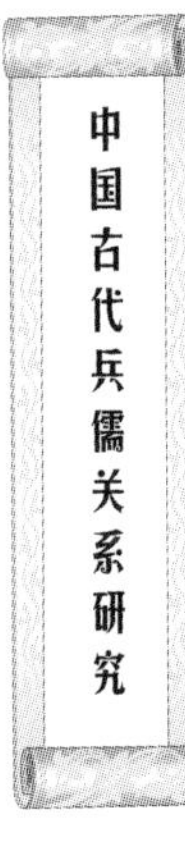

“傅嘏”一条，内容最多，对兵儒融合思想的反映也最为丰富。嘉平四年（252）四月，孙权去世后，魏国大将王昶、胡遵、毋丘俭等纷纷上表请求征吴，并分别提出了不同的征伐策略，朝廷为此征求尚书傅嘏的意见。于是，傅嘏立足于客观实际和战略高度，发表了一番宏论，其中便涉及孙子的多个战略思想的应用。比如，慎战、庙算、先胜、全胜等。最后，傅嘏又将自己的主张和建议落脚于儒家的战争理论，体现了政治战略高于军事战略的用兵理念：

> 以陛下圣德，辅相忠贤，法明士练，错计于全胜之地，振长策以御之，虏之崩溃，必然之数。故兵法曰：“屈人之兵，而非战也；拔人之城，而非攻也。”若释庙胜必然之理，而行万一不必全之路，诚愚臣之所虑也。故谓大佃而逼之计最长。①

从上述内容来看，《战略》一书所记载的虽然都是具体的战略案例，但其中的内容有的是直接引用兵儒两家的思想言论，有的是借案例中的人物之口阐释兵儒在战争观念上的差异。这说明，作者具有兼通兵儒的良好学术素养，同时有力佐证了当时兵儒融合观念已经普遍渗透至兵略方面的基本事实。

四、慕容恪军事实践活动在兵儒融合上的体现

战争是反人性的，兵家是重功利的，一名将领若是太顾忌手下士兵的性命，很可能就会贻误战机，导致惨败的结局。因此，古人讲“慈不掌兵”，“一将功成万骨枯”是千百年战争历史的深刻总结。然而，智者总会追求战争的理想境界，儒家孟、荀讲义战，兵家孙子讲全胜，他们都力图将战争的暴力性加以最大限度的约束，从而将战争所造成的灾难和损失降至最低。那些指挥千军万马、历经战场残酷与血腥的将领中，从来不乏一些力行儒家圣贤之道、心念天下黎民百姓的仁人君子，他们切实践行着儒家仁为兵本的思想理念，而十六国时期燕国名将慕容恪正是这样一位杰出的代表。

慕容恪（321～367），字玄恭，昌黎棘城（今辽宁义县）人，鲜卑族，

---

① 《三国志·魏书·傅嘏传》注引司马彪《战略》。

十六国时期前燕杰出的政治家、军事家。慕容恪性格沉稳大度，一生身经百战，多次以弱胜强，攻灭许多割据政权，是历史少有的常胜将军。同时，他是一位名副其实的仁义之将，每次征战，都主张“修文德以服远人”，力求减少伤亡，兵不血刃，可谓儒家仁义思想、兵家全胜思想的真正践行者。杰出的少数民族政治家王猛曾谈道：“慕容玄恭信奇士也，可谓古之遗爱矣！”①

永和十二年(356)的广固之战中，慕容恪率兵东进，攻打自称齐王的军阀段龛。双方交战之后，段龛退守坚城固守；燕军诸将请求强攻，慕容恪却下令围而不攻。他对众将解释说：

> 龛兵尚众，未有离心，尽锐攻之，杀吾士卒必多矣，自有事中原，兵不暂息，吾每念之，夜而忘寐，要在取之，不必求功之速。②

为了爱护麾下士卒性命，宁可持久围困，也不求速战，真可谓仁德爱兵的典范。较之那些执着于功名利禄、不惜“一将功成万骨枯”的将领而言，慕容恪实在是值得后人敬仰。最终的结果是，燕军围城达七个月之久，直到段龛军粮尽绝，出城死战又遭惨败，而后投降。自此，燕国平定山东。

升平四年(360)，慕容恪受命托孤，官居太宰，兼领大司马。次年，此前降服的军阀吕护起兵再叛，据守战略要地野王。慕容恪率军五万征讨，再次拒绝了麾下将领的强攻建议，理由仍是以爱惜士兵性命为根本。

> 恪曰：“护老贼，经变多矣。观其为备之道，未易卒平。今圈之穷城，樵采路绝，内无蓄积，外无强援，不过十旬，其毙必矣，何必遽残士卒之命而趣一时之利哉！吾严浚围垒，休养将卒，以重官美货间而离之。事淹势穷，其衅易动；我则未劳，而寇已毙。此为兵不血刃，坐以制胜也。”③

尤为值得尊敬的是，慕容恪对于敌方顽固抵抗将领亦不忍杀戮，无奈

---

① 《资治通鉴·晋纪二四》。

② (清)王夫之著，勾利军、刘海文主编：《读通鉴论》卷十三，山西人民出版社1994年版，第392页。

③ 《晋书·慕容暐载记》。

杀之则常怀有愧疚之心。兴宁三年(365),慕容恪率军攻打洛阳,晋将沈劲坚守不屈,城破后亦是神情自若。慕容恪对其大为赞赏,欲将他释放,但遭到手下将领坚决劝阻,不得已处斩之后,竟然颇感愧疚,深自抑郁。

> 寻为恪所攻,城陷,被执,神气自若。恪奇而将宥之,其中军将军慕容虔曰:"劲虽奇士,观其志度,终不为人用。今若赦之,必为后患。"遂遇害。恪还,从容言于慕容暐曰:"前平广固,不能济辟闾,今定洛阳而杀沈劲,实有愧于四海。"①

同时,慕容恪治军多体现出儒家仁德、恩信的特点。他多关注战略大局,绝不因小事劳师动众。另外,他不推崇严法治军,总是以个人恩德信义施惠于部下,甚至当手下军士违背军法时,还会私下把人放走,而另捕杀盗贼首级冒充。令人奇怪的是,在如此宽松的人性化管理下,其军队部署看似营阵不整,但"防御甚严,终无丧败"。

> 恪为将不尚威严,专以恩信御物,务于大略,不以小令劳众。军士有犯法,密纵舍之,捕斩贼首以令军。营内不整似可犯,而防御甚严,终无丧败。②

慕容恪在治国理政方面始终贯彻儒家仁政爱民的基本宗旨,他选贤任能,勤政爱民,废除苛政,深得燕国民众爱戴。燕国在与东晋的长期战争中节节胜利,最终进入了势力最为鼎盛时期。一直到生命尽头,慕容恪都真正做到了为国家呕心沥血,对君主谨守臣节,因而被誉为周公、诸葛亮一般的圣人。

慕容恪的用兵与治军风格,不仅受到后人的爱戴与尊敬,还产生了深远的历史影响。慕容恪去世数十年后,后燕为复国与军阀翟辽发生战争。因燕军统帅是慕容恪之子(慕容楷),翟辽部众便纷纷奔走传颂,"太原王之子,吾之父母"③,以至于倒戈归顺者络绎不绝。后来,唐、宋王朝也因慕容恪不凡的道德操守和人格魅力,破例允准其进入华夏王朝的武庙接受祭祀,从而让一个胡族政权的亲王成为唐之武庙

---

① 《晋书·沈劲传》。

② 《晋书·慕容暐载记》。

③ 《晋书·慕容垂载记》。

六十四将、宋之武庙七十二将之一。

慕容恪能够以仁德治兵的根本原因在于，少数民族汉化背景下儒家思想的熏陶和影响。慕容氏虽然源出东胡鲜卑，但经过慕容廆、慕容皝两代在辽东数十年的经营，其汉化程度已经很深，这既包括大量任用汉官、招揽汉民的政治举措，亦包括吸收运用汉族的先进文化和儒家思想。慕容恪取字“玄恭”，本身就能说明这一问题。玄者，天玄地黄之玄；恭者，君子敬而无失、恭而有礼之恭。既为“慕容玄恭”，确也人如其名。慕容恪一生饱读汉族经史典籍，史称其“每所言及，辄经纶世务……罢朝归第，则尽心色养，手不释卷”[①]。如此沉溺于汉族先进文化，并严格以汉人士大夫的行为准则要求自己，终使其无论在当世及后世均拥有圣贤之名。正如王夫之对其的评价：“五胡旋起旋灭，而中原之死于兵刃者不可殚计。殚中原之民于兵刃，而其旋起者亦必旋灭。其能有之人心而因以自全者，唯慕容恪乎？”[②]

① 《晋书·慕容暐载记》附《慕容恪载记》。

② （清）王夫之著，勾利军、刘海文主编：《读通鉴论》卷十三，山西人民出版社1994年版，第392页。

第四章　隋唐时期的兵儒关系

至隋唐时期，秦汉之际的黄老之学和魏晋的玄学已成过去，代之而起的是以开放包容为主要特色的儒、道、佛并尊的思想文化格局，这使得中国古代兵儒关系呈现出以融合发展为主的趋势。这一时期，儒家思想仍占主导地位。在隋代，伴随着国家的统一，南北儒学逐渐合流。其杰出代表王通不仅大力弘扬儒学，提倡礼治，重视王道和仁义，还强调儒家的道德思想是社会教育的核心。在唐代，统治者尊崇孔子、颜渊为“先圣”，并组织力量编纂、注修儒家经典著作，颁行天下，以此作为国家科举考试的重要依据。故而，儒家思想的统治地位在一定程度上得以恢复和重建。同时，佛教和道教思想受到统治阶级的重视，并有了新的发展。这既是当时复杂政治斗争和社会矛盾的产物，也是整个社会文化思想繁荣的重要标志。然而，佛、道的盛行与传播，引起了儒家士大夫知识分子的强烈反对。韩愈在此背景下明确提出反佛思想，并以儒学“道统观”为旗帜，开展反对佛教和道教的斗争。当然，无论儒家思想还是道家思想、佛家思想，都与兵家思想有着不可分割的联系。它们彼此既有排斥，也有渗透，终至唐代后期，形成了以儒学为主干，儒、兵、道、佛逐渐渗透合流的总趋势，从而为隋唐时期兵儒融合的延续发展奠定了根本性基础。

隋唐时期，兵家思想发展有着良好的客观环境。隋唐是中国历史上军事体制与军事技术深刻变革、各类战争极为频繁的时代。在军事制度上，从唐前期的府兵制转变为唐中期的募兵制，再演变至唐后期的藩镇兵制，军事体制变革之深刻，可谓中古时期军事转型的典范。在军事装备和武器方面，唐代在上承秦汉与魏晋时期冷兵器运用之传统的基础上，使得各类兵器向多样、锋利方向发展，并将重型冷兵器的实战效能和作用发挥到了极致。唐朝末年，火药开始应用于军事领域，从而开启了冷、热兵器并用的先河，进而大大提升了武器的杀伤力和战争的激烈程度。在战争实践层面，唐代经历了初建之时的统一战争、前期的民族战争、后期的藩镇割据战争及末年的农民战争。可以说，各类规模的战争几乎贯穿于唐代的整个历史过程，军事问题也一直是唐代统治者所要全力解决的重大问题。更重要的是，唐代政治经济文化全面发展的盛世局面造就了唐人气势豪迈、文武并重的时代精神。由此，弃笔从戎，守边立功，血洒疆场，成为文人士大夫奋斗追求的宏伟目标。

在此背景之下，以孙子为代表的传统兵学，不仅受到官方的重视，而且受到民间的推崇。故而，唐代既有对《孙子》注解的辉煌成果，也有对《孙子》兵学理论的创新发展和实践应用。兵家思想与儒家思想的融合互补方面，也取得了许多杰出的成就。其中，杜佑《通典·兵典》、杜牧注《孙子》、李筌《太白阴经》、赵蕤《长短经·兵权》都是典型的代表。在兵儒结合的理论与实践层面，李世民、李靖作为杰出的政治家和军事家，以其丰富多彩的军事实践活动及成熟的政治军事理论素养，对兵儒融合做出了突出贡献。

一、杜佑立足“文武之道”对兵儒关系的深刻阐释

杜佑(735～842)，字君卿，京兆万年(今陕西西安)人。出身名门世家，早年荫补入仕，最后官居宰相，册拜司徒，封岐国公，是唐代著名的政治家、兵学家和史学家。杜佑所著《通典》，以经世致用为宗旨，记述历代典章制度，上起黄帝，下讫天宝，是中国第一部典志体通史，对中国史学的发展有着深远的影响，对唐代社会问题的解决亦具有重要意义。杜佑自言：“所纂《通典》，实采群言，征诸人事，将施有政。”[①]《通典》中的《兵典》，出自对当时军事问题的关注，目的是为唐代将帅用兵作战提供必要的、实用的军事知识。故而，内容不以记述历代兵制为主线，算是《通典》的“破例”。《兵典》的整体设计，以《孙子》为纲，辅之以前代兵学理论，证之以历代兵事和战例。这种史论结合的编纂形式

① (唐)杜佑著，颜品忠等校点：《通典·自序》，岳麓书社1995年版，第1页。以下仅注书名和篇目。

具有注释的特征，故宋代编辑《十一家注孙子》，将《兵典》作为一家，加以收录。同时，《兵典》的编纂对于宋代官修《武经总要》《经武要略》也起着示范作用。因此，在兵学研究及孙子学发展方面，《兵典》有着特殊的价值，杜佑有着特殊贡献。

这种贡献首先表现为杜佑引用儒家思想对孙子战争观予以完善。杜佑既是政治家，也是兵学家，故在战争与政治的关系问题上较之孙子有更为深远的见解。他与孙子一样，承认战争的客观存在："三皇无为，天下以治。五帝行教，兵由是兴，所谓'大刑用甲兵，而陈诸原野'，于是有补遂之战，阪泉之师。若制得其宜则治安，失其宜则乱危。"[①]然而，杜佑治国理政的理想目标是合理的政理秩序。在这一秩序中，朝廷政治、经济与机构设置被置于首位。

> 是以食货为之首（十二卷），选举次之（六卷），职官又次之（二十二卷），礼又次之（百卷），乐又次之（七卷），刑又次之（大刑用甲兵，十五卷。其次五刑，八卷），州郡又次之（十四卷），边防末之（十六卷）。[②]

在这里，"兵刑"几乎居于末位，这表明了杜佑对军事地位的基本认识。在理论上，他对此种安排的解释是：

> 夫理道之先，在乎行教化，教化之本，在乎足衣食……夫行教化在乎设职官，设职官在乎审官才，审官才在乎精选举，制礼以端其俗，立乐以和其心，此先哲王致治之大方也。故职官设然后兴礼乐焉，教化隳然后用刑罚焉，列州郡俾分领焉，置边防遏戎狄焉。[③]

很明显，在杜佑看来，国家治理要以儒家政治教化之"制礼""立乐"为核心，经济措施之"足衣食"为基础，选官制度之"设职官"为保障；而"兵刑"（包括甲兵）只有在"教化隳"的情况下才能使用，且是一种迫不得已的政治行为，所谓"兵者凶器，不得已而用之"[④]。这种思想是儒家

① 《通典·兵典·兵序》。
② 《通典·自序》。
③ 《通典·自序》。
④ 《通典·兵典·励士决战》。

传统的"德主兵辅"治国原则的深刻体现。

作为一名注重实用的政论家，杜佑并未忽视兵刑的地位和作用。一方面，他在理论层面极力抬升道德教化的地位："父子君臣之要道，十伦五教之宏纲，如日月之下临，天地之大德。百王是式，终古攸遵。"[①]另一方面，他理性地认识到道德教化的弊端和局限性，认为其"率多记言，罕存法制"，"多陈紊失之弊，或阙匡拯之方"[②]。因此，他的治国理政理论以"理道不录空言"为前提，强调要"探讨礼法刑政"。于是，就有了"夫戎事，有国之大者"[③]的基本观点。这就把兵刑提到了一个相当重要的位置上，从而在一定程度上理顺了儒家政治教化与刑法兵事的内在关系。整体来看，杜佑虽将兵刑置于政治教化之下，但在实践中又兼顾二者的作用，强调当"教化"沦于"空言"时，"兵刑"就成为"理道"之根本，这体现了杜佑辩证唯物主义的哲学观念。

在上述对军事问题定位的基础上，杜佑在《通典・兵典・叙兵》中明确提出"仁为兵本"的观点。他首先承认战国时期兵家学派的历史作用与价值：

> 班孟坚有言曰："当是时也，吴有孙武，齐有孙膑，魏有吴起，秦有商鞅，皆擒敌立胜，垂著篇籍……兵家之技巧，习手足，便器械，积机关，以立攻守之胜。"[④]

然而，在杜佑看来，"齐愍以技击强""魏以武卒奋""秦昭以锐士胜"，皆是"干赏蹈利之兵耳，未有安制矜节之理也"。即使"齐桓、晋文之兵"也不是尽善尽美的，然则"齐桓、晋文之兵，可谓入其域而有节制矣，入王兵之域，而未尽善也"。因此，他最后得出的结论是："仁义之兵"为用兵的理想境界。很明显，杜佑的上述观点是儒家思想影响的结果，与孔子、孟子、荀子等人的军事思想主张几乎如出一辙。

"德主兵辅""仁为兵本"的基本观点，使杜佑在战争观念上持一种

---

① （后晋）刘昫等撰，陈焕良、文华点校：《旧唐书・杜佑传》，岳麓书社 1997 年版，第 2499 页。以下仅注书名和篇目。

② 《通典・兵典・叙兵》。

③ 《通典・兵典・兵序》。

④ 《通典・兵典・叙兵》。

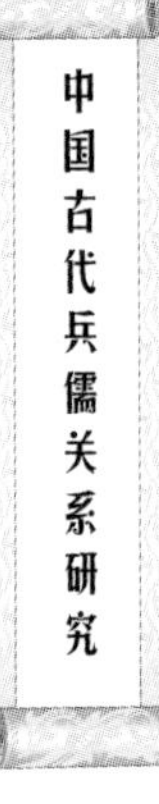

慎战与全胜的基本态度。在《通典·兵典·叙兵》中，他做出了这样的分析：

> 老氏曰："善师者不陈，善陈者不战，善战者不败，善败者不亡。"若夫舜修百僚，咎繇作士，命以"蛮夷猾夏，寇贼奸宄"，刑无所用，所谓善师不陈者也。汤、武征伐，陈师誓众，而放擒桀、纣，所谓善陈不战者也。齐桓南服强楚，使贡周室，北伐山戎，为燕开路，存亡继绝，功为伯首，所谓善战不败者也。

这实际上是对兵、儒、道三家思想的融合应用。事实上，这样的思想观点也被运用到杜佑所关注的军事实践中。比如，他向唐德宗上《论西戎表》，其中言道：

> 臣静思远图，久计莫若存信，施惠以愧其心。岁通玉帛，待以客礼，昭宣圣德。择奉谊之臣，恢拓皇威；选谨边之将，积粟塞下。坐甲关中，以逸待劳，以高御下。①

由此看来，杜佑虽然不主张一味放弃武力，但更倾向于以仁德求全胜。这相较于孙子"上兵伐谋"的全胜思想而言，突出了政治手段的作用。

杜佑的上述观点，明显是在儒家战争理论的基础上，进一步完善了孙子的战争理论。得出这一结论，还需要对兵、儒两家的战争观做一番比较。应该说，孙子重战、慎战的战争观念，具有实用主义的理性态度，符合战争的基本规律；而儒家的"仁者无敌"理论，敏锐认识到了政治对战争的主导作用，肯定了民心向背对战争胜负的决定性作用，具有很大的进步性与合理性。从历史上看，儒家仁义战争观的超越理念，对兵家的基本理论与战争实践具有规范和引领作用。虽然孙子在《计篇》中所言之"道"也认识到了民心的作用，但就本质而言，它体现的是"上"而不是"民"的意志，在一定程度上有"天道人心"的内涵，不过并没有将其完全吸纳。故有学者提出：

> 兵家的最高境界不是"不战而屈人之兵"，更不是以"以战止战"，而是为生存而战，为正义而战，为天道人心而战，明乎此，就

---

① （唐）刘禹锡：《刘禹锡集·为淮南杜相公论西戎表》，上海人民出版社 1975 年版，第 387 页。

能洞晓《孙子》没有充分揭示兵家的最高智慧。[①]

综上所述，杜佑《通典·兵典》立足于兵儒融合的视角，理顺政治与军事的关系，明确二者的地位和作用，对于补充、完善中国古代的战争理论体系具有一定的进步意义。

二、杜牧立足“仁诈合一”思想对兵儒关系的深刻解读

杜牧(803～853)，字牧之，京兆万年(今陕西西安)人，唐代著名诗人、散文家。杜牧生活的时代，正是晚唐多事之秋。深厚的家学渊源，远大的政治理想，促使他博览群书，关心时政，尤爱兵学。他撰有《孙子注》三卷，写过多篇实用性很强的军事文论，留下了不少与历代或当朝兵事相关的诗歌佳作，这些内容共存于后人整理的《樊川文集》中。正因如此，杜牧不仅是历史上著名的诗人，而且是中国古代杰出的兵学理论家。

杜牧对兵儒融合的最大贡献是，在继承祖父杜佑兵学思想的基础上，深刻阐释了政治与军事的辩证关系，并首次提出了“武之所论，大约用仁义，使机权”[②]的观点。杜牧高度赞赏《孙子》，在《孙子注》序言中这样写道：“自武死后凡千岁，将兵者有成者，有败者，勘其事迹，皆与武所著书一一相抵当，犹印圈模刻，一不差跌。”在序言结尾，杜牧又从后世战争指导的角度，进一步肯定了孙子思想的应用价值：“后之人有读武书予解者，因而学之，犹盘中走丸。丸之走盘，横斜圆直，计于临时，不可尽知，其必可知者，是知丸不能出于盘也。”历史上评价、赞赏《孙子》者大有人在，而如杜牧这般推崇备至者却不多见。

值得强调的是，杜牧评价《孙子》乃是从文武之道的高度立言的。在《孙子注》序言中，他引孔子弟子子贡的话说：“文武之道，未坠于地，在人。贤者识其大者、远者，不贤者识其小者、近者。”继而，他针对世人割裂文武之道的错误认识大发感慨：

---

① 王珏：《有关〈孙子〉研究的新认识》，《中国军事科学》2016年第4期。

② (唐)杜牧：《樊川文集·注孙子序》，上海古籍出版社1978年版，第151页。以下仅注书名和篇目。

> 复不知自何代何人分为二道，曰文、曰武，离而俱行。因使搢绅之士，不敢言兵，或耻言之，苟有言者，世以为粗暴异人，人不比数。呜呼！亡失根本，斯最为甚。

杜牧这一认识既是其博览群书的结果，也是其在治国问题上有真知灼见的表现。治国安邦，“曰文曰武”，文道与武道，本身就是相互依存、相互辅助的关系。如果说，文道的中心在于道德与和谐，那么武道的中心就在于斗争与生存。前者立足于人之“善”，后者立足于人之“恶”。是故，“有文事者，必有武备”[①]，“天下虽安，忘战必危”[②]。

文道与武道的关系，从根本上讲是政治与军事的关系。对此，杜牧从兵儒结合的视角做出了很好的回答：“仁政不施久矣，是以暴乱不止。”（《上昭义刘司徒书》）这是从儒家战争观念出发，揭示战争的根源。“今者据案听讼，械系罪人，笞死于市者，吏之所为也。驱兵数万，撅其城郭，系累其妻子，斩其罪人，亦吏之所为也。”（《注孙子序》）这里是讲，“兵”与“刑”都是为了除恶而采取的政治行为，都是国家政事的重要组成部分。同时，他强调：“未有不能制兵而能止暴乱者，未有暴乱不止而能活生人、定国家者。”（《上周相公书》）“用仁义为干戈，以恩信为疆埸，所求必至，有斗必先。”（《为中书门下请追尊号表》）战争是政治的延续，是实现政治目的之工具。一千多年前，杜牧能够提出军事为政治服务的观点，这是难能可贵的。

值得注意的是，杜牧具有兵儒并尊的思想意识。他在《注孙子序》中强调“大圣兼该，文武并用”，为此还举了两个古代圣人的例子加以说明：

> 周公相成王，制礼作乐，尊大儒术，有淮夷叛则出征之。夫子相鲁公，会于夹谷，曰有文事者，必有武备，叱辱齐侯，服不敢动。是一大圣人，岂不知兵乎？

在杜牧的诗文中，也有兵儒并立、并尊的思想内涵。比如，“周孔传文

---

① （三国）王肃注：《孔子家语·相鲁》，《四部丛刊》景明翻宋本。以下仅注书名和篇目。

② 冯克诚、田晓娜主编：《四库全书精编·司马法·仁本》，青海人民出版社1998年版，第520页。

教，萧曹授武经”①即表现了一种大胆将孔子儒学与孙子兵学并尊的理性态度。自汉以后，儒家思想逐渐在思想界占据主导地位，封建士大夫贬低《孙子》，否认兵学价值者大有人在，此种倾向和趋势至宋明之际演化为激烈的兵儒之争。早在隋唐时期，杜牧就能从文道与武道的关系出发，肯定孙子兵学的地位与作用，质问那些耻言兵事的士卿大夫是“谋人之国，不能料敌，不曰弃国可乎！”（《上周相公书》）此诚可谓远见卓识。

兵家思想与儒家思想的关系具体应用于军事领域，表现为“仁”与“诈”的关系。这本是兵儒冲突的根源所在，然而杜牧却将其有机地统一起来进行辩证认识。他说：“武之所论，大约用仁义，使机权也。”（《注孙子序》）这句话，可谓在兵儒结合的基础上，准确把握住了《孙子》一书的核心与主题，真正抓住了孙子兵学思想的灵魂。《孙子》对中国兵学的最大贡献在于，搭建了中国兵学体系的基本框架，而这一体系的核心支撑有两个：其一，“兵者诡道”“兵以诈立”思想，揭示了战争的本质规律；其二，“安国全军”“兵以仁用”思想，奠定了中国特色伦理战争观的基础。后世研兵者唯有把握此两点，方能对《孙子》做出正确解读。纵览历代研读《孙子》者，首次提出该书灵魂乃“仁诈合一”观点的正是杜牧，此为其对兵儒融合所做出的重要贡献。

三、李筌《太白阴经》全面融合兵、儒、道思想

李筌是唐代杰出的兵学家，其成就与地位足以与名将李靖相提并论。李靖生于初唐，在军事实践和军事理论方面均建有不世功勋；李筌身处晚唐，在军事实践领域虽未有任何建树，但在军事学术方面却造诣颇深，备受后人注目。对于李筌的生卒年代，史籍均无详细记载，约为唐玄宗至代宗时人。先后任幽州刺史、河东节度使都虞候、荆南节度副使、仙州刺史等职。因其曾隐居于少室山，故自称“少室山书生”“少室山达观子”。

李筌为人好学，平生著述颇多。据《云溪友议》记载，玄宗时，他

① 范之麟、吴庚舜主编：《全唐诗典故辞典》，湖北辞书出版社1989年版，第1300页。

"为荆南节度判官，集《阃外春秋》十卷。既成，自鄙之曰，常文也，乃注《黄帝阴符经》"[①]。《黄帝阴符经》多谈道家政治哲学思想，亦涉及纵横家、兵家等学派的言论。又据五代杜光庭《神仙感遇传》记载："筌有将略，作《太白阴符》十卷，入山访道，不知所终。"[②]这里的《太白阴符》即《太白阴经》，是李筌用10年时间著成的一部综合性兵书。该书是清《四库全书》所收录的20种兵书之一，共十卷、百余篇，书名又称《神机制敌太白阴经》。李筌在《进太白阴经表》中自述："太白主兵，为大将军；阴主杀伐。"[③]故以"太白"作为书名。李筌还为《孙子》作注，据《郡斋读书志》载，李筌"以魏武所解多误，约历代史，依《遁甲》注成三卷"[④]。此外，李筌的兵书还有《文王大玉帐歌》《青囊括》等。

就目前的学术研究现状看，关于李筌的兵学思想及哲学思想，前人多有论述和总结。然而，关于李筌沟通兵儒方面的贡献还没有引起重视。清代永瑢在阐释《太白阴经》一书时曾谈道：

> 兵家者流，大抵以权谋相尚；儒家者流，又往往持论迂阔，讳言军旅。盖两失之。筌此书先言"主有道德"，后言"国有富强"，内外兼修，可谓持平之论。[⑤]

在笔者看来，李筌《太白阴经》在探讨兵儒融合方面有其独到的分析方法，在相关认识上也有独特见解。

《太白阴经》一书首先强调了孙子的"兵者诡道"理论。李筌编纂《太白阴经》之始，就有明确的指导思想，即以"心术"为基础，集中体现"非诡谲不战"的以谋胜敌思想。

> 夫心术者，上尊三皇成五帝。贤人得之以伯四海、王九州，智人得之以守封疆，挫勍敌，愚人得之以倾宗社、灭民族。故君子得之

---

① （唐）范摅：《云溪友议》卷上《南阳录》，清文渊阁《四库全书》本。

② 余嘉锡：《四库提要辨证·子部一》，湖南教育出版社2009年版，第520页。

③ （唐）李筌：《神机制敌太白阴经》，东北财经大学出版社2012年版，第3页。以下仅注书名和篇目。

④ （宋）晁公武：《昭德先生郡斋读书志》卷三下《李筌注〈孙子〉三卷》，《四部丛刊》三编景宋淳祐本。以下仅注书名和篇目。

⑤ （清）永瑢等：《四库全书总目》卷九九《太白阴经八卷》，清乾隆武英殿刻本。

固穷，小人得之倾命。是以兵家之所秘而不可妄传，否则殃及九族。[①]

可见，李筌将谋略视为一把双刃剑，注意到了兵家谋略的负面影响及危害性，同时将其作为战争制胜必不可缺的重要手段。他说："臣今所著《太白阴经》，其奇谋诡道，论心术则流于残忍，以为不如此则兵不能振。"（《太白阴经序》）正因如此，在《术有阴谋》和《数有探心》中，李筌概括列举了"捭阖、揣摩、飞籍、抵巇"等阴倾敌国之术，提出了一整套辅助战争实践、打垮敌国的系统计谋，可谓集权谋、诡谲之大成。这部分内容在全书占有很大分量，甚至一定程度上带有主导倾向。比如，为了达到克敌制胜的目的，李筌倡导在战争中灵活运用孙子"示形误敌"的用兵原则，一方面要做到"能而示之不能；用而示之不用；心谋大，迹示小，心谋取，迹示与"；另一方面要设法惑敌与乱敌，"贪者利之，使其难厌；强者卑之，使其骄矜；亲者离之，使其携贰"（《太白阴经·沉谋》）。

《太白阴经》又强化了孙子仁为兵本的战争理论。将道德仁义观念应用于战争领域，是中国兵学文化的一个重要特色，也是孙子战争理论的立足点。孙子在《计篇》开头即言："兵者，国之大事也。死生之地，存亡之道，不可不察也。"正是这种关注国计民生的忧患意识和人文情怀，奠定了孙子战争理论的基础。李筌基于儒家的仁本理念，明确肯定了仁义在战争中的价值。在战争目的方面，他明确指出："凡兵所以存亡继绝，救乱除害。"（《太白阴经·善师》）在战争性质方面，李筌将"道德仁义"观念作为区分战争性质的基本标准。在他看来，道德仁义之兵就是正义之师，阴谋逆德之兵就是非正义之师。"盖兵者，凶器；战者，危事。阴谋逆德，好用凶器，非道德忠信，不能以兵定天下之灾，除兆民之害也。"（《太白阴经·善师》）在决定战争胜负的因素方面，李筌则强调：

夫天道助顺，所以存而不亡。若将贤士锐、诛暴救弱，以义征不义、以有道伐无道、以直取曲、以智攻愚，何患乎天文哉？[②]

---

① 《太白阴经序》。

② 《太白阴经·杂占·总序》。

以道胜者帝，以德胜得王，以谋胜者伯，以力胜者强。强兵灭，伯兵绝，帝王之兵前无敌。人主之道。信其然矣。[①]

很明显，较之孙子，李筌的论述强调了道德在战争中的分量，明确主张政治高于军事，要以政治手段解决问题，避免流血战争的发生。同时，李筌以此理论为依据，发挥了孙子"不战而屈人之兵"的思想："善师者不阵，善阵者不战，善战者不败，善败者不亡。"[②]这些内容既反映了儒家思想对孙子兵学的渗透，也体现出李筌对战争领域仁本观念的执着追求。

需要强调的是，有人认为："关于道德仁义、奇谋诡道同战争的关系，李筌的见解是矛盾抵牾的。"[③]这种观点值得商榷。事实上，李筌既从总体的战争观念上讲"仁义"，又从具体的战争手段层面讲"诡诈"，二者并不矛盾，恰恰反映了中国兵学的伦理化特色，集中体现了孙子"仁"与"诈"辩证统一的思想，可谓透彻领悟了孙子军事思想的精髓。

在更高的层面上，李筌又是一位博采众长、融诸家思想为一体的兵学理论家。其最有代表性的一段论述就是：

唯圣人能返始复本，以正强国，以奇用兵，以无事理天下。正者，名法也；奇者，权术也。以名法理国，则万物不能乱；以权术用兵，则天下不能敌；以无事理天下，则万物不能挠。[④]

在这里，李筌将"名法"解释为"正"，将其作为治国的根本；将"权术"解释为"奇"，以此作为用兵的关键；将"无事"（即无为而治）作为平天下的总纲领。可见，李筌从社会现实出发，探讨战争性质、战争指导和军事建设问题，并将道家的"道德"、儒家的"仁义"、兵家的"权谋"、法家的"刑赏"有机统一起来，构筑起一个内容更为丰富和全面的兵学体系。应当说，这对孙子兵学的发展而言，是一个带有突破性和创新性的贡献，对兵儒融合的推动与发展也具有深远的历史意义和价值。

---

① 《太白阴经·主有道德》。

② 《太白阴经·善师》。

③ 郭绍林：《唐代文人李筌的兵书〈太白阴经〉》，《西安外国语学院学报》2002年第2期。

④ 《太白阴经·主有道德》。

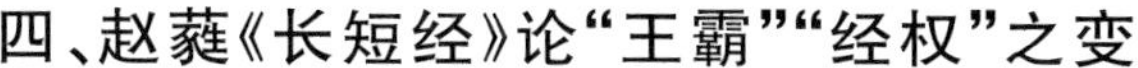

四、赵蕤《长短经》论“王霸”“经权”之变

《长短经》，亦称《反经》，是唐代学者赵蕤编写的一部杂家著作，也是中国古代谋略学的专门著作。该书糅合儒、道、法、阴阳、纵横诸家思想，阐述“王霸”“经权”谋略，意在为统治者提供借鉴，故而又称“小《资治通鉴》”。在这里，“王霸”与“经权”本身就有兵儒融合的基本内涵。

《长短经》中的末卷《兵权》，继承了《孙子》《吴子》《司马法》《六韬》《三略》等著作中的兵学思想，并结合具体的战争案例，论述战争性质、战争指导和军队建设等问题，构成了一套较为完整的理论体系，在中国兵学史上占有重要地位，同时对兵儒融合做出了一定的贡献。

在对战争的基本认识方面，《兵权》承认战争的客观存在及历史作用，强调文武兼备，缺一不可，并列举历史上许多著名战例以佐证自己的观点：

> 黄帝与蚩尤战，颛顼与共工争；尧伐欢兜，舜伐有苗，启伐有扈，汤伐有夏，文王伐崇，武王伐纣……故《吕氏春秋》曰：圣王有仁义之兵，而无偃兵。①

同时，《兵权》强调应理性对待战争：“夫兵者，凶器也；战者，危事也。兵战之场，立尸之所。帝王不得已而用之矣。”（《兵权·出军》）这些内容已经明显体现出兵儒融合的性质。接下来，《兵权》结合《吴子》的兵学理论，对战争的性质和分类进行论述：

> 救乱诛暴，谓之义兵，兵义者王。敌加于己，不得已而用之，谓之应兵，应兵者胜。争恨小故，不胜愤怒者，谓之忿兵，兵忿者败。利人土地宝货者，谓之贪兵，兵贪者破。恃国之大，矜人之众，欲见威于敌，谓之骄兵，兵骄者灭。②

作者最后得出的结论是：“夫以义而诛不义，若决江而溉萤火、临不测

---

① （唐）赵蕤：《长短经·兵权》，清文渊阁《四库全书》本。以下仅注书名和篇目。

② 《长短经·兵权·出军》。

之渊而欲堕之，其克之必也……远人不服，则修文德以来之。不以德来，然后命将出师矣。”（《兵权·出军》）也就是说，正义战争必胜，对待敌人要先德后兵，战争只有在仁德不起作用的情况下才为之。上述战争观念虽非《兵权》的创新之论，但其以概括、精炼的内容融合了兵家与儒家的战争理念，强调了战争中道德和仁义的分量，本身就具有一定的学术价值。

在军队建设问题上，《兵权》较之《孙子》的论述，内容更加丰富。因为《长短经》一书的写作重心就在于论述经国治军之道、察人用人之术，其对统御谋略及选用人才的论说尤有特色。比如，《长短经》的首篇《大体》主要就是强调领导者要以主要精力“总揽全局，不亲细事”，所谓“有道者不为五官之事，而为理事之主”。为此，作者主张“劳聪明于品材、用材”，并提出了一套识才、用才的基本方法。在这种兵儒兼采思想的基础上，《长短经·兵权》强调了人才在战争领域的重要性，所谓“王者帅师，必简练英雄，知士高下，因能授职，各取所长，为其股肱羽翼，以成威神，然后万事毕矣”（《兵权·练士》）。

在将帅的基本素养方面，作者明显借鉴了孙子的“将有五德”理论：“将者，勇、智、仁、信、必也。勇则不可犯，智则不可乱，仁则爱人，信则不欺人，必则无二心，此所谓五才者也。”（《兵权·将体》）这一论述充分体现了作者对将帅素质的独特见解：以勇敢为前提，以谋略为根本，以忠诚为基础，兼及仁爱和信义。如此一来，就将兵家与儒家的将帅思想有机地结合在了一起。其中，“勇”字居首，并非偏颇。从理论上讲，“智”与“勇”犹如将之“双翼”，二者不可偏废，孰先孰后，都有一定的道理，兵儒两家对其也有不同的论述。另外，赵蕤还主张：“夫将可乐而不可忧，谋可深而不可疑。将忧则内疑，谋疑则敌国奋。以此征伐，则可致乱。”（《兵权·将体》）这于中国的将帅素养理论而言，也是一个创新性的发展。

在治军思想方面，作者在继承前人治军思想的基础上，精炼地概括出中国古代治军的三个基本原则，突出体现了兵、儒、法三者相融互补的特点。其一，以情带兵。他在《兵权》的《道德》篇中，引吴子、孙子、黄石公等人的言论强调“上下同欲者胜”的道理，同时以含蓼、吴起、单醪等人爱护士兵的实例加以佐证。值得注意的是，作者在这里强调了“蓄恩”和“积恩”的问题，所谓“蓄恩不倦，以一取万”，“积恩不已，天下可使”。这句话意在说明，对士兵的仁爱是一个长期的过程，绝非一时冲动之举，此点相较孙子相关理论而言，颇含创新之意。其二，严法治军。为说明严法治军的重要性，作者专设《禁令》篇加以论证。他先引前人的有关言论，申明“兵以赏为表，以罚为里”的基本观点，继而大量引用诸葛亮的严法条令予以说明，最后以“乡人盗笠，吕蒙先涕而后斩；马逸犯麦，曹公割发而自刑”的实例进行佐证。在论证过程中，作者强调，战争中之所以要严明纪律，令行禁止，是因为士卒有“轻”“慢”“盗”“欺”“背”“乱”“误”七种行为过失。这明显是从人类行为的本性去寻找严法治军的依据，其对兵家理论的补充与完善价值，不言自明。其三，对于士卒训练问题，作者在《兵权》中另设《教战》篇加以论证。这一篇乃是从加强军事训练、提高士卒技能的根本目的出发，希望对士卒的训练能够达到“将之所麾，莫不从移；将之所指，莫不前死”的理想境界。这完全符合兵、儒两家训练军队的基本思想宗旨。

值得注意的是，在《兵权》的末尾《还师》一篇中，作者以独特的思路谈论了《孙子·火攻篇》中的“战后修功”问题。与《孙子》不同的是，它不是论述占领敌国后的安民政策，而是强调战争中巨大的财力物力消耗，可能会使本国“国虚而内乱”，进而引起“战胜而自败”。这可以说是颇具长远眼光的战略卓见。此外，作者在该篇中还将关于君主对功臣的处理问题作为“战后修功”的一个重要内容。他认为：“仁者之众，可合而不可离，威权可乐而难卒移。是故还军罢师，存亡之阶。”又说：“人主深晓此道，则能御臣将。人臣深晓此道，则能全功保首。此还师之术也。”“还师之术”一词，将战后修功问题概括得精炼、独到，寓意深远，充分表明作者从安国保民的战略高度来认识和讨论战争问题，体现了该书兵儒融合的思想理念。

从上述内容看，《长短经》之《兵权》专论军事问题，自成一套独立的兵学理论体系。它采用专题论证、史论结合、“正事反说”等写作手法，将孙子理论与其他兵家思想及军事案例结合起来论述，推动了孙子兵学的传播和应用。同时，在融合兵、儒、道、法各家思想的过程中，其对兵儒关系也有独到的阐释，且在某些思想观点上表现出一定的创新价值。

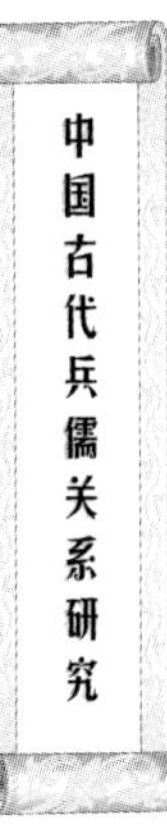

五、李世民、李靖对兵儒融合的理论诠释与实践验证

李世民(598～649),即唐太宗(626～649年在位),生于武功(今陕西武功),是唐朝第二位皇帝,杰出的政治家、战略家、军事家。李世民年少之时就聪明英武,有大志。他不仅接受过良好的儒家思想教育,而且擅长骑射,具有杰出的军事才能,这为其后来的文治武功奠定了良好基础。综观李世民的一生,其早年跟随父亲征战天下,为大唐的建立立下赫赫战功。玄武门之变即位后,他虚心纳谏,文治天下,成功转型为杰出的政治家,并开创了中国历史上著名的"贞观之治",为大唐盛世奠定了基础。晚年,他还著《帝范》一书,以教诫太子,并评价了自己的功过得失。

从后世对唐太宗的评价来看,学者们多是从文与武、兵与儒相结合的角度,评价其历史功绩,故可称其是中国历史上一位兵儒融合的典范人物。

> 二帝三王之治,后世莫能及者,顺人之道,尽乎仁义也。唐太宗以英武之资,克敌如拉朽,所向无前……二帝三王之治,特由此而推之耳。①

李靖(571～649),出生于官宦之家。受家庭和先祖的影响,从小就有"文武才略",又颇具进取之心。他原为隋朝的下级官吏,在李渊起兵反隋后,被秦王李世民招至麾下,为大唐立下了赫赫战功。后又率军平定东突厥,远征吐谷浑,一生征战无数,且"资兼文武,出将入相",最后被封为卫国公,世称李卫公。《旧唐书》本传有载:

> 李靖,本名药师,雍州三原人也。祖崇义,后魏殷州刺史、永康公。父诠,隋赵郡守。靖姿貌瑰伟,少有文武材略,每谓所亲曰:"大丈夫若遇主逢时,必当立功立事,以取富贵。"其舅韩擒虎,号为名将,每与论兵,未尝不称善,抚之曰:"可与论孙、吴之术者,惟斯人矣。"②

---

① (唐)吴兢:《贞观政要》,周博琪主编:《古今图书集成》第2册,中国戏剧出版社2008年版,第468页。

② 《旧唐书·李靖传》。

李靖的政治军事才能向来为世人所推崇。唐高祖李渊赞其"古之名将韩、白、卫、霍，岂能及也!"[①]贞观名相王珪称其"才兼文武，出将入相"[②]。

值得强调的是，唐太宗与李靖皆为智慧非凡的人物，他们对兵学理论有诸多卓越之见，传世的《卫公兵法》和《唐太宗李卫公问对》即为明证。同时，二人对政治军事战略问题的理解和把握均能达到很高的水平，因而对兵儒融合的认识与践行绝非常人所能比拟。钮先钟先生在《战略家》一书中谈道：

> 唐太宗在我国历史中是一位非常伟大的人物，其文治武功，固不待言，尤其是有超人的天才，而且又能好学好问，真可以说是天纵之圣。从《问对》书中，我们可以体会到这一位天才皇帝的智慧和风度。在战略思想中，他的地位远超过拿破仑。李卫公的战略天才与唐太宗可以说是伯仲之间，而其学养之深则有过之而无不及。[③]

(一)《唐太宗李卫公问对》对兵儒融合的理论诠释

中国兵学历经魏晋南北朝三百年的沉寂之后，至隋唐时期迎来复兴。其中，最能反映隋唐时期兵学成就的著作就是《唐太宗李卫公问对》(以下称《唐李问对》)。客观讲，此书在内容、体例和观点创新方面，均对中国传统兵学及孙子学的发展做出了重大贡献。从兵儒融合的角度讲，《唐李问对》也有其特殊贡献。

作为专门探讨兵学理论的成熟之作，《唐李问对》融入了儒家军事思想的基本观念和理论，毫无虚夸的成分，往往于要点之中凸显兵儒关系的本质和要害问题。比如，在《唐李问对》卷上讨论奇正思想时，就很巧妙地讨论了"仁"与"诈"的关系。当唐太宗问李靖征讨高丽的用兵方略时，李靖回答："臣以正兵。"在这里，"正兵"的含义是什么呢？唐太宗和李靖都做出了解释：

---

① 《旧唐书·李靖传》。

② 《旧唐书·王珪传》。

③ 钮先钟：《战略家》，广西师范大学出版社2003年版，第93页。

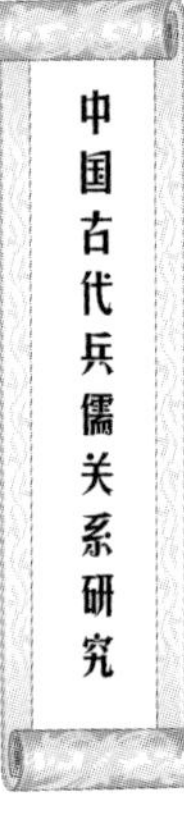

太宗曰："晋马隆讨凉州，亦是依八阵图，作偏箱车。地广则用鹿角车营，路狭则为木屋施于车上，且战且前，信乎，正兵古人所重也！"

靖曰："臣讨突厥，西行数千里，若非正兵，安能致远。偏箱、鹿角，兵之大要，一则治力，一则前拒，一则束部伍，三者迭相为用，斯马隆所得古法深矣。"①

从这两句话的内容看，所谓"正兵"就是凭借自身实力，加上良好的部署，稳扎稳打，以堂堂之阵战胜敌人。

然而，当唐太宗结合自己的实战再次论及奇正问题时，李靖对于正兵与奇兵的阐释却发生了根本性变化，"正兵"之内涵转换为儒家所倡导的"正义之兵"或仁义之兵。

太宗曰："朕破宋老生，初交锋，义师少却，朕亲以铁骑自南原驰下，横突之。老生兵断后，大溃，遂擒之。此正兵乎，奇兵乎？"

靖曰："陛下天纵圣武，非学而能。臣按兵法，自黄帝以来，先正而后奇，先仁义而后权谲。且霍邑之战，师以义举者，正也，建成坠马，右军少却者，奇也。"②

这两段话的论述无疑超出了孙子所论奇正的范畴，上升到了儒家政治战略的高度。在李靖看来，"正"即指正义之师、仁义之战；"奇"即指诡诈机变、谋略用兵。"奇"与"正"的统一，实际上是儒家之"仁"与兵家之"诈"的统一。

当双方论及奇正思想的渊源之时，李靖先从古代兵制的角度予以解释：

靖曰："周之始兴，则太公实缮其法，始于岐都，以建井亩；戎车三百辆，虎贲三千人，以立军制；六步七步、六伐七伐，以教战法。陈师牧野，太公以百夫致师，以成武功，以四万五千人胜纣七十万众。"③

---

① 骈宇骞译注：《唐太宗李卫公问对译注》卷上，河北人民出版社 1992 年版，第 3 页。以下仅注书名和篇目。

② 《唐李问对》卷上。

③ 《唐李问对》卷上。

接下来，二人的讨论适时地转换为《司马法》中不尚武力的节制用兵思想，继而论述了兵法本于王制、政治高于军事的儒家军事思想理念。

> 周《司马法》本太公者也，太公既没，齐人得其遗法。至桓公霸天下，任管仲，复修太公法，谓之节制师，诸侯毕服。
>
> 太宗曰："儒者多言管仲霸臣而已，殊不知兵法乃本于王制也。诸葛亮王佐之才，自比管、乐，以此知管仲亦王佐也。但周衰时，王不能用，故假齐兴师尔。"①

又如，《唐李问对》卷中讨论治军思想时也涉及兵儒关系的关键问题。当唐太宗对"严刑峻法，使不畏我而不畏敌"的主张表示疑惑时，李靖以"兵家胜败，情状万殊"一语予以回答，并举出陈胜、吴广与汉光武帝正反两个实例及孙子的治军思想予以解释和说明。

> 靖曰："兵家胜败，情状万殊，不可以一事推之。如陈胜吴广败秦师，岂胜广刑法能加于秦乎？光武之起，盖顺人心之怨莽也，况又王寻、王邑不晓兵法，徒夸兵众，所以自败。臣按《孙子》曰：'卒未亲附而罚之则不服，已亲附而罚不行则不可用。'此言凡将先有爱结于士，然后可以严刑也，若爱未加而独用峻法，鲜克济焉。"②

在此基础上，二人的讨论又巧妙地以《尚书》"慎戒其终，非以作谋于始"为依据，将治军问题上升到先爱后威、文武相济、赤诚治军的高度予以立论，从而将兵、儒两家相关的治军理念有机地结合在了一起。

> 太宗曰："卿平萧铣，诸将皆欲籍伪臣家以赏士卒，独卿不从，以谓蒯通不戮于汉。既而江汉归顺。朕由是思古人有言曰：'文能附众，武能威敌'，其卿之谓乎？"
>
> 靖曰："汉光武平赤眉，入贼营中案行，贼曰：萧王推赤心于人腹中。此盖先料人情本非为恶，岂不豫虑哉？臣顷讨突厥，总蕃汉之众，出塞千里，未尝戮一杨干，斩一庄贾，亦推赤诚存至公而已矣。"③

---

① 《唐李问对》卷上。

② 《唐李问对》卷中。

③ 《唐李问对》卷中。

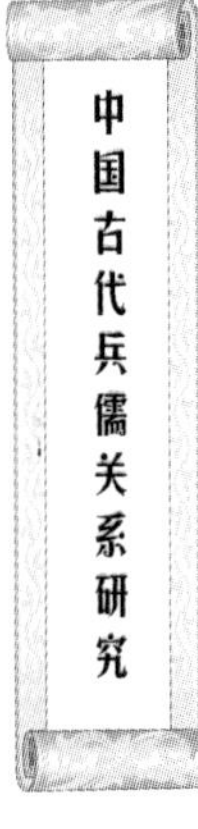

最后,双方在《唐李问对·卷中》中围绕用间之"诈"问题的讨论,亦颇有意味。当唐太宗提出人们怀疑李靖以唐俭为死间是为不义的问题时,李靖从仁与诈、小义与大义的高度做出解释,从而深刻体现了兵、儒两家思想的有机统一:

> 靖再拜曰:"臣与俭比肩事主,料俭说必不能柔服,故臣因纵兵击之,所以去大患不顾小义也。人谓以俭为死间,非臣之心。按《孙子》,用间最为下策,臣尝著论其末云:'水能载舟,亦能覆舟。或用间以成功,或凭间以倾败。若束发事君,当朝正色,忠以尽节,信以竭诚,虽有善间,安可用乎?'唐俭小义,陛下何疑!"①

总之,《唐李问对》一书,其核心内容在于对中国古代的军事范畴及军事思想原理进行阐释和论证;同时,在讨论这些纯军事理论问题之时,又能有机地融入儒家的军事思想理念进行拓展和提升。这样的论证思路在其他兵书中是很难见到的。正因如此,《唐李问对》对兵儒关系的论述,虽然内容不多,但能入木三分,击中要害,触及根本,进而发人深思于无形之中。

(二)李靖军事实践对兵儒融合思想的集中体现

李靖用兵最大的特点是勇于决策,善于出奇制胜。对于一名将帅而言,不论自己如何智慧过人、神机妙算,最后的战争决策仍然具有一定的冒险性。如果将帅缺乏这种冒险的勇气,就会失去大好的战争机遇。正如吴起所言:"用兵之害,犹豫最大;三军之灾,生于狐疑。"②从"出奇制胜"的角度讲,任何"出奇"都是超越常规的行动,想驾驭和实施这种行动,就需要冒巨大的风险,需要将帅具有敢于承担责任的优秀品德。李靖正是这样一位虎胆包天、德才兼备的将帅。孙子讲:"进不求名,退不避罪,唯民是保,而利于主,国之宝也。"(《地形篇》)这正是李靖为将品德的真实写照,同时是其兵家思想与儒家思想融为一体的集中体现。

李靖不仅有杰出的军事指挥艺术,而且有极高的政治素养,这种政治素养本身又是儒家仁本战争观念的体现。据《旧唐书》本传记载:

---

① 《唐李问对》卷中。

② 《吴子·治兵》。

李靖奉孝恭令，大败萧铣之后，萧铣遣使请降，李靖军遂入江陵城，“号令严肃，军无私焉”。当时，许多将领都请求孝恭说：“铣之将帅与官军拒战死者，罪状既重，请籍没其家，以赏将士。”而李靖从儒家义战思想的角度表示坚决反对：

王者之师，义存吊伐。百姓既受驱逼，拒战岂其所愿？且犬吠非其主，无容同叛逆之科，此蒯通所以免大戮于汉祖也。今新定荆、郢，宜弘宽大，以慰远近之心，降而籍之，恐非救焚拯溺之义。但恐自此已南城镇，各坚守不下，非计之善。于是遂止。江、汉之域，闻之莫不争下。[①]

攻取金陵的战斗结束后，李渊遂擢任李靖为检校荆州刺史，命他安抚岭南诸州。平定岭南后，李靖恪守儒家“怀来柔远”的思想理念，认为南方属偏僻之地，未受朝廷恩惠，若“不遵以礼乐，兼示兵威，无以变其风俗”，遂率本部兵马南巡，“存抚耆老，问其疾苦”，于是“远近悦服”。对此，《旧唐书》也有详细的记载：

乃度岭至桂州，遣人分道招抚，其大首领冯盎、李光度、宁真长等皆遣子弟来谒，靖承制授其官爵。凡所怀辑九十六州，户六十余万。优诏劳勉，授岭南道抚慰大使，检校桂州总管。[②]

值得强调的是，李靖懂得儒家仁本安抚政策在战争中的重大作用，但绝不僵化固守。作为杰出的军事天才，他颇懂“仁”“诈”辩证统一的深刻哲理。比如，击败突厥颉利可汗之时，他对“战”与“抚”的处理就体现了兵家高度理性的现实态度。

颉利虽外请朝谒，而潜怀犹豫。其年二月，太宗遣鸿胪卿唐俭、将军安修仁慰谕，靖揣知其意，谓将军张公谨曰：“诏使到彼，虏必自宽。遂选精骑一万，赍二十日粮，引兵自白道袭之。”公谨曰：“诏许其降，行人在彼，未宜讨击。”靖曰：“此兵机也，时不可失，韩信所以破齐也。如唐俭等辈，何足可惜。”督军疾进，师至阴

① 《旧唐书·李靖传》。

② 《旧唐书·李靖传》。

山，遇其斥候千余帐，皆俘以随军。[1]

另外，李靖还是一位颇识大体、顾大局的优秀将领。贞观八年(624)十月，李靖任宰相之职尚不足四年，即以足疾辞任。太宗深知其意，遂遣中书侍郎岑文本谓曰：

> 朕观自古已来，身居富贵，能知止足者甚少。不问愚智，莫能自知，才虽不堪，强欲居职，纵有疾病，犹自勉强。公能识达大体，深足可嘉，朕今非直成公雅志，欲以公为一代楷模。[2]

然而，此事发生不到两个月，就发生了吐谷浑袭击凉州事件，朝廷决定予以反击。李靖不顾足疾在身，不惧年事已高，主动请缨远征，唐太宗也欣然任其为主帅。于是，李靖又立下平定吐谷浑之伟大功业。

总之，李靖的一生既有威名远播的赫赫战功，又有出将入相的卓越政绩，还有传之后世的兵法著作《唐李问对》《卫公兵法》。这既真正践行和实现了儒家“立功、立德、立言”之“三不朽”人生信条，也成就了其作为一名兵家统帅的无憾人生。对于李靖的这种丰功伟业，后人以“根于忠智”作为总结，算是经典评价之语。汪宗沂在《卫公兵法辑本》序言中写道：

> 如卫公者，夙精兵略，参孙子、吴起而大其用，本《太公》《尉缭》而善其术，乃犹韬晦浮沉，不轻一试，直至出入将相，宣威沙漠，成就功名，方著为书。史传颂其临机果，料敌明，根于忠智而止，可谓得实矣。[3]

(三)李世民军事实践对兵儒融合思想的集中体现

李世民具有杰出的军事才能，一生征战无数，在唐朝的建立与统一过程中立下赫赫战功。白居易诗曰：“太宗十八举义兵，白旄黄钺定两京。擒充戮窦四海清，二十有四功业成。二十有九即帝位，三十有五致太平。”(《七德舞》)后人评价其在唐初对儒学的拨乱反正之功时，又言曰：“儒学之兴古昔未有，以夫子为先圣实始于太宗，遂为万世之

---

① 《旧唐书·李靖传》。

② 《旧唐书·李靖传》。

③ (清)汪宗沂：《卫公兵法辑本自序》，(唐)李靖撰，黄朴民解读：《唐太宗李卫公问对 尉缭子》附录三，岳麓书社2011年版，第262～263页。

定制庙祀遍天下，名物度数之详，字义音释之备，毫分缕析，是后世有考。”①

李世民具有成熟的政治素养，故在重大战略决策上能够立足宏观，谋划长远。李渊起兵之后，在进军途中受阻于霍邑（今山西霍县），就要“还师太原”；而李世民则坚决主张继续执行“先入长安，号令天下”的战略方针。他说：

> 兵以义动，全凭一股锐气，进战则能克，退还则必散。我大军溃散于前，敌兵乘危于后，覆亡须臾而至，怎么不叫人痛心呢？②

李世民这一认识和建议，不仅符合兵家审时度势、“因利制权”的基本理论，而且对儒家义战思想和民本战争观念有着深刻体悟。在改朝换代的历史风云之中，大凡朝廷暴虐，民众云起，总会形成一股不可阻挡的潮流和趋势。如果李氏集团不能主动顺应这种趋势，那他们举义兵而济世的伟业基本就会举步维艰。李世民深悟民心、民众的巨大力量，并试图以当时强者的形象汇聚和利用这种力量，顺应历史发展的大势，而这正是他比李渊高明的地方。

霍邑之战后，李渊率领大军南下，意在渡过黄河，直取长安。隋将屈突通率军镇守河东，对李渊进行阻击。李渊与之交锋之后，未能攻克河东，打算弃河东而直攻长安，但又担心屈突通在后面对大军构成威胁。有些谋臣对此表示担忧，裴寂说：“今通据蒲关，若不先平，前有京城之守，后有屈突之援，此乃腹背受敌，败之道也。”③而李世民却以“兵法尚权”和“敌失民心”为依据，不赞同这种判断。他说：

> 兵法尚权，权在于速。宜乘机早渡，以骇其心。我若迟留，彼则生计。且关中群盗，所在屯结，未有定主，易以招怀，贼附兵强，何城不克？屈突通自守贼耳，不足为虞。若失入关之机，则事未可知矣。④

另外，李世民能在结合兵儒两家战争理论的基础上，深刻阐释重战、慎

---

① 王惠敏编著：《李世民全传》，华中科技大学出版社 2013 年版，第 222 页。

② 张永剑、董志先：《历代名将与孙子兵法》，白山出版社 2009 年版，第 140 页。

③ 《旧唐书・裴寂传》。

④ 《旧唐书・裴寂传》。

战思想的重要价值。他说：

> 夫兵甲者，国之凶器也。土地虽广，好战则人凋；邦国虽安，亟战则人殆。凋非保全之术，殆非拟寇之方。不可以全除，不可以常用。故农隙讲武，习威仪也。是以勾践轼蛙，卒成霸业；徐偃弃武，遂以丧邦。何则？越习其威，徐忘其备。①

也就是说，为了实现保国安民之最终目的，战争这种暴力手段既不可滥用，也不可不用。同时，他理性地认识到战争是双方实力的根本较量，如果实力不足，就不可盲目开战。比如，武德九年(626)八月，突厥大军侵至渭水便桥之北。李世民一方面全力备战，另一方面否决了诸将请战的要求，力主与突厥谈判。通过曲折、复杂的斗争，李世民最后以忍让妥协的方式换得突厥退兵。事后，有人问李世民当时为何不战？突厥为何自动退兵？李世民回答说：

> 所以不战者，吾即位日浅，国家未安，百姓未富，且当静以抚之。一与虏战，所损甚多；虏结怨既深，惧而修备，则吾未可以得志矣。故卷甲韬戈，啖以金帛，彼既得所欲，理当自退，志意骄惰，不复设备，然后养威伺衅，一举可灭也。将欲取之，必固与之，此之谓矣。②

这可谓对兵、儒、道三家思想的融而并用，而其根本的出发点和落脚点则在于儒家的仁义治国理念。宋代何去非正是从本固天下、安定万民的角度对李世民的军事实践进行了公正适中的评价：

> 昔者，唐之太宗以神武之略起定祸乱，以王天下，威加四海矣！然所谓固天下之势，以遗诸子孙者，盖未立也。于是乎借兵于府，置将于卫，据关而临制之。处兵于府，则将无内专之权；处将于卫，则兵无外擅之患。然犹以为未也，乃大诛四方之侵侮者：破突厥，夷吐浑、平高昌、灭然耆，皆俘其王，亲驾辽左而残其国。凡此者，非以黩武也，皆所以立权而固天下之势者也。③

---

① (唐)李世民著，唐政释译：《帝范·阅武》，新世界出版社 2009 年版，第 103 页。

② 《资治通鉴·唐纪七》。

③ 贡安南译注：《何博士备论译注》，军事科学出版社 1989 年版，第 157 页。

第五章　两宋时期的兵儒关系

两宋时期，兵儒之间的矛盾冲突和渗透融合均达到高潮阶段，兵儒融合也渐次呈现出以儒统兵的趋势。这是由当时复杂的社会背景和思想文化背景决定的。在中国历史上，宋朝是一个很特殊的朝代。比如，农业经济恢复和发展，商品经济相对发达，但形成长期“积贫积弱”的状况。尤其在“崇文抑武”的治国总方略之下，北宋之军事实力无法与“强汉”“盛唐”相比，不但未能收复幽云十六州，而且在对辽、西夏、金的战争中屡战屡败、割地赔款。这种形势既促使北宋王朝在中后期开始恢复武举、武学，进而提升了兵学的地位，同时引发了“文人论兵”的社会思潮，从而使兵儒之争达到历史上最为激烈的时期。南宋时期，兵儒互动的客观环境并没有发生根本性变化。这一时期，国家的军事斗争形势依然严峻，朝廷继续推行武学武举制度，“崇文抑武”深刻影响下的“文人论兵”也继续展开，故而兵儒关系基本延续了北宋兵儒关系的发展格局，二者的矛盾和冲突有加深的趋势。

值得注意的是，两宋时期理学的兴盛对兵儒关系的影响是深刻的。宋代思想文化辉煌灿烂，在很多方面达到了中国思想文化的高峰。著名历史学家陈寅恪说过：“华夏民族之文化，历数千载之演进，造极于赵宋之世。”[①]在这种灿烂的文化成就中，理学作为儒学的新形式，也达到了鼎盛时期。理学形成于北宋时期，以程颐、程颢及张载为代表；至南宋时期，最终成为占主导地位的学派，并形成了程朱理学与陆王心学并立相争的格局。

除理学之外，宋代还有其他一些儒学学派。比如，北宋以王安石

---

① 陈寅恪：《金明馆丛稿二编・邓广铭宋史职官志考证序》，（台北）里仁书局1981年版，第245页。

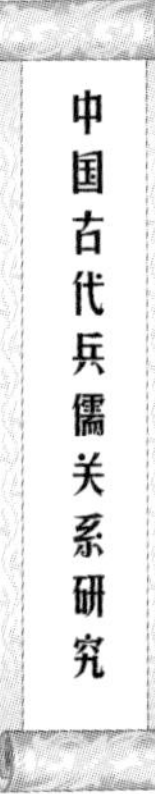

为代表的王学、以司马光为代表的朔学以及以“三苏”为代表的蜀学；南宋以薛季宣、陈傅良、叶适为代表的永嘉学派，以陈亮为代表的永康学派以及以吕祖谦为代表的金华学派。由于南宋时期的上述学派都注重事功，且代表人物皆出自浙东路，故又合称为“浙东事功学派”。

宋代理学及其他儒家学派虽然存在立场和观点上的差异，但有着共同的目标追求与核心精神，那就是力求摆脱汉代以来章句之学的束缚，积极追求儒家义理之学和现实事功的结合，希望以此实现儒家的最高理想目标——内圣外王之道。正因如此，有学者将宋代儒学的主要精神概括为“议论精神、怀疑精神、创造精神和开拓精神、实用精神、内求精神、兼容精神”[①]等六个方面，这可以说是非常准确地概括了宋代儒学发展的总体特点。

宋代理学的兴盛及儒学各家学派的发展，进一步提升了儒学的社会地位和作用，由此带来的一个重要影响是，儒兵家群体的出现，儒学从各个领域加强了对兵学的渗透和控制，以儒解兵，援儒释兵，兵儒关系更为复杂，其内容和形式也纷繁多样，这些对后世兵儒关系的发展产生了极为深远的影响。

一、北宋崇文抑武治国方略确立了儒学之于兵学的优势地位

北宋是在结束唐末及五代十国长期割据战乱的基础上建立的，因而宋初统治者在总结历史经验教训时，一直将武人干政作为唐朝衰亡、五代祸乱的根本原因。“大抵五代之所以取天下者，皆以兵。兵权所在，则随以兴；兵权所去，则随以亡。而其所以起废之亟者，无忠臣义士以维持之也。”[②]为此，北宋初，宋太祖一方面通过“杯酒释兵权”的方式，对影响朝政的武将权力进行削弱和抑制；另一方面通过振兴儒家思想文化，力图恢复文武并重的治国理念，进而实现文治与武功的基本平衡。故而，这一时期，北宋还能延续天下大一统的思想，积极进行收复幽云十六州等北方失地的统一战争，武人、武学的地位还未受

① 转引自魏鸿：《宋代孙子兵学研究》，军事科学出版社 2011 年版，第 34 页。

② （宋）范浚著，范国梁点校：《范浚集・五代论》，浙江古籍出版社 2015 年版，第 42 页。

到根本的削弱。

然而,宋太宗即位之后,连续两次对辽用兵失败,尤其是第二次北伐失败之后,统治者开始放弃收复幽云失地的军事行动,国防政策也由积极的进攻战略转为“守内虚外”的防御战略,统治政策开始由“文武并重”转为以“文治”为主,由此“重文抑武”的治国理念逐渐形成。为强化这一理念,统治者努力从儒家典籍中寻找理论依据。当时,文臣张齐贤在上书中谈道:“臣闻家六合者以天下为心,岂止争尺寸之事,角强弱之势而已乎?是故圣人先本而后末,安内以养外。人民,本也;疆土,末也。五帝三王,未有不先根本者也。”①宰相李昉“引汉、唐故事,深以屈己修好、弭兵息民为言,时论称之”②。宋太宗甚至有意做出尚文的表率,“崇尚儒术,听政之暇,以观书为乐”③。这些都表明宋太宗时期治国理念已经发生根本性转变。

宋真宗之时,朝廷延续太宗时期的“文治”治国方略,真宗亲自撰写《崇儒术论》而宣曰:“太祖、太宗丕变弊俗,崇尚斯文。朕获绍先业,谨遵圣训,礼乐交举,儒术化成。”④在战争实践层面,北宋在抗辽战争取得初步胜利的情况下,仍然与辽签订屈辱求和的“澶渊之盟”,并延续对内崇尚文治、对外消极待敌的军事战略,这意味着重文抑武的治国理念更加坚定,以至于有人谈论曰:

> 此古之圣贤所以偃武而后修文,息马而后论道也。真宗皇帝四方无事之语发于景德二年,是时澶渊之盟契丹才一年耳,而圣训已及此,则知兵革不用,乃圣人本心,自是绝口不谈兵矣。⑤

宋仁宗之时,有官员建言曰:“国之外患在边圉,然御之之术,不过羁縻勿绝而已。内患则不然,系社稷之安危,不可不蚤定也。”⑥与西夏签订的“庆历和议”,本质上与“澶渊之盟”的求和精神是相通的,这也

---

① (元)脱脱等:《宋史·张齐贤传》,中华书局 1977 年版,第 9151 页。以下仅注书名和篇名。

② 《宋史·李昉传》。

③ 《宋史》卷二九六“论曰”。

④ (明)黄淮:《历代名臣奏议》卷二七四《崇儒》,明永乐十四年(1416)内府刻本。

⑤ (宋)曹彦约:《经幄管见》卷一《儒篇》,民国豫章丛书本。

⑥ 《宋史·邵亢传》。

说明崇文抑武的基本思路仍然在延续。

宋神宗之时，朝廷虽然有富国强兵的变法以及对西夏用兵的实践行动，但治国的总体思路并没有发生根本性转变，司马光等人先后上奏批评朝廷对西夏用兵的错误企图。宋神宗在对西夏战争失败后，内心愧疚，称“深自悔咎，遂不复用兵，无意于西伐矣”①。

宋代重文抑武的治国方略大大强化了儒学的统治地位，而兵学的发展则受到严重制约，这具体表现在三个方面：

首先，儒学在经国治军中的地位被强化。在宋士大夫看来，经国治军的根本在于儒家的仁义道德，战争胜负的决定因素在于仁义之兵。

> 以仁合众，以义济师。内辑和于中国，外震慑于四夷。当之者失其据，动之者悦也随。故曰我战则克，其义在斯。且夫以道德为藩，以礼让为国，以忠信为用，以仁义为力……若是则绥之而服，令之而行。决机两阵之间，孰能违我？制胜千里之外，敢有争衡？②

与此相对应，兵家现实主义的理性战争观遭到排斥和打击，谋略诡诈思想遭到贬抑和批判。比如，当宋太宗读兵书《阴符经》之时，就大发感慨：“此诡诈奇巧，不足以训善，奸雄之志也。”在读完《道德经》后更言：“朕每读至兵者，不祥之器，圣人不得已而用之。未尝不三复以为规戒。王者虽以武功克敌，终须以文德致治。朕每日退朝，不废观书，意欲酌先王成败而行之，以尽损益也。”③对于注重以“诡诈”“尚利”为本的《孙子》一书，苏轼则明确指出：“以将用之则可，以君用之则不可。”④

其次，文人及文臣在国家治理及边防决策中起到了主导作用。蔡襄在《上英宗国论要目十二事》中指出：

---

① 《宋史·徐禧传》。

② （宋）刘敞：《我战则克赋》，曾枣庄、刘琳主编：《全宋文》第五九册，上海辞书出版社、安徽教育出版社2006年版，第12页。

③ （宋）李攸：《宋朝事实》，中华书局1985年版，第37页。

④ （宋）苏轼：《苏东坡全集·孙武论下》，北京燕山出版社2009年版，第1284页。以下仅注书名和篇目。

> 今世用人，大率以文词进：大臣，文士也；近侍之臣，文士也；钱谷之司，文士也；边防大帅，文士也；天下转运使，文士也；知州郡，文士也。虽有武臣，盖仅有也。①

通晓儒学的文臣得到重用之后，自然依据儒家思想对国防策略提出自己的看法和主张。比如，张齐贤谈道："以德怀远，以惠利民，则幽燕窃地之丑、沙漠偷生之虏，擒之与屈膝，在术内尔。"②宰相李昉更提出以财"和戎"之策，强调"不烦兵力，可弭边尘"③。这些内容无非是儒家仁本战争观及道德理想主义的充斥与发挥，但充分表明儒家军事理念在边关战略制定中起到了主导作用。

最后，朝廷厉行禁兵书之令，社会上大兴重文轻武之风，从根本上破坏了兵学发展的基础条件。北宋前期，统治者对兵学采取压制政策，甚至一度下令禁止兵书的传播。景德三年（1006），宋真宗下诏："天文兵法，私习有刑，著在律文，用防奸伪。"④此番禁书之令持续了近八十年之久，直到宋仁宗时，由于宋与西夏关系紧张，范仲淹屡次上书要求解除武将研习兵书的禁令，自此才开始对《孙子》《吴子》等经典兵书予以解禁。这样的政策必然使得兵学的发展受到严重制约，进而使宋初兵儒关系表现出激烈的矛盾和冲突。

在朝廷禁兵书之令的影响下，社会各阶层、各领域形成了重文轻武的风气。在朝廷之上，朝臣多有鄙视武职武臣的倾向，就连范仲淹这样的文臣将帅也激烈反对将自己更换为武职："臣守边数年，羌胡颇亲爱臣，呼臣为龙图老子，今改观察使，则与诸侯首领名号相乱，恐为贼所轻。"⑤另一个典型的例子是，苏轼看到何去非的著作之后，极为欣赏，但认为授其武职不妥，于是上《举何去非换文资状》曰："去非虽喜论兵，然本儒者，不乐为武吏。又其他文章，无施不宜，欲望圣慈特与

---

① （宋）赵汝愚编：《宋朝诸臣奏议》，上海古籍出版社 1999 年版，第 695 页。

② （宋）赵汝愚编：《宋朝诸臣奏议》，上海古籍出版社 1999 年版，第1417 页。

③ （宋）钱若水撰，燕永成点校：《宋太宗实录》，甘肃人民出版社 2005 年版，第 224 页。

④ （宋）佚名编：《宋朝大诏令集》卷一九六《禁约·禁天文兵书诏》，清钞本。

⑤ （宋）楼钥：《范文正公年谱·庆历二年》，明正德十二年（1517）叶士美欧阳席刻本。以下仅注书名。

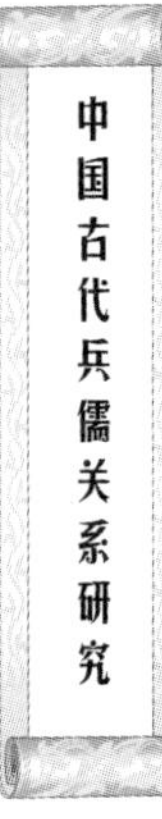

换一文资。”[①]在社会底层，普通民众更是深信“万般皆下品，唯有读书高”的传统儒家观念，教诲子弟积极追求科考中第，不愿他们习武从军。富弼指出：“今人重文雅而轻武节也。……但稍能警励有廉耻，则焉肯为卒伍之事乎？”[②]王安石也说：“天下学士以执兵为耻，而亦未有能骑射行阵之事者。”[③]

二、理学的兴起对兵儒关系的深刻影响

理学即道学，亦称“义理之学”，是宋元明时期儒家思想学说的通称。宋明理学的最大价值在于，理学大师们将儒家的政治伦理原则提升到了哲学本体的地位，使其占领了时代道德精神与政治理想的制高点，并将天下苍生引入了道德崇拜和真诚信仰的精神殿堂。与此相适应，这一时期出现了深刻阐释儒家政治理想的典籍《大学》《中庸》。比如，《大学》的宗旨是：“大学之道，在明明德，在亲民，在止于至善。”[④]这是儒家所追求的理想政治的最高境界。在这一境界中，无论人性本质还是社会本质，均体现为对“至善”的追求和向往。具体而言，就是从“格物、致知、诚意、正心”开始，进而达到“修身、齐家、治国、平天下”的根本目的。

宋代儒学理学化的最终结果，使儒家思想真正在中国思想文化领域取得了主导地位。宋代以前，儒学主要是统治阶级的一种政治理念，虽然汉武帝时期开始推行“罢黜百家，独尊儒术”的政策，但无论两汉、魏晋还是隋唐，整个社会的思想文化仍然是一种多元并存的局面。理学的出现，彻底结束了这种局面，儒家之纲常伦理、忠孝节义等思想，真正成为中国传统文化的核心。更重要的是，理学之思想原则因其哲学化特点成为普遍的常理，逐渐渗透至社会的各个领域和各个层面，并通过通俗易懂的形式为社会各阶层所接受，即使最底层的普通民众，也无不受其影响。也就是说，整个宋代社会已经是一个儒化了

---

① 《苏东坡全集·举何去非换文资状》。

② （宋）赵汝愚编：《宋朝诸臣奏议》，上海古籍出版社 1999 年版，第 892 页。

③ （宋）王安石：《临川文集》卷三九《上仁宗皇帝言事书》，中华书局 1959 年版，第 416 页。

④ 《礼记·大学》。

的世界。有学者指出：

> 从社会学的角度来说，当儒化的世界已经成为一种先验的存在的时候，个人的社会化过程，只能表现为儒家化的过程。换言之，是将儒家的价值观念作为一种天经地义的东西而接受下来的过程。从这个世界中成长起来的个人，无论他以后会是一名官员也好，一名文人也好，一名农夫也好，在他的身上，必然打上儒家文化的烙印。同样，从这个世界中所产生的兵家，也必然是一名深深地受到儒家文化影响的兵家。[①]

正是在这样的思想文化背景之下，宋人对传统儒家的军事思想观念做了更充分的发挥，对兵家提出了较以往更为深刻的批判，儒学对兵学的排斥与打击、渗透与控制也更加深入。

首先，“儒本兵末”成为宋人讨论兵儒关系的一个基本观念或基本立场。比如，朱熹在解释《论语》中“卫灵公问阵于孔子”一节时说：“谢氏之说，亦非夫子去卫之意。盖以兵而言，陈固兵之末，以治道而言，则兵又治道之末也。”[②]王安石也谈道：“盖以为三军五兵之运，德之末不足道也。孔子亦曰：‘俎豆之事，则尝闻之矣，军旅之事，未之学也。’以为苟知本矣，末不足治也。”[③]

更值得重视的是，宋儒将“儒本兵末”的观念运用到了具体的战场指导和战术中，全面否认诡诈战术在战争中的作用，进而违背了战争的本质规律。比如，刘敞认为：

> 圣人之为圣也，为其正而已矣，是以众人为不可及。必以闲而有天下，则其所以为圣也，不亦众人而可为之欤。[④]

北宋学者苏洵和南宋学者黄仲炎也表达了同样的思想观念，他们认为：

---

① 宫玉振：《文化流变与中国传统兵家的形态更替》，《军事历史研究》2000年第1期。

② （宋）朱熹：《四书或问》，上海古籍出版社2001年版，第341页。

③ （宋）王安石原著，孔学辑校：《王安石日录辑校》，四川大学出版社2015年版，第311页。

④ （宋）刘敞：《公是集》卷四七《伊吕问》，中华书局1985年版，第566页。

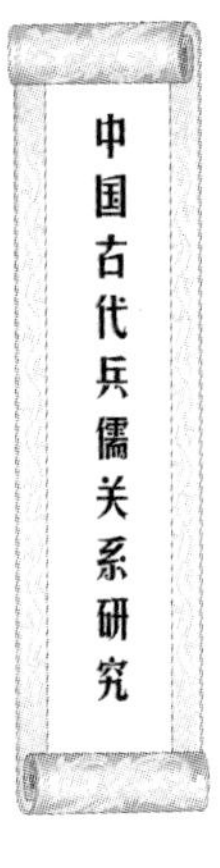

夫兵虽诡道，而本于正者，终亦必胜。……夫用心于正，一振而群纲举；用心于诈，百补而千穴败。智于此，不足恃也。①

兵贵奇胜，圣人恶之。何哉？曰《春秋》正其谊明其道而已矣，功利不与也。夫兵以奇胜者，孙武之术，岂圣人之教哉？②

其次，宋儒高举先秦儒家“仁者无敌”的大旗，极力宣扬儒家道德仁义在战争中的作用。比如，程颐认为：“技击不足以当节制，节制不足以当仁义，使人人有子弟卫父兄之心，则制梃以挞秦、楚之兵矣。”③这是《荀子·议兵》中仁战至上思想的翻版。刘敞则进一步强调：

以仁合众、以义济师，内辑和于中国，外震憺于四夷，当之者失其据，动之者悦也随，故曰我战则克，其义在斯。且夫以道德为藩，以礼让为国，以忠信为用，以仁义为力，故守必有威，动则能克。④

在推崇儒家仁义为战争制胜之本的同时，宋儒将儒家战争思想与兵家战争思想相对比，进而对兵家展开激烈批判。比如，吕祖谦认为，“如《吴子》《孙子》《六韬》《三略》之类，止言天时地利，亦不言人和……盖圣贤见得明，他人见得不明，以此见学问之深浅处”⑤。薛季宣也强调：“今之兵家，一本诸孙、吴氏，孙武力足以破荆入郢，而不能禁夫概王之乱；吴起威加诸侯百越，而不能消失职者之变。诈力之尚，仁义之略，速亡贻祸，迄用自焚，是故兵足戒也。”⑥

最后，宋儒认为，兵家的“诈”“利”等思想流传、渗透至社会领域，会对儒家的仁义教化造成严重危害。北宋激烈反对兵家的代表人物刘敞指出：

---

① （宋）苏洵著，曾枣庄、金成礼笺注：《嘉祐集笺注》，上海古籍出版社1993年版，第49页。

② （宋）黄仲炎：《春秋通说》卷六，清文渊阁《四库全书》本。

③ （宋）程颢、程颐：《二程集》，中华书局1981年版，第86页。

④ （宋）刘敞：《我战则克赋》，曾枣庄、刘琳主编：《全宋文》第五九册，上海辞书出版社、安徽教育出版社2006年版，第12页。

⑤ （宋）吕祖谦：《吕祖谦全集》，浙江古籍出版社2008年版，第180页。

⑥ （宋）薛季宣撰，张良权点校：《薛季宣集》，上海社会科学院出版社2003年版，第369页。

> 夫缦胡之缨，短后之衣，瞋目而语难，按剑而疾视者，此所谓勇力之人也。将教之以术，而动之以利，其可得不为其容乎？为其容，可得无变其俗乎？吾恐虽有智者，未易善其后也。而况建博士之职，广弟子之员，本之不知，教化其寖弱矣。[①]

在上面的论述中，宋人推崇儒家思想、贬斥兵家思想的意旨十分明显。这就使得儒家之道德仁义与兵家之诡诈谋略截然对立起来，从而加剧了兵儒之间的冲突和对立。同时，这种以儒解兵、援儒释兵的思想倾向，加深了儒学对于兵学的控制和主导。

三、北宋中期边患危机与“文人论兵”的兴起

北宋崇文抑武的治国方略有一定的现实合理性，但也因此造成了诸多弊端。比如，国防策略上的“守内虚外”、军事战略上的消极防御、君将关系上的“将从中御”以及军制层面上的“以文制武”等，加上其他各种因素交织在一起，最终导致了北宋军事上的“积弱”现状。这种“积弱”并非当时的军队数量不多，也非武器装备质量很差，而是指将帅的指挥能力偏差以及士兵的作战能力偏低。这种情况使得北宋在与少数民族政权的战争中屡屡陷于被动。北宋中叶，边疆危机更加严重，对辽战争虽然以“澶渊之盟”的形式勉强渡过危机，但对西夏的用兵也不断遭到挫败，这大大震动了北宋朝野，迫使统治者认真思考时下的军事问题，进而寻求解决边患危机的实际对策。

首先，统治者开始重视军事人才及兵学研究的重要性，逐渐恢复武举制度，继而设置武庙、武学，最后又校定刊行《武经七书》，这些措施的实行大大推动了兵学的发展。宋仁宗天圣七年(1029)，仁宗发布诏令，武举制度得以重建。第二年，宋仁宗“亲试武举十二人，先阅其骑射，而后试之”[②]。宋神宗熙宁三年(1070)六月，下诏重修武庙。设置武庙的主要目的在于提升将帅的社会地位，增强将帅的社会责任感，“使天下之人，入是庙也，登是堂也，稽其人可以见师，思其道所由

---

① (宋)刘敞：《与吴九论武学书》，曾枣庄、刘琳主编：《全宋文》第五九册，上海辞书出版社、安徽教育出版社2006年版，第229页。

② (清)徐松辑：《宋会要辑稿·选举十七》，稿本。

至法”[①]。为了更好地培养军事人才，仁宗时恢复了武学制度。然而，武学的设置经历了一个反复的过程：

> 庆历三年，诏置武学于武成王庙，以阮逸为教授。八月，罢武学，以议者言“古名将如诸葛亮、羊祜、杜预等，岂专学孙、吴”故也。熙宁五年，枢密院言：“古者出师受成于学，文武弛张，其道一也，乞复置武学。”诏于武成王庙置学。[②]

为适应武学及武举考试的需要，朝廷组织力量编纂了统一的兵学教材。熙宁八年(1075)，宋神宗诏令枢密院，组织整理传世兵书，此为校定《武经七书》之发端。此后，历经三年，终于完成从校定到刊行的全部工作。其编订入选的兵书主要包括《孙子》《吴子》《六韬》《司马法》《三略》《李靖问对》。《武经七书》作为武举武学的教科书而颁行，无疑大大推动了兵学的普及与传播。同时，它使兵家学说与儒家学说共同成为经学，恢复了其作为经典的历史地位，这对于推动宋代及以后的兵学研究具有重要的意义。尤其是《孙子》，不仅确立了官学地位，而且被置于《武经七书》之首，这为孙子兵学的发展创造了良好条件。然而，这并不意味着兵学与儒学取得了同等地位，儒学对于兵学发展的主导作用并没有发生根本性改变，正如有学者所论：

> 它是在文官政治主导下，以培养符合儒家价值观的忠勇有谋的将帅为目的的制度安排，文人掌握着《孙子兵法》解读和传授的主导权，使《孙子兵法》儒学化的程度大大加深。[③]

其次，北宋中期的军事危机引发了文人群体对军事问题的热心和关注，进而出现了“文人论兵”的思潮。“文人论兵”是北宋崇文抑武治国方略与充满危机的边患形势共同作用下的结果。一方面，崇文抑武的治国方略，大大提升了文人士大夫的社会责任感和使命感，使他们具有积极关注并参与讨论战争问题的良好动机。“盖君子于天下之事

---

① 《全唐书》卷六一八陆淳《祀武成王议》，清嘉庆内府刻本。

② 《宋史·职官五》。

③ 魏鸿：《孙子兵法儒学化与中国传统兵学文化的建构》，《解放军艺术学院学报》2015年第1期。

无所不当究，况于兵者，世之兴废，生民之大本存焉，其可忽而不讲哉！”[①]另一方面，北宋“积弱”的军事现状及屡战屡败的边患危机，迫使朝廷努力寻求各方面的知兵人才，从而为“文人论兵”提供了良好的现实机遇和自身动力。“仁庙时天下久承平，人不习兵。元昊既叛，边将数败，朝廷颇访知兵者，士大夫人言兵矣。”[②]

“文人论兵”是中国历史上一个极为复杂的文化现象。就论兵者而言，他们的身份差异很大，既有高官显贵，也有乡野俗儒，且对兵学的态度褒贬不一，立场各异。据刘庆先生《“文人论兵”与宋代兵学的发展》[③]的研究，宋代文人士大夫论兵大致可以分为三类：第一类，专门研究古代兵学典籍的学问家。比如，王皙、何廷锡等兵书注家，朱服、何去非等武学教授，还有在朝廷任职的一些政府官员，如曾宫亮、丁度等。第二类，热心于兵学研究的著名文人，如梅尧臣、苏洵、苏轼等。他们主要从儒家的基本立场出发，立足于战争观和战争价值判断的层面，对兵书和兵学及当代军事问题进行评论。第三类，直接接触国家军事问题的中枢大臣或边疆大吏，如范仲淹、王安石、沈括等。这些人对国家军政问题有比较深入的了解，所论也多能针对边防实际问题提出切实有效的对策。当然，上述划分不宜过于绝对化，有些人实际上兼有多重身份，如梅尧臣既是专门家和注家，也是著名诗人和学者。

对于“文人论兵”的基本立场，魏鸿在《宋代孙子兵学研究》[④]一书中也做出了明确划分：第一种，有些文人从儒家仁义思想出发，对兵家的“诈”和“利”提出尖锐批评，进而否定兵学的价值和作用，刘敞就是最为典型的代表。他曾言：“以道德为藩，以礼让为国，以忠信为用，以仁义为力，故守必有威，动则能克。盖威也，无暴强之名，克也，非权诈而得。”[⑤]第二种，在“道”的层面贬抑兵学，在“器”的层面认同兵学的价值，典型代表是梅尧臣、苏洵、苏轼等。比如，梅尧臣一方面批评《孙子》是“战国相倾之说也，三代王者之师，司马九伐之法，武不及也”；另

① (宋)张栻：《张栻集·跋〈孙子〉》，岳麓书社 2010 年版，第 814 页。

② 《郡斋读书志》卷三下《王皙注〈孙子〉三卷》。

③ 参见刘庆：《“文人论兵”与宋代兵学的发展》，《社会科学家》1994 年第 5 期。

④ 参见魏鸿：《宋代孙子兵学研究》，军事科学出版社 2011 年版，第 70～71 页。

⑤ (宋)刘敞：《我战则克赋》，曾枣庄、刘琳主编：《全宋文》第五九册，上海辞书出版社、安徽教育出版社 2006 年版，第 12 页。

一方面称赞《孙子》“文略而意深，其行师用兵，料敌制胜，亦皆有法，其言甚有次序”①。第三种，不谈儒本兵末，尊崇孙子兵学。比如，张预注《孙子》及所著《十七史百将传》，都以诠释和发挥孙子思想为己任。再如，何去非、王晳等虽然自觉或不自觉地援儒释兵，但无明显的崇儒抑兵之论。这在理学盛行、重文轻武的时代是难能可贵的。

就“文人论兵”的深远影响而言，它不仅大大推动了宋代兵学的发展，而且对兵儒关系的影响极为深刻。一方面，“文人论兵”促进了兵儒的深度融合。首先，通过双方的论争，兵、儒两家不同的思想观念得以沟通，人们对儒家“仁义”与兵家“诈力”等矛盾冲突的认识更加辩证，对某些焦点和敏感问题的认知也更加到位，此可谓真理在辩论中愈辩愈明。其次，争论双方为取得更好的论辩依据，不得不对《孙子》等兵学著作进行深入探讨，这于无形中大大推动了传统兵学的研究和发展。最后，双方的论争起到了宣传、普及《孙子》等兵学著作的作用，有利于打破统治者对兵学的禁锢，使孙子兵学文化向更广阔的社会领域渗透。另一方面，“文人论兵”使得儒学对兵学的批判与改造更加深入。这突出表现为两个方面：其一，双方在论争过程中，更加明确阐释了兵儒之间的异质与区别，并在为政、用兵之道的层面上确立了儒本兵末的基本定位，从而对后世兵儒关系产生了深远影响。其二，在“文人论兵”的过程中，一个更为重要的发展趋向是“援儒释兵”，即以儒家的思想观念浸润、改造兵家思想理论，进而推动儒学与兵学实现更深层次的融合。

四、苏洵、苏轼对兵学思想的继承、批判与改造

苏洵与其子苏轼、苏辙均为北宋著名文学家，号称“三苏”，享有“一门父子三词客，千古文章四大家”②的美誉。同时，苏洵与苏轼是兵儒兼修的政治家、思想家。在北宋“文人论兵”的时代条件下，二人作为深受儒学思想影响的著名文人，亦对兵学发表了许多深刻的见解和

① （宋）欧阳修，李之亮笺注：《欧阳修集编年笺注》，《孙子后序》引梅尧臣语，巴蜀书社 2007 年版，第 175 页。

② 苏渊雷主编：《绝妙好联赏析辞典》，上海辞书出版社 1994 年版，第 311 页。

主张，从而在兵儒关系问题产生了一定的影响。

苏洵(1009～1066)，字明允，号老泉，眉州眉山人。仁宗庆历七年(1047)，苏洵参加科举考试失败之后，愤而烧毁为应试所写的论文，转而苦读六经百家之书，最终写下轰动一时、士大夫争相传阅的二十二篇文论，并以此为基础创立了崇尚理性务实的蜀学，在中国学术史上做出了重要贡献。据此可知，在苏洵的政治思想中，儒家思想占据了主导地位。正因如此，《三字经》将其树立为大器晚成的榜样："苏老泉，二十七，始发愤，读书籍。彼既老，犹悔迟。尔小生，宜早思。"①

苏洵在兵学研究方面也有突出成就，他在《上韩枢密书》中自称："著书无他长，及言兵事，论古今形势，至自比贾谊。"②其所著《权书》十篇，前五篇《心书》《法制》《强弱》《攻守》《明间》，主要讨论军事谋略；后五篇《孙武》《子贡》《六国》《项籍》《高祖》主要讨论军事人物。另外，《衡论》之《审势》《审敌》两篇，主要论述军事形势；《几策》之《御将》《兵制》两篇论及军事问题。

苏轼(1037～1011)，字子瞻、和仲，号铁冠道人、东坡居士。苏轼自幼聪慧，七岁即能知诗书，十岁就有当世志。"公生十年，而先君宦学四方，太夫人亲授以书，闻古今成败，辄能语其要。"③正因如此，苏轼一生始终秉承儒家之正统理念，堪称儒学精神的自觉担当者和践行者。在儒学理论研究方面，他进一步发展了苏洵所创立的蜀学，使其在北宋时期具有更广泛的影响。在儒学与政治实践的结合方面，苏轼先因反对王安石变法而获罪，后因反对保守派尽废新法而被罢黜，可谓仕途坎坷而又卓然独立。宋孝宗在为苏轼曾孙苏峤所作《御制苏轼赞序》中评价曰："成一代之文章，必能立天下之大节，立天下之大节，非其气之足以高天下者，未之能焉。"④

在兵学研究方面，苏轼继承了父亲热心研究兵学的学术志向，其两篇文章《孙武论》(上、下)，在孙子兵学史上占有特殊的地位，另外在

① 钱文忠著，钱文忠解读：《三字经》，长江文艺出版社2015年版，第371页。

② (宋)苏洵：《嘉祐集》卷十，《四部丛刊》景宋钞本。

③ (宋)苏辙：《栾城后集》卷二二《亡兄子瞻端明墓志铭》，《四部丛刊》景明嘉靖蜀藩活字本。

④ 曾枣庄：《宋文通论》，上海人民出版社2008年版，第536页。

立国、用兵、边防等问题上也提出了自己的军事思想主张。

苏洵与苏轼论兵之所以能够对兵儒互补做出一定的贡献,关键在于二人研究兵学并非泛泛而论,而是在儒家经世致用思想的指导下,力求使兵学作为“用仁济义”之术为现实军政服务。苏洵讲:“所献《权书》,虽古人已往成败之迹,苟深晓其义,施之于今,无所不可。”(《上韩枢密书》)雷简夫在向韩琦推荐苏洵的信中说:“《权书》十篇,讥时之弊;《审势》《审敌》《审备》三篇,皇皇有忧天下心。”[①]叶梦得《避暑录话》卷上则言:“苏明允本好言兵,见元昊叛,西方用事久无功,天下事有当改作,因挟其所著书,嘉祐初来京师,一时推其文章。”[②]欧阳修更称赞苏洵的《权书》“论议精于物理而善识变权,文章不为空言而期于有用……辞辩闳伟,博于古而宜于今,实有用之言”[③]。苏轼对于兵学的研究继承了父亲务求实用的基本立场,《孙武论》虽然内容不多,但所论问题颇有深度。在接受孙子兵学思想的同时,苏轼融入了自己对历史和现实军政问题的认识与思考,总结出不少创新性见解,这在当时的文人群体中是较为少见的。

(一)苏洵的兵学研究及对兵家思想的批判与改造

苏洵《权书》的序言,一开始就表达了同时接纳兵家和儒家思想的观点。他明确反对“儒者不言兵”及“仁义之兵无术而自胜”的说法。

> 人有言曰:儒者不言兵。仁义之兵,无术而自胜。使仁义之兵无术而自胜也,则武王何用乎太公?而牧野之战,“四伐、五伐、六伐、七伐乃止齐焉”,又何用也?[④]

然而,他在承认兵家价值的同时,强调儒学为本,兵学为末,以此表明自己坚定的儒者立场。并强调,自己绝非孙武之徒,《权书》也实为“为仁义之穷而作”。

> 《权书》,兵书也,而所以用仁济义之术也。吾疾夫世之人不

---

① 转引自曾枣庄:《三苏评传》,上海书店出版社 2016 年版,第 32 页。

② 转引自曾枣庄:《三苏评传》,上海书店出版社 2016 年版,第 99 页。

③ 张春林编:《欧阳修全集》,中国文史出版社 1999 年版,第 646 页。

④ (宋)苏洵著,张以文、刘凯译析:《权书 · 权书叙》,民族出版社 2000 年版,第 2 页。以下仅注书名和篇目。

> 究本末，而妄以我为孙武之徒也。夫孙氏之言兵为常言也，而我以此书为不得已而言之之书也。故仁义不得已，而后吾《权书》用焉。然则《权书》，为仁义之穷而作也。①

从这段文字看，苏洵研究兵学的目的在于，为儒家政治理想服务。为了达到这一目的，他一方面恪守儒家传统的仁义理念，另一方面主张在战争中运用必要的谋略手段，并试图通过深入的论述，将仁义和谋略有机结合起来。

在《心术》一篇中，苏洵提出“为将之道，当先治心”的观点，所谓“泰山崩于前而色不变，麋鹿兴于左而目不瞬；然后可以制利害，可以待敌”。这一观点与孙子“以治待乱，以静待哗，此治心者也”（《军争篇》）的思想基本一致，都强调将帅应在战争中沉着冷静。然而，我们需要认真考虑苏洵提出这一观点的儒学内涵与深层背景。苏洵将“为将之道，当先治心”一语置于《权术》首篇《心术》的第一句来讲，绝非只注重将帅应“沉着冷静”这么简单，他更想表明的意旨是，一名将帅必须具备儒家的道德修养。要知道，在宋代儒学哲学化的背景下，“诚”被置于宇宙之本体的最高地位，儒家仁、义、礼、智、信、孝等基本概念都建立在“诚信”“正意”的精神基础之上，如果缺乏这一精神支撑，儒家的许多思想理念和道德条目都会成为空中楼阁，儒家学说也会失去其理论和实践意义。因此，苏洵在此提出“治心”说，反映的是儒家思想对兵学的渗透与改造。

正因如此，苏洵在《心术》一篇中，又提出“上义”之说：

> 凡兵上义，不义，虽利勿动。非一动之为害，而他日将有所不可措手足也。夫惟义可以怒士。士以义怒，可与百战。

兵儒之争的一个重要内容在于，对“义”与“利”的不同认识和分歧。在兵家思想中，“利”是战争决策的主要依据，所谓“非利不动，非得不用，非危不战”；“合于利而动，不合于利而止”（《火攻篇》）。孙子这种以利为本的思想与儒家的重义思想是截然对立的。孔子讲：“君子喻于义，小人喻于利。”②重义轻利是儒家思想的一个基本原则。可见，苏洵的

---

① 《权书·权书叙》。

② 《论语·里仁》。

“上义说”明显想用儒家的“义利”思想来改造兵家理论。

在苏洵看来，重义轻利在战争中有三大好处。其一，以“义”指导战争，能够从全局考虑，有利于获得战争的最终胜利；而以“利”指导战争，短期内虽然能获益，但从长远来看有很大危害，“他日将有所不可措手足也”。其二，用“义”可以大大激发士兵作战的勇气和战斗力，“夫惟义可以怒士；士以义怒，可与百战”（《心术》）。在儒家学说中，“正义”与“正气”是密切联系的。一个人是否有浩然正气是衡量君子与小人的主要标准，是能否成就宏伟事业的根本动力。其三，“义”是将领管理军队的主要因素，是将帅治军的根本基础，所谓“古之善军者，以刑使人，以赏使人，以怒使人。而其中必有以义附者焉”（《法制》）。

在《用间》一篇中，苏洵提出“本正说”，这实际上强调的是儒家仁义在战争中的根本作用。苏洵站在儒家的立场上，主张以仁义为“正”，为“本”，进而排斥与反对兵家的谋略诈术，尤其反对兵家的用间之术。

> 夫兵虽诡道，而本于正者，终亦必胜。今五间之用，其归于诈，成则为利，败则为祸。且与人为诈，人亦将且诈我。故能以间胜者，亦或以间败。吾间不忠，反为敌用，一败也；不得敌之实，而得敌之所伪示者以为信，二败也；受吾财而不能得敌之阴计，惧而以伪告我，三败也。夫用心于正，一振而群纲举；用心于诈，百补而千穴败。智于此，不足恃也。①

在《子贡》一篇中，苏洵同样表达了对兵家权谋诡诈思想的排斥态度。他以子贡为例，反复论证说明权谋之用绝非长久之计，而王者之兵才是万世之功。

> 子贡之以乱齐、灭吴、存鲁也，吾悲之。彼子贡者，游说之士，苟以邀一时之功，而不以可继为事，故不见其祸。使夫王公大人而计出于此，则吾未见其不旋踵而败也。吾闻之：王者之兵，计万世而动；霸者之兵，计子孙而举；强国之兵，计终身而发；求可继

① 《权书·用间》。

也。子贡之兵，是明日不可用也。[①]

客观地讲，苏洵强调儒家之仁义为用兵之本，符合政治高于军事的基本理论。战争的正义性质确实会对战争的进程、结果产生重大影响，儒家的仁爱思想也确实在国家治理中具有长久功效。然而，具体到战略战术的运用之时，如果仍以儒家之仁义排斥和否定兵家之诈术谋略(包括用间)的作用，就走向了片面和极端。就军事理论和战争指导的本质规律而言，用间是获取情报的主要手段，虽然具有很大的欺骗性，但如果不通过用间手段获取情报，那如何做到知彼知己？如何获取战争的主动权？不能获取战争的主动权，又如何夺取战争胜利呢？从另一角度讲，苏洵在《用间》中否认兵家的谋略诈术，其实与他的其他军事思想自相矛盾。比如，苏洵强调用兵中的“长短之术”，“吾之所短，吾抗而暴之，使之疑而却；吾之所长，吾阴而养之，使之狎而堕其中”(《心术》)。这难道不是用谋施诈吗？苏洵提出所谓“正”“奇”“伏”的攻守“三道”，并以此视为自己对孙子理论的创新，但这里的“奇”和“伏”难道没有“诈”的成分吗？实际上，如果排斥兵家的所谓“诈术”，那他提出的很多军事思想就成了故弄玄虚的空言。

在《孙武》一篇中，苏洵在承认孙子思想高深莫测的同时，又提出了孙武能言兵而不能用兵的尖锐问题。

> 《孙武十三篇》，兵家举以为师。然以吾评之，其言兵之雄乎！今其书论奇权密机，出入神鬼，自古以兵著书者罕所及。以是而揣其为人，必谓有应敌无穷之才。不知武用兵乃不能必克，与书所言远甚！[②]

苏洵不愧为文章高手，他直接以孙子言论分析孙子用兵之失，其具体内容共分为三个方面：

> 《九地》曰：“威加于敌，则交不得合。”而武使秦得听包胥之言，出兵救楚，无忌吴之心，斯不威之甚。其失一也。《作战》曰：“久暴师则顿兵挫锐，屈力殚货，则诸侯乘其弊而起。”且武以九年

---

① 《权书·子贡》。

② 《权书·孙武》。

> 冬伐楚，至十年秋始还，可谓久暴矣。越人能无乘间入国乎！其失二也。又曰："杀敌者，怒也。"今武纵子胥、伯嚭鞭平王尸，复一夫之私忿，以激怒敌，此司马戌、子西、子期所以必死仇吴也。勾践不颓旧冢而吴服，田单谲燕掘墓而齐奋，知谋与武远矣！武不达此，其失三也。①

仔细分析这段文字，实际上还是以儒家仁义思想论证兵家谋略难有长久之效。粗看起来，有一定道理，但实际上有苛责孙武之嫌。当时，孙武仅以将领的身份参与指挥吴国的灭楚入郢之战，实际上并不能主导整个战争，故后期的战争失误实不能全归结于孙子。事实上，孙武在《火攻篇》中已经通过对"费留"的论述，间接反思、总结了吴国后期失败的教训。苏洵之所以对孙武横加指责，其根源仍在于其所坚持的儒家身份和立场。可见，他在主张运用兵学思想的同时，充分体现出对兵家的排斥与抑制。

苏洵对孙武的这一评判虽不尽合理，但对宋代孙子兵学的发展有深远的影响。比如，欧阳修评论《孙子》说："武之书本于兵，兵之术非一，而以不穷为奇，宜其说者之多也。……然武尝以其书于吴王阖闾，阖闾用之，西破楚，北服齐晋而霸诸侯，夫使武自用其书，止于强伯；及曹公用之，亦终不能灭吴、蜀，岂武之术尽于此乎？抑用之不极其能也？"②参与校订《武经七书》的武学博士何去非也说："武虽以兵为书，而不甚见于其所自用。"③及至南宋，叶适、陈振孙等学者更从质疑孙子其人其书的角度，表达出贬低或否认《孙子》的倾向，这对宋代孙子兵学研究及实践价值的发挥都造成了不利影响。有学者指出：

> 《权书》与《孙子兵法》的对立实际上就是文人论兵与传统兵学的对立，当苏洵等关心兵事的儒者不能在儒学与兵学之间找到好的结合点的时候，他们的论断就无法对军事理论加以有效的提升，也无法真正对军事实践产生积极的影响。或许从这样一个角度，我们也可以加深对北宋"积弱"原因的一点理解。④

---

① 《权书·孙武》。

② （宋）陈亮编：《欧阳文粹》卷十二《梅圣俞注〈孙子〉后》，清文渊阁《四库全书》本。

③ 《何博士备论·魏论下》。

④ 魏鸿：《〈权书〉与〈孙子兵法〉异同探论》，《军事历史研究》2006 年第 2 期。

当然,我们在分析苏洵批评、压抑兵家兵学的同时,要看到其对兵家兵学的肯定态度。从《权书》的基本内容来看,其对军事问题的分析仍与《孙子》思想有相通相合之处。其中,有的是直接引用孙子原文并进行解说,有的是对孙子思想加以引申或化用。可见,《权书》论兵的大多数思想来源于《孙子》。正因如此,苏洵论兵尽管有许多批判甚至排斥兵家思想的言论,但他不是要否定兵学,而是要在儒学思想的指导下改造兵学,这是其在兵儒关系问题上的基本立场。

(二)苏轼的兵学研究及对兵家的批判与改造

苏轼对兵学的认知与评价主要体现在《孙武论》中。该文开篇即肯定了《孙子》在军事学领域的地位和成就:

> 古之善言兵者,无出于孙子矣。利害之相权,奇正之相生,战守攻围之法,盖以百数,虽欲加之而不知所以加之矣。①

接下来,苏轼提出了一个尖锐的问题:孙子思想逐利而多变,因而人们“不难以用,而难于择”。

> 夫兵无常形,而逆为之形,胜无常处,而多为之地。是以其说屡变而不同,纵横委曲,期于避害而就利,杂然举之,而听用者之自择也。是故不难于用,而难于择。②

这一认识颇有见地,实际上谈的是孙子理论如何与战争实践有机结合的问题。战争是一个充满不确定性的活动领域,战场形势风云变幻、错综复杂。故而,兵法理论绝不能照搬照抄,而是需要根据实际情况并依靠将帅的悟性进行合理选择和应用,这是中外军事家所共同关注的一个重要课题。孙子曾讲:“此兵家之胜,不可先传也。”(《计篇》)克劳塞维茨更言:“凡天才所为即为最佳规律,而理论所能做到的最多只是解释应该如此的如何(how)和为何(why)而已。”③布罗迪也明确指出:“今天有人希望创建一种真正的战略科学或理论,其中充满了不变而具有深义的原则,但此种愿望只能表示他们对于主题本

① 《苏东坡全集·孙武论上》。

② 《苏东坡全集·孙武论上》。

③ 转引自钮先钟:《战略研究》,广西师范大学出版社 2003 年版,第 115 页。

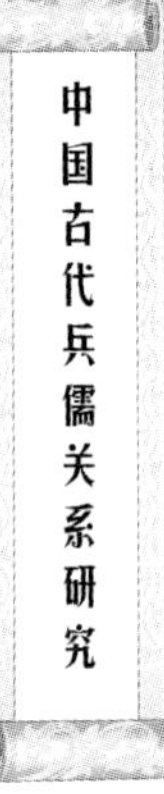

身具有基本无解。”[①]

然而，在苏轼看来，兵家之所以对兵法理论难以选择和取舍，是因为过于逐利，“锐于西而忘于东，见其利而不见其所穷，得其一说，而不知其又有一说也。此岂非用智之难欤？”(《孙武论上》)而最根本的原因又在于：“夫智本非所以教人，以智而教人者，是君子之急于有功也。”(《孙武论上》)这实际上表明了他反对、批判兵家“兵以利动”的思想立场。

那么，正确的用智原则应是怎样的呢？要“不役于利”，并以儒家的“廉、静、信”驾驭和控制兵家的“贪、勇、诈”。

> 是故惟天下之至廉为能贪，惟天下之至静为能勇，惟天下之至信为能诈。何者？不役于利也。夫不役于利，则其见之也明。见之也明，则其发之也果。[②]

将帅应如何做到“廉、静、信”呢？需要做足儒家所提倡的修身养性功夫。“见其害而后见其利，见其败而后见其成。其心闲而无事，是以若此明也。”也就是说，“不役于利，则其见之也明。见之也明，则其发之也果”。如此，就能达到用智的最高境界。

> 居天下于贪，而自居于廉，故天下之贪者，皆可得而用。居天下于勇，而自居于静，故天下之勇者，皆可得而役。居天下于诈，而自居于信，故天下之诈者，皆可得而使。[③]

苏轼上述论说主要是针对当时社会上流行的一种世俗之说：“兵者，诡道也。非贪无以取，非勇无以得，非诈无以成。廉静而信者，无用于兵者也。”(《孙武论上》)苏轼认为，这种说法会造成两种严重后果：其一，军事行动会因小失大，只重眼前之小利，不顾长远之大利，所谓“兵未交而先志于得，则将临事而惑，虽有大利，尚安得而见之！”其二，会给整个社会带来不良影响，“嗟夫，世俗之说行，则天下纷纷乎如鸟兽之相搏，婴儿之相击，强者伤，弱者废，而天下之乱何从而已乎！”(《孙武论上》)

---

① 转引自钮先钟：《战略研究》，广西师范大学出版社 2003 年版，第 112 页。

② 《苏东坡全集·孙武论上》。

③ 《苏东坡全集·孙武论上》。

客观地讲，苏轼所讲的第一种严重后果实则言过其实。兵家虽然以逐利为本，但并非只顾眼前小利。比如，孙子就对利害问题有着全面而辩证的认识：“是故，智者之虑，必杂于利害。杂于利而务可信也；杂于害而患可解也。”（《九变篇》）同时，兵家并不是“唯利是求”，所谓“途有所不由，军有所不击，城有所不攻，地有所不争，君命有所不受”（《九变篇》）。至于苏轼所讲的兵家权谋思想带来的第二种严重后果，确有一定道理。兵家权谋之术是针对战争这一特殊社会活动而言的，如果任其流传于社会，确实会给社会的道德诚信带来危害。但从另一角度来看，战场博弈本来就应该“示形误敌”，隐真示假。至于在社会领域如何借鉴应用孙子的军事思想，那是一个合理取舍的问题，不能因此否认兵家谋略在战争中的价值和作用。

如果能结合当时的时代背景分析，也许可以更好地理解苏轼的上述论述和观点。在北宋崇文抑武、重文轻武的时代条件下，很多文人儒臣会对兵学兵家持批判立场，而批判的核心与焦点就在于“利”和“诈”。苏轼之所以要在孙子的“用智”问题上大做文章，实际上就是要用儒家的“仁”与“义”批判兵家的“利”与“诈”，最终目的是要强调儒学为本，兵学为末，二者不可等同视之。

在《孙武论下》中，苏轼提出孙子思想“以将用之则可，以君用之则不可”的基本观点，并强调“天子之兵，天下之势，武未及也”。在笔者看来，认为孙子思想“以将用之则可，以君用之则不可”的观点，有一定道理。《司马法・天子之义》有云：“古者，国容不入军，军容不入国。军容入国，则民德废；国容入军，则民德弱。”从现代军事理论来看，虽然战争是政治的继续，战争与政治有着密切的关系，但国家治理的根本在于政治教化，战争制胜的法则在于权谋诡诈，二者的确不可混用。对于“天子之兵，天下之势，武未及也”的观点，则需要结合时代背景予以具体分析。

孙子所处的春秋末期，正是军权由国君兼任向将帅专任转变的时代。为保证将帅在战场上的决断权，孙子大胆提出“将能而君不御者胜”的思想，反对君主对将帅的指挥乱加干预，所谓“故君之所以患于军者三：不知军之不可以进而谓之进，不知军之不可以退而谓之退，是谓縻军；不知三军之事而同三军之政，则军士惑矣；不知三军之权而同三军之任，则军士疑矣。三军既惑且疑，则诸侯之难至矣。是谓乱军

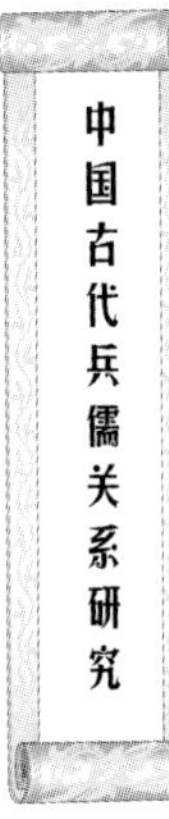

引胜”(《谋攻篇》)。然而宋初,统治者面临的首要问题是消除和削弱将帅过重的军权,以杜绝唐末五代藩镇割据之弊。与此相适应,儒家忠君思想成为将帅素养的根本要求。因而,苏轼认为孙子“将能而君不御者胜”的观点是错误且有害的。

天子之兵,莫大于御将……夫天下之患,不在于寇贼,亦不在于敌国,患在于将帅之不利,而以寇贼敌国之势内邀其君。是故将帅多,而敌国愈强,兵加,而寇贼愈坚。敌国愈强,而寇贼愈坚,则将帅之权愈重。将帅之权愈重,则爵赏不得不加。夫如此,则是盗贼为君之患,而将帅利之;敌国为君之仇,而将帅幸之。举百倍之势而立毫芒之功,以藉其口,而邀利于其上,如此而天下不亡者,特有所待耳。①

在苏轼看来,“天子之兵”最大的问题在于“御将”,“天下之势”最大的祸患在于将帅专权。这对于身处春秋时代的孙武而言,当然是不可能充分认识和论述的;然而对于宋初的基本国策而言,却是一种时代的政治正确。

从上述内容来看,苏轼在两篇《孙武论》中明显是站在儒家的立场批评孙子的,这也充分表明了他对整个兵学的基本态度。然而,值得注意的是,苏轼并没有极端地对兵学思想予以全盘否定,而是有批评,有肯定;有排斥打击,也有合理汲取,其最终的目的不是否定兵学,而是积极改造兵学,这无疑有利于推动兵儒融合的进程。

除《孙武论》以外,苏轼的其他一些时政文章中也有对孙子思想的评论和借鉴应用,然其作为一名儒家学者的基本立场始终没有改变。孙子重视战争中的主动权问题,认为“致人而不致于人”乃是赢得战争胜利的关键。苏轼也非常重视主动权的问题,但他更多的是从治国层面进行论述,其《策段一》有云:

盖尝闻之,用兵有权,权之所在,其国乃胜。是故国无小大,兵无强弱,有小国弱兵而见畏于天下者,权在焉耳。②

---

① 《苏东坡全集·孙武论下》。

② 《苏东坡全集·策断一》。

如何取得战争的主动权呢？苏轼针对北宋朝廷上下厌兵畏战的实际，提出了一些具体应对策略：

> 欲天下之安，则莫若使权在中国。欲权之在中国，则莫若先发而后罢。示之以不惮，形之以好战，而后天下之权，有所归焉。①

当然，这里所谓“先发而后罢”“示之以不惮”“形之以好战”都是军事上的威慑策略，不足以从根本上解决问题。故而，苏轼又提出切实的战争准备策略，所谓“纪纲修明，食足而兵强，百姓乐业，知爱其君，卓然有不可胜之备”，这无疑是将战争主动权问题上升到了儒家政胜思想的高度加以论述。

孙子十分重视勇气在战争中的重要性，所谓“杀敌者，怒也(《作战篇》)；勇怯，势也”(《势篇》)。苏轼也认为，两军交战，将士的勇气是决定战争胜负的重要因素。他在《策别训兵旅三》中说：

> 臣闻战以勇为主，以气为决。天子无皆勇之将，而将军无皆勇之士，是故致勇有术。致勇莫先乎倡，倡莫善乎私。此二者，兵之微权，英雄豪杰之士，所以阴用而不言于人，而人亦莫之识也。②

在这里，所谓“倡”，就是选择勇敢者作为榜样，带领众人冲锋陷阵；所谓“私”，就是以特殊感情培养勇敢之士，对他们施以非常之恩，使他们能够在危难时刻勇于赴死。无论是“倡”或“私”，都以积极主动的感情激励为主，更符合儒家以人为本的战争观念。

另外，孙子还有一种激励士气的特殊方法，那就是将士兵置于险境，以激发将士的勇气和斗志，即所谓“投之亡地然后存，陷之死地然后生”(《九地篇》)。对于孙子这一观点，苏轼站在儒家仁爱的立场持坚决反对的态度，他在《策别训兵旅三》中以汉武帝为例进行了深入的阐释。

> 昔汉武帝欲观兵于四夷，以逞其无厌之求，不爱通侯之赏，以招勇士，风告天下，以求奋击之人，然卒无有应者。于是严刑峻法，致之死地，而听其以深入赎罪，使勉强不得已之人，驰骤于万

① 《苏东坡全集·策断一》。

② 《苏东坡全集·策别训兵旅三》。

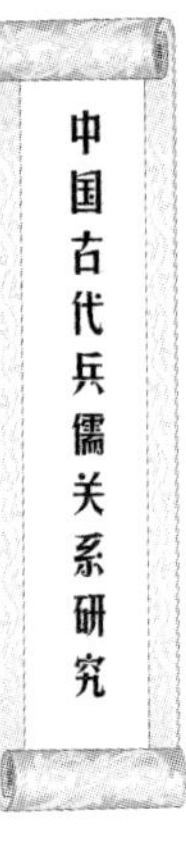

死之地，是故其将降，其兵破败，而天下几至于不测。何者？先无所异之人，而望其为倡，不已难乎！①

(三)余论

苏洵、苏轼对孙子兵学的评论、借鉴和批评，是宋代“文人论兵”的典型个案，也是宋代兵儒关系的重要内容。苏洵、苏轼父子作为儒家学者，在深入研究兵学的基础上，对以孙子为代表的兵家思想提出了一系列评判观点和主张。其中，既有对兵学思想的肯定、继承与发展，也有对兵学思想的批评与贬抑。就其根本目的而言，则是要以儒家思想渗透和改造兵学，使兵学为儒家的政治理想服务，为社会政治现实服务。

苏洵、苏轼父子论兵的优势在于，学术功底深厚，既深通儒学，又对兵学有较为深入的研究，并能在儒家经世致用思想的指导下，主动探讨兵学思想的社会实践价值。这使得他们有别于其他一些顽固坚持儒家思想立场、绝对排斥兵家与兵学的文人，进而在兵儒融合方面做出了一定贡献。当然，在宋代崇文抑武的时代大背景下，二人毕竟是以儒家学者身份言兵，加之没有实际的战场经历和战争指导的丰富经验，因而对孙子兵学思想的评述和论说难免会有偏颇之言和错误之论。对此，必须有清醒的认识和理性的评判。

值得注意的是，苏洵、苏轼的门人后学，对于兵儒关系也有不少论述。比如，秦观撰有《奇兵》《兵法》《将帅》等论兵文章；李廌著有《兵鉴》一书，计二万言，迄今尚存《兵法奇正论》《将才论》《将心论》《慎兵论》等探讨孙子兵学思想的文章。另外，晁补之《上皇帝安南罪言》《上皇帝论北事书》等时政文章，也有对孙子兵学思想的援引和论述。这些文章和著作在后世广为流布，使得苏洵、苏轼父子论兵的基本观点能够在更大的时空范围内影响兵儒关系的发展，同时对中国传统兵学的发展做出一定贡献。

五、范仲淹军事实践及军事思想对兵儒融合的贡献

范仲淹(989～1052)，北宋著名思想家、政治家、文学家，同时是中

---

① 《苏东坡全集·策别训兵旅三》。

国历史上著名的军事家。生于徐州，两岁丧父，后因母亲改嫁转至长山（今山东邹平长山镇）生活。年轻时，寄居在长白山醴泉寺刻苦读书，生活十分贫苦，“公与刘某同在长白山醴泉寺僧舍读书，日作粥一器，分为四块，早暮取二块，断齑数茎，入少盐以啖之。如此者三年”[①]。

范仲淹的从政经历十分坎坷。宋真宗大中祥符八年（1015），范仲淹登进士第，历任兴化县令、秘阁校理、陈州通判、苏州知州等职，曾因秉公直言而屡遭贬斥。然其事业高峰之时，既有经略西北的军事功业，又有主持庆历新政的辉煌政绩，并留下“先天下之忧而忧，后天下之乐而乐”千古励士名言。去世之后，他被朝廷追赠兵部尚书、楚国公，谥号文正，世称范文正公。

范仲淹具有良好的儒学素养，“大通六经之旨，为文章论说，必本于仁义孝弟忠信”[②]，年轻时即具有匡扶天下的大志。欧阳修曾评价道：“公少有大节，于富贵、贫贱、毁誉、欢戚，不一动其心；而慨然有志于天下。常自诵曰：‘士当先天下之忧而忧，后天下之乐而乐也。’”[③]朱熹也说：“且如一个范文正公，自做秀才时便以天下为己任，无一事不理会过。一旦仁宗大用之，便做出许多事业。”[④]

范仲淹对儒学发展的最大贡献是，与“宋初三先生”一起确立了“明体达用之学”。钱穆先生有云：

> 宋学精神，厥有两端：一曰革新政令，二曰创通经义，而精神之所寄则在书院。革新政令。其事至荆公而止；创通经义，其业至晦庵而遂。而书院讲学，则其风至明末之东林而始竭。[⑤]

钱先生这里所谓的“两端”，是指宋儒对儒家“体用”学说的实践与发挥，“创通经义”为体，“革新政令”为用，而书院即传授“明体达用之学”。

事实上，范仲淹从政之初就已深刻认识到当时士人学风和吏治的败坏：

---

① 《范文正公年谱·大中祥符三年》。

② 《范文正公年谱》。

③ 黄公渚选注，申利校订：《欧阳修文》，崇文书局 2014 年版，第 16 页。

④ （宋）黎靖德辑：《朱子语类》卷一二九，明成化九年（1473）陈炜刻本。以下仅注书名和卷次。

⑤ 钱穆：《中国近三百年学术史》，商务印书馆 1997 年版，第 7 页。

修辞者不求大才，明经者不问大旨。师道既废，文风益浇；诏令虽繁，何以戒劝？士无廉让，职此之由。其源未澄，欲波之清，臣未之信也。傥国家不思改作，因循其弊，官乱于上，风坏于下，恐非国家之福也。①

由此看来，范仲淹将士人能否掌握儒经之要旨，进而成就治世之大才，视为国家治乱之根本。欲改变“师道既废”的现状，关键在于国家取士制度的改革和吏治的清明。正因如此，范仲淹于宋仁宗天圣三年(1025)上《奏上时务书》，明确提出“救文弊”“复武举”“重三馆之选，赏直谏之臣”等改革主张，此种改革举措及救世精神一直贯彻于后来的庆历新政。因此，庆历新政既关乎宋代“创通经义”之体，又含括宋代“革新政令”之用。故而，有学者提出：

宋学精神中的“革新政令”，其事至荆公而止，其始则亦是创自范仲淹。由范仲淹倡导、推行的庆历新政，是王安石熙宁变法的先河；而庆历新政的改革科举、兴办学校，则使儒学得以复兴，成就了宋元明时期的新儒学。范仲淹实为宋代复兴儒学的第一人。②

在笔者看来，范仲淹在儒学“明体达用”方面的贡献及造诣，实则奠定了兵儒融合的基础，故研究范仲淹的军事思想及成就还需沿着这一思路进行深入发掘，以求获得更切实而明确的认知结论。

(一)范仲淹的军事思想

范仲淹信奉儒学，一生都将儒家的政治理想作为自己的坚定信仰。然而，与其他宋代儒臣不同的是，范仲淹绝不轻视武力，丝毫不排斥和反对兵学。他不仅提出了强兵主张，创建了自己的边防战略，而且在战争实践中能够自觉引用孙子思想以讨论和解决军事问题，这是其能够践行兵儒融合的一个先决条件。

1. 提出了强兵主张

北宋崇文抑武的治国方略及守内虚外之策，加之募兵制及“将从

---

① (宋)范仲淹：《范文正公集·奏上时务书》，《四部丛刊》景明翻元本。以下仅注书名和篇目。

② 李存山：《范仲淹与宋代儒学的复兴》，《哲学研究》2003年第10期。

中御”等弊端，导致了北宋的“积弱”现状。“国家右文而略武备，祖宗以天下全力用于西夏，承平日久，边不为备，至敌人长驱而不能支。”①至宋仁宗统治时期，宋王朝已面临着“四裔（按：夷）外叛，盗贼内攻”②的局面。正是在这种形势下，范仲淹提出了自己的强兵主张。他上书道：

> 圣人之有天下也，文经之，武纬之，此二道者，天下之大柄也……文武之道，相济而行，不可斯须而去焉……今天下休兵余二十载，昔之战者今已老矣，今之少者未知战争之事。人不知战，国不虑危，岂圣人之意哉？而况守在四夷，不可不虑！③

如何加强国家的军事力量，实现强兵之目的呢？首先注重将校的选拔。将领是军队的核心，从此处入手，当是抓住了强兵的关键问题。

> 臣等窃见用兵之处，诸军内若有指挥使员僚得力，则不唯训练齐整，兼临阵之时，各能将领其下，士卒方肯用命。若人员不甚得力，则向下兵士，例各骄惰，不受指纵，多致退败。显是军气强弱，系于将校。④

为了选拔好的将校，则需要从战场实践及平时管理两方面进行选择和培养。在战场实践层面，要汰旧用新，对“年老脚手沉重，并疾患店弱不堪披带，及愚怒全无精神，不能部辖者”予以全部调离；同时，“拣选尝有功劳者，并武艺高强得力之人，升一两资，给帖权管，候将来转员却依本资叙迁”⑤。另外，范仲淹建议，朝廷专管部门平时也要注意选拔和任用优秀的将校，“枢密院于阁门祗候使臣以上选人，三班院于使臣中选人，殿前马步军司于军旅中选人。或有智略，或有材武，堪边上试用者，逐旋进呈。据选到人数以籍记之，候本路有缺，则从而差授”⑥。

---

① 《宋史·留正传》。

② （宋）李焘：《续资治通鉴长编》卷一四五“仁宗庆历三年”，清文渊阁《四库全书》本。以下仅注书名和条目。

③ 《范文正公集·奏上时务书》。

④ 《续资治通鉴长编》卷一四二“仁宗庆历三年”。

⑤ 《续资治通鉴长编》卷一四二“仁宗庆历三年”。

⑥ 《续资治通鉴长编》卷一四九“仁宗庆历四年”。

为了提高将官的指挥能力，范仲淹主张对现有将佐使臣进行军事理论教育。

> 臣窃见边上，甚有弓马精强、谙知边事之人，则未曾习学兵书，不知为将之体，所以未堪拔擢。欲乞指挥陕西、河东逐路经略司，于将佐及使臣军员中，拣选识文字的、有机智武勇、久远可以为将者，取三五人，令经略部管诸司参谋官员等，密与讲说兵书讨论胜策。所贵边上武勇已著之人，更知将略，或因而立功，则将来有人可任。①

这段文字明确体现了范仲淹对兵学的重视。受重文轻武思想的影响，宋代文臣对兵学多持压制和贬抑的态度，而范仲淹能从现实出发，倡导对兵学的学习和运用，真是难能可贵。事实上，范仲淹要求自己手下的将领多学习兵学理论。如有人将陕西前线勇将狄青推荐给他时，范仲淹就督促他进行兵学理论的学习：

> 一见奇之，待遇甚厚，仲淹以《左氏春秋》授之曰："将不知古今，匹夫勇耳。"青折节读书，悉通秦汉以来将帅兵术，由是益知名。②

另外，范仲淹还主张给予将帅战场上的临机决断权。这一认知观念针对的是宋代"将从中御"的严重弊端。

> 将帅者，王之爪牙，登坛授钺，出门推毂，阃外之事，将军裁之，所以克敌而致胜也。近代动相牵制，不许便宜，兵以奇胜而节制以阵图，事惟变适而指踪以宣命，勇敢无所奋，知谋无所施，是以动而奔北也。③

为此，范仲淹提出，朝廷应像强汉、盛唐时代那样，让将帅"养猛士，延谋士，日练月计，以待其隙，进不俟朝廷之命，退不关有司之责，观变乘

---

① （宋）赵汝愚编：《诸臣奏议》卷八二《武举·上仁宗乞选边上有智勇人与讲说兵书》，宋淳祐刻元明递修本。

② 《续资治通鉴长编》卷一二九"仁宗康定元年"。

③ 《续资治通鉴长编》卷四四"仁宗咸平二年"。

胜，如李牧之守边”①。

范仲淹还重视对士兵素质的培养，以提高军队的战斗力。这一军事思想认知针对的是宋代募兵制的弊端。北宋王朝实现募兵制，“凶年饥岁，有叛民而无叛兵；不幸乐岁而变生，则有叛兵而无叛民”②。如此募兵的结果是，军队数量越来越多，至仁宗时已达百万之巨，然因募兵时未能严格挑选，又不能加强训练，致使士兵战斗力极差，“有不能被甲上马者……驰走挽弓，不过五六斗，每教射，皆望空发箭，马前一二十步即以堕地”③。范仲淹认为，此种状况必须得到改变。为此，他特别注重加强对现有各地军队的训练，“今河北所籍义勇，虽约唐之府兵法制，三时农务，一时教战，然未建府卫之官，而法制不行，号令不一，须别选知州、知县、县令可治兵者，并增置将校，使人人各知军中之法，应敌可用，斯则强兵制胜之本矣”④。

2.形成了自己的边防战略思想

范仲淹的边防战略从一开始就很明确，即采纳韩琦的建议，实行“以和好为权宜，战守为实务”⑤的边防战略。这一战略主要包含三个方面的内容：

其一，以“和”为权宜之计。庆历二年（1042）春，范仲淹上《再议攻守疏》，明确阐述了蕴含儒家思想理念的“和戎”思想。

> 兵马精劲，西戎之所长也，金帛丰富，中国之所有也。礼义不可化，干戈不可取，则当任其所有，胜其所长，此霸王之道也。臣前知越州，每岁纳税绢十二万，和买绢二十万，一郡之入凡三十万，傥以啖戎，是费一郡之入而息天下之敝也。⑥

范仲淹主和，一方面是借鉴了以往历朝的经验教训。从历史上看，“和戎”始终是趋势，利大于弊。另一方面是害怕对外战争给国家经济带来沉重负担，间接影响国内统治秩序的稳定。不过，最主要的还是考

---

① 《范文正公集·论西事札子》。

② （宋）晁说之：《嵩山文集·元符三年应诏封事》，《四部丛刊》续编景旧钞本。

③ 《续资治通鉴长编》卷一三二“仁宗庆历元年”。

④ 《续资治通鉴长编》卷一四九“仁宗庆历四年”。

⑤ 《宋史·韩琦传》。

⑥ （宋）赵汝愚编：《宋朝诸臣奏议》，上海古籍出版社 1999 年版，第 1481 页。

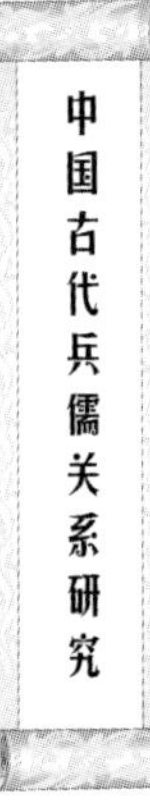

虑到双方军事实力悬殊的现状。可见，他已深刻认识到宋朝在对西夏战争中存在很多不利因素。

> 去秋遣朱观等六道掩袭，所费不赀，皆一宿而还。近者密诏复遣王仲宝等，几至溃败。或更深入，事实可忧……又横山蕃部散居岩谷，亦多设堡，控扼险处。入界兵少则难追，多则难行。假使主将智勇，能夺其险，彼则远遁。须过横山后，方到平沙，却无族帐可取。能别出奇计，兵从天落，则有非常之功，不然，未见其利也。①

值得注意的是，范仲淹的主和思想与宋廷一些反战派的思想主张有着本质的区别，他并非畏战、怯战，也不是盲目反战，其主和的前提是元昊不称帝。同时，“和”只是权宜之计，是为最终平定边陲争取时间。对于这一点，范仲淹在奏言中说得非常明确：

> 今西北二虏，复相交结构，夹困中国……然则为今之谋者，莫若择师练兵，处置边事，日夜计略，为用武之策。以和好为权宜，以战守为实事。彼知我有谋有备，不敢轻举，则盟约可久矣。②

其二，以“守”为战略核心。范仲淹的边防战略是攻守兼备，但核心则在于防御。范仲淹出任边帅后，就于边境广修堡寨，建立巩固的前沿防御阵地，并依托它开展了灵活多变的用兵战术。“贼大至则明斥候，召援兵，坚壁清野以困之；小至则扼险设伏以待之；居常高估入中及置营田以助之。”③这种依托堡寨的攻守相辅的战术谋略，被范仲淹视作“稍为便稳”之策，而更根本的“守策”则是“假土兵弓手之力，以置屯田为守之利”。

> 今之边寨，皆可使弓手、土兵以守之，因置营田，据亩定课，兵获羡余，中粜于官，人乐其勤，公收其利，则转输之患，久可息矣。且使其徙家塞下，重田利，习地势，顾父母妻子而坚其守，比之东兵不乐田利，不习地势，复无怀恋者，功相远。④

---

① （宋）赵汝愚编：《宋朝诸臣奏议》，上海古籍出版社1999年版，第1464页。

② （宋）赵汝愚编：《宋朝诸臣奏议》，上海古籍出版社1999年版，第1496页。

③ （清）毕沅：《续资治通鉴》(二)，大众文艺出版社1998年版，第14页。

④ （宋）赵汝愚编：《宋朝诸臣奏议》，上海古籍出版社1999年版，第1478页。

其三，以“攻”为辅助手段。范仲淹强调战略防御，但这种防御绝不是单纯的被动防御。在范仲淹看来，宋前期对西夏战争的失败在于“将不知兵，兵不知战”，实力不抵四夷；在自身实力增强、西夏实力转弱的情况下，应该转入战略进攻阶段。他建议宋仁宗：

> 复命五路修攻取之备，张其军声，分彼贼势。使弓马之劲无所施，牛羊之货无所售。二三年间，彼自困弱。待其众心离叛，自有间隙，则行天讨。[①]

然而，范仲淹所谓的“进攻”并不是深入西夏腹地，而是“浅攻”“近攻”，其主要目的是控制横山地区，切断西夏入侵之路，建立稳固的边防屏障。庆历三年(1043)初，范仲淹在《论元昊请和不可许者三大可防者三》中详细阐述了取横山之策：“一二年间训兵三四万，使号令齐一，阵伍精熟，又能使熟户蕃兵与正军参用，则横山一带族帐，可以图之。”[②]庆历四年(1044)，他又在《奏陕西河北和守攻备四策》中明确提出了“以和好为权宜，以战守为实事”的总体策略，并强调“傥元昊归款，则请假和策以抚之，用守策以待之。如未通顺，或顺而翻覆，则有可攻之策”[③]。当然，范仲淹虽然提出了上述“渐复横山”的进攻战略，但其本质仍是防御性的，这与历代王朝的边防策略是一致的。正如范仲淹所言：“秦、汉驱逐西戎，必先得山界之城。彼既远遁，然后以河为限，寇不深入。”[④]

从上述内容看，范仲淹的边防战略是一个完整的攻防思想体系，既有宏观的战略构想，又有具体、实在的战略实施计划，比较能够适应当时宋廷对西夏战争的客观实际需求。当然，各种因素的影响和制约，使得范仲淹的边防战略并未取得预期效果，但有深远的历史意义。有学者指出：

> 范仲淹边防思想和实践的意义在于，他借鉴历史上的治边经验并结合当时实际，提出了以防御为中心的边防战略，在实践中

① (宋)赵汝愚编：《宋朝诸臣奏议》，上海古籍出版社1999年版，第1457页。

② 《续资治通鉴长编》卷一三九“仁宗庆历三年”。

③ (宋)赵汝愚编：《宋朝诸臣奏议》，上海古籍出版社1999年版，第1497页。

④ (宋)赵汝愚编：《宋朝诸臣奏议》，上海古籍出版社1999年版，第1497页。

“守边如式”，积极稳妥地推进各项边防建设，促使宋夏之间的攻防态势发生了改变，不但影响了宋夏战争的走向，而且对后世产生了重要影响。①

（二）范仲淹对《孙子》兵学思想的重视及实践应用

范仲淹深通儒学，但不像其他一些文人那样排斥兵学。虽然他自称“运偶文明，世专儒素，靡学孙吴之法，耻道相文之事”②，但从其频繁引用《孙子》言论论证军事问题的基本事实来看，他应该读过《孙子》，并对其有较深的理解。据统计，在他的奏疏、文集中，直接引用《孙子》原文者就有数十处，涉及《孙子》十三篇的大多数内容。

康定元年(1040)，范仲淹赴边上任不久，朝廷决定对西夏采取攻势，命其进兵征讨。于是，他引孙子之言表示自己反对进兵的意见：

> 兵法曰：“战道必胜，主曰无战，必战可也，战道不胜，主曰必战，不战可也。”臣于九月末至鄜延路，便遣葛怀敏、朱观入界掩袭族帐，盖与今来时月不同，非前勇而后怯。今若承顺朝旨，不能持重王师，为后大患，虽加重责，不足以谢天下。苟伺春暖举兵，犹未为失策。③

任福兵败好水川之后，朝廷仍欲“密收兵深入进讨”，范仲淹再次引孙子之言表示自己的坚决反对态度：

> 昔孟明之败，三年而后报淆之役。《孙子》曰：“主不可以怒而兴兵，将不可以愠而致战。合于利而动，不合于利而止。故明主谨之，良将警之，安国之道也。”又曰：“利而诱之，怒而挠之，引而劳之。”今贼用此策，不可不知。若乘盛怒进兵，为小利所诱，劳敝我师，则其落贼策中，患有不测，或更差失，忧岂不大？自古用兵之术，无出《孙子》，此皆《孙子》之深戒，非臣之能言也。④

从上述两段文字看，范仲淹不仅大量引用孙子的言论论证自己的观点，而且明确阐明“自古用兵之术，无出《孙子》”，由此可见其对《孙子》

① 魏鸿：《范仲淹边防思想与实践述论》，《军事历史》2016 年第 1 期。

② 《范文正公集·耀州谢上表》。

③ （宋）赵汝愚编：《宋朝诸臣奏议》，上海古籍出版社 1999 年版，第 1463 页。

④ 《续资治通鉴长编》卷一三一“仁宗庆历元年”。

的熟悉程度以及对孙子思想的推崇。

范仲淹的军事实践活动亦受到孙子思想的深刻影响，其中或是直接表现为对孙子思想的应用，或是暗合于孙子的某些思想，甚至是对孙子思想的创新发挥。比如，孙子认为战争认知的基本原则是“智者之虑，必杂于利害”（《九变篇》）。范仲淹多次上奏朝廷，阐明战争的各种利害关系。对于攻与守，他说：“攻有利害，守有安危。何则？盖攻其远者，则害必至；攻其近者，则利必随。守以土兵则安，守以东兵则危。”①在具体作战中，范仲淹自觉遵循“杂于利害”这一战争认知原则，坚持“见利乃进，观衅而动”。对于孙子“兵贵胜，不贵久”（《作战篇》）的速胜思想，范仲淹则表达了不同的看法。他说：“臣等谓不然，争胜逐利之师，则有巧迟拙速之异，如其外御四夷，则自古未尝废兵，是以山海之利皆归边用，抑为此也。”②在范仲淹看来，中原王朝对于周边四夷的战争，不一定非要追求“速胜”，“持久”之策更能起到拖垮敌人的作用，这就体现了其对孙子思想的创新阐释与灵活运用。

对于孙子的战争后勤思想，范仲淹有着更为深刻的体会和应用。北宋军队在西北地区后勤物资保障能力的不足，乃是对西夏战争失败的一个重要原因。孙子讲：“军无辎重则亡，无粮食则亡，无委积则亡。”（《军争篇》）对此，范仲淹在《上执政书》中谈道：“加以边民未丰，边廪未实。下武之际，兵寡食足，如屯大军，必烦远馈，则中原益困，四夷益骄，深入之虞，未可量也。”③为了解决后勤物资转输困难问题，范仲淹主张置营田，用土兵，以作持久之计。

对于孙子的战术思想，范仲淹能够深入体会并加以灵活运用。《宋史・范仲淹传》记载的大顺城筑造及相关战役突出说明了这一点：

> 庆之西北马铺寨，当后桥川口，在贼腹中。仲淹欲城之，度贼必争，密遣子纯祐与蕃将赵明先据其地，引兵随之。诸将不知所向，行至柔远，始号令之，版筑皆具，旬日而城成，即大顺城是也。贼觉，以骑三万来战，佯北，仲淹戒勿追，已而果有伏。大顺既成，而白豹、金汤皆不敢犯，环庆自此寇益少。

---

① （宋）赵汝愚编：《宋朝诸臣奏议》，上海古籍出版社 1999 年版，第 1480 页。

② 《续资治通鉴长编》卷一三九“仁宗庆历三年”。

③ 《范文正公集・上执政书》。

从这段内容看,范仲淹明显活用了孙子的多个战术原则,如“用而示之不用”“易其事,革其谋,使人无识”“佯北勿从”等,其出处分别是《孙子》之《计篇》《九地篇》《军争篇》。

对于范仲淹抵御西夏的功绩,时人能从孙子言论的角度给予高度评价。如黄庭坚在《送范德孺知庆州》一文中对范仲淹的评价是:“乃翁知国如知兵,塞垣草木识威名。敌人开户玩处女,掩耳不及惊雷霆。”①这化用的是《九地篇》中“始如处女,敌人开户”一语,用以赞誉范仲淹指挥作战的镇定自若与出其不意。苏舜钦直接将范仲淹的军事指挥才能与孙子思想相比拟:“当此之际,阁下能部勒诸将,分乘险阻,不使习小利以为功,持重其体而死有奸谋,不惮旷日而使之内溃,此孙武所谓善之善者也。”②

(三)范仲淹军事思想及军事实践对兵儒融合的贡献

兵儒融合的一个重要方面是,儒学对兵学思想及战争实践的规范与指导作用,仁爱民众、争取民心是其优势,而这一点在范仲淹身上得到了充分体现。恤民仁本、以人为本是范仲淹处理一切军事问题的出发点和落脚点。他深信:“国家以仁获之,以仁守之者,百世昔在。”③

1. 防御战略背后的“恤民仁本”观念

范仲淹经略西北采用持重的防御战略,反对对西夏进行大规模的军事进攻。这样的战略选择基于对客观军事形势的判断,而根本出发点则在于对民生的考虑。

康定元年(1040)末,宋廷决定出兵讨伐西夏,范仲淹经过慎重考虑后,向朝廷上奏表示反对:“正月内起兵,则军马粮草动逾万计,入山川险阻之地,塞外雨雪,暴露僵仆,使贼乘之,所伤必众。”④很显然,他的主要依据是战争冒险行为所带来的“所伤必众”后果,这正是其思考战争问题之人本精神的体现。庆历元年(1041)十一月,范仲淹向朝廷《上仁宗乞严边城实关内》,再次表达了反对兴兵的主张:“今承平岁

---

① (宋)黄庭坚著,郑永晓整理:《黄庭坚全集辑校编年》,江西人民出版社 2008 年版,第 408 页。

② (宋)苏舜钦:《苏舜钦集编年校注》卷七,巴蜀书社 1991 年版,第 492 页。

③ 《范文正公集·答赵元昊书》。

④ (宋)赵汝愚编:《宋朝诸臣奏议》,上海古籍出版社 1999 年版,第 1463 页。

久，中原无宿将精兵，一旦兴深入之谋，系难制之虏，臣以谓国之安危，未可知也。”①

从另一角度讲，范仲淹在对西夏战争问题上坚持以防御为主的观点，本身就是将帅良好品德的体现。孙子讲：“战道必胜，主曰无战，必战可也；战道不胜，主曰必战，无战可也。故进不求名，退不避罪，唯民是保，而利合于主，国之宝也。”（《地形篇》）这一观点已经成为后世评价将帅道德素养的重要标志。就宋与西夏战争而言，当时朝廷内部分为“攻”“守”两派：主战派或主张进攻的一派几乎不需要承担任何政治风险，因为进攻一旦得手，就能博取一个智慧的名声，即便失利，也可以用“兵家胜败乃常事”作推脱；而坚持防守的一派则大为不同，因为防御本身就会遭受畏战与怯战的指责，一旦战争失利，就会受到朝廷严厉的处罚，即使成功，也难有显赫的战功。事实上，后世也正是这样评价范仲淹之防御战略的：“范文正欲力持守策，以岁月经营困之，无速成功。故无大胜，亦无大败。”②即便如此，范仲淹仍坚持以防御为主，反对大规模用兵：“臣非不知，不从众议则得罪必速，奈何成败安危之机，国之大事，臣岂敢避罪于其间哉？”③这表现了他极为可贵的责任担当意识。

范仲淹因坚持防御立场而与当时主战将领韩琦发生激烈冲突。庆历元年正月，韩琦派下属尹洙到延州劝说范仲淹共同兴兵。尹洙直言曰：“公于此乃不及韩公。韩公尝云，大凡用兵，当先置胜负于度外。公何区区过慎如此。”范仲淹当即反驳道：“大军一动，万命所悬，乃可置于度外乎！”④由此可见，民众在他心目中具有至关重要的地位，珍惜人民生命财产是范仲淹考虑战争问题的基本出发点，此正所谓“知兵之将，民之司命，国家安危之主也”（《作战篇》）。可惜，韩琦仍然固执坚持自己的出战立场，结果导致好水川惨败，最终以残酷的事实证明了范仲淹防御观点的正确：

---

① （宋）赵汝愚编：《宋朝诸臣奏议》，上海古籍出版社 1999 年版，第 1457 页。

② （宋）叶梦得著，李欣校注：《石林燕语》，三秦出版社 2004 年版，第 189 页。

③ 《续资治通鉴长编》卷一三一“仁宗庆历元年”。

④ （宋）罗大经撰，孙雪霄校点：《鹤林玉露》，上海古籍出版社 2012 年版，第 94 页。

韩公遂举兵，次好水川。元昊设伏，我师陷没，大将任福死之。韩公遂还，至半途，亡者之父兄妻子数千人，号于马首，持故衣纸钱，招魂而哭曰："汝昔从招讨出征，今招讨归，而汝死矣；汝之魂识，亦能从招讨以归乎！"哀恸之声震天地，韩公掩泣，驻马不能进。①

范仲淹这种恤民仁本的战争观念，在《答赵元昊书》中有着更为详尽的体现，而其细致入微、怜悯众生的劝和言论，则突出表达了儒家"天下归仁"的理想信念。

锋刃之交，相伤必众。且蕃兵战死，非有罪也，忠于大王耳；汉兵战死，非有罪也，忠于天子耳。使忠孝之人肝脑涂地，积累怨魄，为妖为衅，因大王也。②

在具体的御边实践中，范仲淹能够立足儒家的仁本理念处理和解决战争问题。比如，积极组织民众在重要的关隘修筑城寨以御敌，最大限度减少战争给民众带来的伤亡和损失。其中，最典型的就是大顺城的修建。该城的命名源于仁宗的赞叹并赐号"大顺"。值得赞叹的是，范仲淹在庆州、环州等地所建城寨的命名，也体现着儒家怀柔安仁的思想，如业乐城、柔远寨、永和寨、平远寨、平戎寨、肃远城等。这些城寨在今天仍有旧迹尚存，而其独特的命名伴随着范公的故事与精神代代流传不息。

总之，范仲淹戍边多年，始终以安国全军为根本宗旨，以保护民众生命财产为根本目标，将战争暴力的运用降至最低限度。正如《宋史·夏国传》载："边圉相接，时有侵轶，命将致讨，服则舍之，不黩以武。"这既体现了儒家怀柔远仁、四海一家的治国信念，也体现了兵家不战屈人的全胜理想境界。

2.治夷策略中的"德化为先"理念

中国古代有所谓"五服"理论。五服之中，"甸、侯、宾"三服主要指王畿与诸侯的领地，即所谓"华夏"之地；而"要、荒"二服，则是指"蛮

① (宋)罗大经撰，孙雪霄校点:《鹤林玉露》，上海古籍出版社2012年版，第94～95页。

② 《续资治通鉴长编》卷一三〇"仁宗庆历元年"。

夷”“戎狄”之地。如果说“五服”之制强调的是一个理想化的天下秩序，那么“德化为先”则是这个秩序的基本精神。祭公谋父有言：

先王耀德不观兵。夫兵戢而时动，动则威，观则玩，玩则无震。是故周文公之《颂》曰：“载戢干戈，载櫜弓矢。我求懿德，肆于时夏，允王保之。”先王之于民也，茂正其德而厚其性，阜其财求而利其器用，明利害之乡，以文修之，使务利而避害，怀德而畏威，故能保世以滋大。①

先秦儒家在继承祭公谋父“五服”模式的同时，也继承了这种“德化”的精神。如孔子讲：“远人不服，则修文德以来之。”②《礼记·中庸》则云：“柔远人，则四方归之。”

作为深受儒家思想影响的政治家，范仲淹自然接受了儒家这种“德化为先”理念。在他看来，“守在四夷”的边境少数民族，只要名义上臣服宋王朝，只要他们肯奉正朔，通贡使，就可以允许他们建立自己相对独立的政权。即使他们有所侵扰，也应当以怀柔安抚为主，不要轻易动用武力进行征讨。

范仲淹治边初期，对西夏采取的就是这种态度。当朝廷欲对西夏用兵时，范仲淹引汉文帝和好匈奴的事迹，力主宋与西夏讲和，并强调“司马迁以文帝能和乐天下，协于大乐，故著于律书，为后代法”③。从深层次考察分析，支撑范仲淹主和的依据就是儒家的“王霸之道”：“且兵马精劲，西戎之所长也；金帛丰富，中国之所有也。礼义不可化，干戈不可取，则当任其所有，胜其所长，此霸王之道也。”④当宋朝廷决定于庆历元年正月五路进讨之后，范仲淹仍然坚请留鄜延一路以保存“恩信招抚”的机会。

臣亦遣人探问其情，欲通朝廷柔远之意。使其不僭中国之号，而修时贡之礼，亦可俯从。今鄜延路是旧日进贡之路，蕃汉之

① （战国）左丘明著，（三国吴）韦昭注，胡文波校点：《国语·周语上》，上海古籍出版社2015年版，第1页。

② 《论语·季氏》。

③ （宋）赵汝愚编：《宋朝诸臣奏议》，上海古籍出版社1999年版，第1478页。

④ （宋）赵汝愚编：《宋朝诸臣奏议》，上海古籍出版社1999年版，第1481页。

> 人颇相接近。愿朝廷敦天地包荒之量，存此一路，令诸将勒兵严备，贼至则击，但未行讨伐。容臣示以恩意，岁时之间或可招纳。①

范仲淹如此反对朝廷用兵，无非想通过传统的羁縻政策使西夏“臣服”，以便达到怀柔服远之根本目的。范氏的此种态度和主张，固然与当时北宋王朝实力偏弱的客观形势有关，也与他仁民爱物的儒家思想理念有着密切关系。

在宋与西夏的战争中，散居各地的羌族部落实际上具有举足轻重的地位和作用。故而，如何以德化为先的仁本理念安抚、争取羌人的支持，也是范仲淹御边战略的一个重要内容。受西夏人的威胁与蛊惑，羌人部落与其多有联系，有时甚至向其提供各种帮助，故而宋廷大多数官员和将领均将羌人视作敌对一方。范仲淹反对这样的认识，在他看来，宋朝对西夏的战争不仅要依靠汉人，还要依靠羌人等其他少数民族部落。因此，范仲淹出任环庆路经略安抚、缘边招讨使后，立即对羌人实施安抚政策。一方面对羌人来访者推心置腹，“诸羌来者，推心接之不疑”；另一方面亲自到羌人部落，宣读诏书，犒赏民众，以示朝廷恩惠，最终诸羌归心，乐为其用。

> 以诏书犒赏诸羌，阅其人马，为立条约：“若仇已和断，辄私报之及伤人者，罚羊百、马二，已杀者斩。负债争讼，听告官为理，辄质缚平人者，罚羊五十、马一。贼马入界，追集不赴随本族，每户罚羊二，质其首领。贼大入，老幼入保本寨，官为给食；即不入寨，本家罚羊二；全族不至，质其首领。”诸羌皆受命，自是始为汉用矣。②

在这里，范仲淹表现的是一种儒家“王者无外，有生之民皆为赤子”的天下情怀。这样的举措，既瓦解了西夏与诸羌的联盟，又大大增强了宋军力量，还使边地羌汉居民有了一个相对安定的生存环境。《宋史·范仲淹传》载：“及其卒也，羌酋数百人，哭之如父，斋三日而去。”范仲淹对自己的治羌政策也颇为自得：“臣守边数年，羌胡颇亲爱臣，呼臣为龙图老子。”

---

① （宋）赵汝愚编：《宋朝诸臣奏议》，上海古籍出版社 1999 年版，第 1463 页。
② 《宋史·范仲淹传》。

3. 治军思想中的"以人为本"原则

范仲淹治军思想中的人本原则，首先表现在他对待人才的态度上。范仲淹到西北边疆任上不久，就敏锐地察觉到人才在治边工作中的重要地位和作用。在他看来，没有一批懂政治、深谙军事的优秀人才，就无法在抗击西夏的战争中取得优势和主动。基于此，范仲淹十分注重发掘和培养杰出的治边人才。比如，他在驻泾州期间曾向朝廷上呈《奏边上得力材武将佐等第姓名事》，一次就荐举狄青、周美等15名优秀人才，并对每个人的特殊才能给予了恰当的评判，希望朝廷能够予以重用。此后，像雷简夫、蒋偕、马怀德、姚嗣宗、张信等人亦受到范仲淹的极力推荐，而这些人也在边疆的军政活动中做出了突出贡献。

范仲淹不仅能够重用人才，而且十分爱惜人才。庆历三年(1043)，监察御史梁坚在毫无凭据的情况下，弹劾知庆州腾宗谅和引进使张亢滥用钱财。范仲淹对此极为愤怒，竭力为二人辩护："主帅未有显过，而夺其事任，将令下狱，若遇贼兵寇境，未知令何人卒然处置。"[①]正是范仲淹的力保，朝廷最终才没有对二人定罪。

范仲淹也注重对士兵中杰出人才的选拔和使用，尤其是对有才干、有武艺的人。他在《答安抚王内翰书》中指出："宜于沿边及诸处使臣军员中，搜访智勇之人。如资地至浅，勋劳未著，即使权领职任，令手下各有兵甲，俟其有立，即时进擢，庶可用之才，早补将帅之乏。"[②]

范仲淹更懂得从人性的角度去理解和关爱士兵和将领。时人评价说："仲淹为将，号令明白，爱抚士卒。"[③]他尝言："自古将帅与士旅同其安乐，则可共其忧患，而为国家之用。故士未饮而不敢言渴，士未食而不敢言饥。"[④]他于军中"所得赐赉，皆以上意分赐诸将，使自为谢"[⑤]。另外，他能够深深体会到戍边将士的疾苦，他说："远戍之兵，久而不代。负星霜之苦，怀乡国之望……军情愁怨。"[⑥]

---

① 《续资治通鉴长编》卷一四三"仁宗庆历三年"。

② 《范文正公集・答安抚王内翰书》。

③ 《宋史・范仲淹传》。

④ 《范文正公集・让观察使第一表》。

⑤ 《范文正公年谱・庆历三年》。

⑥ (宋)赵汝愚编:《宋朝诸臣奏议》，上海古籍出版社1999年版，第1478页。

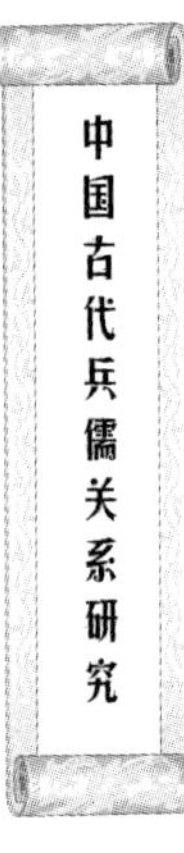

范仲淹在对待降、叛将这一重大问题上，也充分体现了仁爱思想。元昊陷延安塞门寨，寨主高延德被俘，被放回后，朝廷将其发配到边远之地。范仲淹大胆为其辩护，认为在苦战力屈的情况下被擒，不算背叛。这一认知和判断，在中国治军史上可谓独树一帜，而其深刻的原因则在于，范仲淹能以儒家仁爱之心去体谅那些曾在战场上浴血奋战但终因兵尽粮绝而被俘的将领们。

> 汉家将卒有数人陷在贼庭，俱是苦战力屈，为贼所擒，即非背叛。如朝廷贷高延德，被以宽恩，仍与近边任使，使陷蕃将卒闻之，必愿昊贼归顺，望再见其家，或即怀本朝之恩，不助贼计。如朝廷责其不死，来者远窜，其陷蕃将率更无归路，必怀怨望，其中或有助贼为孽，其患不细……此人情之可见也。乞朝廷留意。[①]

当三川口之战被俘将领石元孙被元昊放回后，宋廷将其发配至全州编管时，范仲淹上言力谏：

> 素不与元孙相识，亦不知本人善恶。臣在延州，但闻刘平、石元孙部领军马救护延州，同战拒贼，日夜血战，兵少食尽，力屈被擒……纵不堪任用，亦且免其戮辱，少加存恤……使陷蕃将校等闻之，未绝向汉之心，不怨朝廷，不助夷狄，此御戎之一策也。[②]

六、南宋时期兵儒融合和冲突进一步加深

南宋仍然面临金兵南下的巨大压力。至南宋后期，蒙古在灭掉西夏、金之后，成为南宋的又一个强大对手。偏安一隅的南宋朝廷中仍有注重军事问题、加强军事战备的强烈呼声。正是在这种背景之下，孝宗年间的武举出官制度改革，提高了武举人的出官等级，鼓励他们到军中任职。孝宗还为王彦所作《武经龟鉴》亲自作序：

> 古之有天下国家者未尝去兵。故曰："天下虽安，忘战必危。"

① （宋）范仲淹：《乞宽贷高延德与近边任使奏》，四川大学古籍整理研究所编，曾枣庄、刘琳主编：《全宋文》第九册，巴蜀书社 1990 年版，第 620 页。

② 《范文正公集·年谱补遗》。

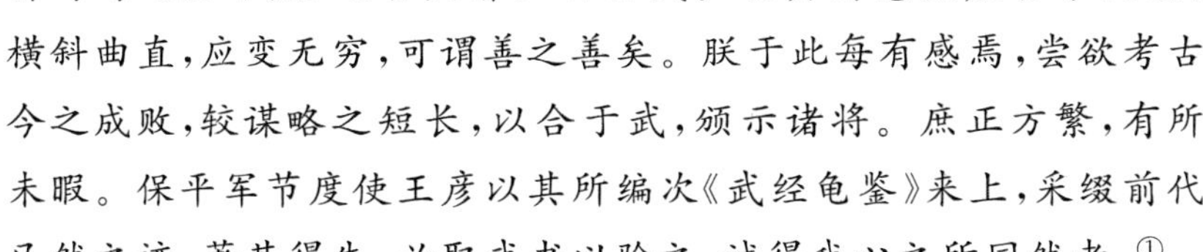

> 自司马之法坏，后之言兵者必曰孙武。观其消息盈虚合于天道，横斜曲直，应变无穷，可谓善之善矣。朕于此每有感焉，尝欲考古今之成败，较谋略之短长，以合于武，颁示诸将。庶正方繁，有所未暇。保平军节度使王彦以其所编次《武经龟鉴》来上，采缀前代已然之迹，著其得失，必取武书以验之，诚得我心之所同然者。[①]

从这段文字来看，南宋统治者对兵学与兵书的重视与赞誉态度是十分明显的。从《武经龟鉴》的基本内容来看，其将孙子主要思想列为条目，然后选取历代战例加以佐证，具有实用性与通俗性的特点，适应了当时将帅群体研读兵法的需要。

南宋兵学发展的另外一个重要原因是，浙东事功学派的兴起。浙东事功学派以注重事功、提倡实学、讲究学术研究的经世致用而闻名于世，主要代表人物有陈傅良、陈亮、叶适、薛季宣等。就兵儒关系而言，他们在发挥儒学经世致用传统的基础上，高度关注兵学，积极探讨兵家制敌方略，涌现出一批优秀的兵学论著。

陈傅良是浙江事功学派的重要代表人物，他在兵学方面的主要贡献是编纂了《历代兵制》一书。北宋之所以在对辽、西夏、金的战争中屡遭失败，一个重要的原因在于兵制得失。一方面，朝廷实行募兵制度，豢养了大批军队，既耗费国家资材，又没有战斗力，导致“积贫积弱”状况的出现；另一方面，崇文抑武的治国方略造成了以文制武、将从中御的严重弊端，必然引发作战失利。陈傅良《历代兵制》编纂的目的，正是要透过兵制沿革的历史，说明历朝兴衰存亡的教训。其中，很多观点乃是从兵儒关系的角度而立言的，如论及秦朝的速亡，根本原因在于抛弃仁义，崇尚武功。

> 至始皇混一，罢讲销兵，意谓士散于天下，而利器专于京师，可以弭患。不知斩木揭竿，无非战具；苍头厮役，往往皆贾勇豪杰也。养成戎心，困以苛政，彼干赏蹈利，而无礼义之习，何有于秦哉！[②]

① （宋）周应合：《（景定）建康志》卷四，清文渊阁《四库全书》本。

② （宋）陈傅良，陈国勇主编：《历代兵制·秦》，广西民族出版社2003年版，第6页。以下仅注书名和篇目。

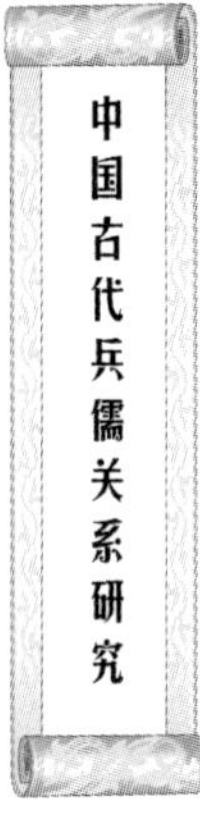

这明显是指斥秦朝丧失儒家礼义之根本，专以武力残暴巩固统治而终不得长久之治。然而，作者又以“光武销兵”为例，阐释了盲目去兵的危害。“光武中兴，益创前事，内省校士，外罢郡兵，欲以销患，而良法荡然。”此后，南北军动辄出征，“无复镇卫之职，而奔命四方之不暇，又方募为陷阵，征为积射，召为义从，大抵创立名号”，靡费兵饷。所以说“汉之祸，光武销兵为之也”。[①]

从学术角度讲，作为我国第一部兵制通史，《历代兵制》对于中国兵制史的研究具有开创性意义；从现实角度讲，其从兵儒融合、文武相辅的角度倡导事功具有很大的进步意义。对此，四库馆臣给予了较高评价：

> 盖傅良当南宋之时，目睹主弱兵骄之害，故著为是书，追言致弊之本，可谓切于时务者矣。[②]

陈亮是浙东事功学派的另一位重要代表人物，所著《酌古论》是一部评议兵家的专著。该书论及刘秀、刘备、曹操、韩信、诸葛亮、吕蒙、李靖等19位兵家代表人物，目的在于以古为鉴，适应当时抗金形势的需要。在《酌古论序》中，作者明确表达了主张文武相合、反对文武相分的军事观点。

> 文武之道一也，后世始歧而为二。文士专铅椠，武夫事剑楯。彼此相笑，求以相胜。天下无事则文士胜，有事则武夫胜。各有所长，时有所用，岂二者卒不可合耶？吾以谓文非铅椠也，必有处事之才；武非剑楯也，必有料敌之智。才智所在，一焉而已。凡后世所谓文武者，特其名也。[③]

在该书中，陈亮非常重视兵家谋略的作用，认为图谋天下的人，最应该讲究谋略。“自古英伟之士乘时而出佐其君，其所以摧陷坚敌，开拓疆土，使声威功烈暴白于天下者，未有不本于谋者也。”[④]他将谋略之术分为两个层次，体现了军事谋略中战略与战术的划分，这是很有见识的主张。

---

① 《历代兵制·东汉》。

② (清)永瑢等:《四库全书总目·史部三十八》，清乾隆武英殿刻本。

③ (宋)陈亮:《陈亮集》，中华书局1974年版，第49页。以下仅注书名和篇目。

④ 《陈亮集·酌古论三·邓艾》。

> 善图天下者无坚敌。岂敌之皆不足破哉，得其术而已矣。夫运奇谋，出奇兵，决机于两阵之间，世之所谓术也。此其为术，犹有所穷。而审敌情，料敌势，观天下之利害，识进取之缓急，彼可以先，此可以后，次第收之，而无一不酬其意，而后可与言术矣。①

另外，他将兵家之谋略与儒家之仁义有机结合起来，从而体现了兵儒思想互补相济的军事观念。

> 成天下之大功者，有天下之深谋者也。制天下之深谋者，志天下者也。夫以天下之大，而存乎吾之志，则除天下之患，安天下之民，皆吾之责也。其深谋远虑，必使天下定于一而后已。虽未一之，而其志愿岂一日忘之哉！②

《酌古论》在评价诸葛亮的历史功绩时，高度赞赏其“去诡诈而示之以大义，置术略而临之以正兵”。作者将诸葛亮与司马懿加以对比，以推崇儒家仁义为本的用兵理念，但明显呈现出儒家泛道德理想主义的弊端。

> 故仲达以奸，孔明以忠；仲达以私，孔明以公；仲达以残，孔明以仁；仲达以诈，孔明以信，兵未至而仲达之气已沮矣。八阵列于前，四头八尾，触处为首，进无速奔，退无遽走；突兵不能触其膺，奇兵不能缭其背；伏兵不能冲其肋，追兵不能袭其后；谍间无所窥，诈谋无所用；当之则破，触之则靡，锋未交而仲达之能已乖矣。③

总之，陈亮一生坚持抗金，无论其酌古论兵抑或为政实践，均体现出杰出的英雄主义精神，而这种英雄主义精神又是抗金复仇现实基础上兵儒交杂融合的产物，正如其本人所言：“复仇自是平生志，勿谓儒臣鬓发苍。”④

叶适是浙东事功学派的殿军人物，其所著《水心文集》二十九卷、《别集》十六卷论及许多军事问题，反映了他的军事思想。

---

① 《陈亮集·酌古论一·曹公》。

② 《陈亮集·酌古论三·吕蒙》。

③ 《陈亮集·酌古论三·诸葛孔明》。

④ 《陈亮集·及第谢恩和御赐诗韵》。

从当时的社会现实出发，叶适反对“虚论”，主张“实谋”。所谓“虚论”，就是当时一些人所鼓吹的所谓“亲征”和“待时”。“亲征”强调“天子所在，兵无不胜”①；“待时”强调“时有未可，而待其至”②。叶适反对这两种观点，主张“实谋”，进行改革。具体来说，它涉及财用、兵员、法度、纪纲等四个方面：

财以多为累而至于竭……兵以多为累而至于弱……法度以密为累而治道不举……纪纲以专为累而至于国威不立。③

同时，叶适指出，兵学研究要从实际出发。他指责当时士人浮躁、功利的心态，认为如果不从实际出发，无论是称道古代还是指斥当下，均于事无补。

世之言兵者，充塞烂漫，可闻而不可听，可听而不可行者，无他焉。言古者简易径省，无兵之患而有兵之利，然而按乎今之异势异宜而不可用也，则古虽善而何益！言今者繁密重滞，有兵之患而无兵之利，然而习乎今之既安既成而不可改也，然今虽不善则何损！虽然，此非真择利害以定取舍者也。④

然而，从兵儒思想比较的角度讲，叶适又过分强调“仁义”的作用，贬斥兵家和谋略的价值。

孙武、吴起、穰苴、孙膑，巧于用兵，今虽无之，不足虑；伊尹、太公、管仲、诸葛亮，智于谋国，今虽未有，不足忧。⑤

总之，叶适研究军事问题，既有开阔的视野，又有深厚的功底，所论颇具战略意义和价值。然而，受到时代学术环境的制约和影响，其军事思想和观念又有崇儒抑兵的致命缺陷。

浙东事功学派其他一些学者，也对兵儒关系问题做出了深刻阐释。比如，陈直中著有《孙子发微》。该书虽不见于宋代书志记载，但

---

① （宋）叶适撰，刘公纯、王孝鱼、李哲夫点校：《水心别集·息虚论一》，中华书局1961年版，第765页。以下仅注书名和篇目。

② 《水心别集·息虚论二》。

③ 《水心别集·实谋》。

④ 《水心别集·兵总论一》。

⑤ 《水心别集·兵权下》。

因作者与陈傅良关系甚密，故陈傅良《止斋集》卷四〇存有陈氏代序一篇。其文曰：

> 自六经之道散而诸子作。盖各有所长，而知兵未有过孙子者。春秋之季，天下将趋于战国矣。故武之书多权谋，儒者辄摈勿道，间有好其书者，又往往为之章句训解。夫兵事尚变，而欲以训诂求之，不亦陋乎……嗟乎！方天子明圣养晦于外，而虏酋盗中原者五六十载矣。士大夫怀安，顾耻言兵，然则余是书亦有为为之也。[①]

从这段文字看，作者正是在肯定《孙子》兵书价值的基础上，反对传统"章句训解"式的《孙子》注解模式，提倡以新体例结合个人心得来阐发孙子的主要兵学理论，以此适应现实战争的需要。

就南宋时期兵儒关系的总体特征而言，兵儒的冲突与融合进一步加深，士大夫阶层对于以孙子为代表的传统兵学既有极高的推崇，也有深深的贬抑。郑厚所著《艺圃折衷》有言："孙子十三篇，不惟武人之根本，文士亦当尽心焉，其词约而缛，易而深，畅而可用，《论语》、《易》大传之流，孟、荀、杨著书皆不及也。"[②]郑友贤甚至将《孙子》比喻为儒家之《易》，认为二者都高深莫测，包容万物之理，可见其对孙子兵学的推崇之高。

> 儒家者流，惟苦《易》之为书，其道深远而不可穷。学兵之士，尝患武之为说，微妙而不可究，则亦儒者之《易》乎！盖《易》之为言也，兼三才、备万物，以阴阳不测为神，是以仁者见之谓之仁，智者见之谓之智，百姓日用而不知。武之为法也，包四种、笼百家，以奇正相生为变，是以谋者见之谓之谋，巧者见之谓之巧，三军由之而莫能知之。[③]

另外，南宋著名理学家、教育家张栻对《孙子》也做出了颇为中肯的评

---

① (清)孙诒让：《温州经籍志》卷十六，上海社会科学院出版社 2005 年版，第 632 页。

② 转引自吴如嵩主编：《孙子兵法辞典》，白山出版社 1995 年版，第 172 页。

③ (宋)郑友贤：《十家注孙子遗说并序》，杨丙安校理：《十一家注孙子校理》附录，中华书局 1999 年版，第 116 页。

价。他虽然强调儒家仁义思想为兵政之本，但对《孙子》之用也给予了高度认可与肯定。

> 盖君子于天下之事无所不当究，况于兵者！世之兴废，生民之大本存焉，其可忽而不讲哉！夫兵政之本在于仁义，其为教根乎三纲，然至于法度纪律、机谋权变，其条不可紊，其端为无穷，非素考索，乌能极其用！一有所未及，则于酬酢之际，其失将有间不容发者，可不畏哉！若武之书，盖讲乎法度纪律，其于机谋权变之用详矣。①

当然，南宋时期儒家文人承袭北宋崇儒抑兵和“文人论兵”之势，对孙子兵学的批判与挞伐也从未停止，甚至某些人物的批评言论颇为尖刻犀利。比如，永嘉学者薛季宣在论及军事问题时，虽然多援引孙子思想，但极力批判兵家的诡诈谋略。

> 今之兵家，一本诸孙、吴氏，孙武力足以破荆入郢，而不能禁夫概王之乱；吴起威加诸侯百越，而不能消失职者之变。诈力之尚，仁义之略，速亡贻祸，迄用自焚，是故兵足戒也。②

再如，理学家戴溪在《将鉴论断》中更是站在儒家的立场批评《孙子》：

> 《孙子》之书十三篇，其说备矣。其操术有余于权谋，而不足于仁义，能克敌制胜，为进取之图，而不能利国便民，为长久之计。可以为春秋诸侯之将，而不可以为三代王者之佐。③

南宋文人中，对《孙子》的批判最为尖锐刻薄的当是叶适和高似孙，二人直接论说《孙子》是社会诈术的开端。

> 夫战国相吞，无义无名而志在必胜，故武之术，出于名义之所弃，为此下策。而其所谋者，行阵之浅画，地形曲折，军势翕张，特俄倾之智耳。④

---

① （宋）张栻：《张栻集·跋〈孙子〉》，岳麓书社 2010 年版，第 814～815 页。

② （宋）薛季宣撰，张良权点校：《薛季宣集》，上海社会科学院出版社 2003 年版，第 369 页。

③ （明）丘浚：《丘浚集》，海南出版社 2006 年版，第 2210 页。

④ 《水心别集·兵权上》。

兵流于毒，始于孙武乎！武称雄于言兵，往往舍正而凿奇、背义而依诈，凡其言反复，其变无常，智术相高，气驱力夺。故诗书所述、韬匮所传，至此皆索然无遗泽矣。①

总之，南宋时期，兵儒的冲突与融合是“文人论兵”这一复杂文化现象不断延续的表现，呈现出进一步加深的趋势，儒家人物对兵家和兵学的推崇和贬抑也达到历史上的顶点。这对于孙子兵学的发展而言，既有积极的作用，也有负面的影响。

七、岳飞军事思想及军事实践对兵儒融合的贡献

岳飞（1103～1142），字鹏举，河北西路相州汤阴县（今河南汤阴）人，宋代杰出的军事家、抗金名将。岳珂《鄂国金佗粹编》及《鄂国金佗续编》对其事迹记载甚详。岳飞从军 19 年，先后经历了抗辽、抗金战争，功勋卓著，终至“将相”。

王自从戎至专征，平剧贼，破强虏，大小凡一百二十余战，类皆以少击众，未尝一败。其躬履行阵而胜者六十有八，其分遣诸将而胜者五十有八。②

对于岳飞的军事才能，时人给予了很高的评价。赵九龄称其是“天下奇才”③。宗泽盛赞其“勇智才艺，古良将不能过”④。就连宋高宗也承认：“卿一时人杰，董我戎旅，百战百胜，厥功茂焉。”⑤在军事理论研究方面，岳飞虽未能留下专门的军事著作，但凭自读兵法以及自身的实战经验，逐步形成了一套自己的军事思想，并以此作为岳家军抗金战争的主要指导思想。

岳飞的非凡功业让人膜拜。然而，千百年来，他之所以具有深远

① 金沛霖主编：《四库全书子部精要》，天津古籍出版社、中国世界语出版社 1998 年版，第 276 页。

② （宋）岳珂编，王曾瑜校注：《鄂国金佗续编 · 百氏昭忠录 · 战功》，中华书局 1989 年版，第 1523 页。以下仅注书名和篇目。

③ 转引自刘秀生：《岳飞评传》，解放军出版社 2014 年版，第 24 页。

④ 《宋史 · 岳飞传》。

⑤ 《鄂国金佗续编 · 丝纶传信录 · 再辞免起复太尉仍加食邑不允诏》。

的历史影响，并在中华民族精神文明史上享有崇高的地位，与他背后以儒家道德伦理精神作支撑有密切关系。他是儒家精神孕育出的完美将帅典范，是传统兵家所认同的古代良将，其非凡的一生及历史功绩深深启示我们要理性思考宋代兵儒之间既对峙冲突又融合互补的内在关系。故而，对岳飞军事思想和军事实践活动的研究是我们探讨兵儒融合问题的一个重要内容。

(一)岳飞成长为儒将的思想文化渊源

宋代之后，许多兵家人物和著名将帅的儒家气质是很明显的，岳飞正是其中一个典型代表。岳飞的不朽，不仅在于他杰出的军事才能，而且在于他“尽忠报国”的精神，而这种精神恰恰代表了宋儒所极力宣扬的忠君爱民思想。故而，岳飞的历史地位与历史功绩与其一生所接受的儒家文化教育密切相关。

流传至今的“岳母刺字”故事，是儒家价值追求渗透至兵家精神世界的一个缩影。这一故事的翔实内容虽有待进一步考察，但岳飞身上刺有“尽忠报国”四个字确有史籍的记载。《宋史·何铸传》有云：

> 秦桧力主和议，大将岳飞有战功，金人所深忌，桧恶其异己，欲除之，胁飞故将王贵上变，逮飞系大理狱。先命铸鞫之。铸引飞至庭。诘其反状，飞袒而示之背，背有旧涅“尽忠报国”四大字，深入肤理。

从其他史籍记载来看，母亲姚氏对岳飞的教育的确深刻影响了他的一生。岳飞回忆成长经历时称：“伏念臣孤贱之迹，幼失所怙，鞠育训导，皆自臣母。”[①]靖康之变以后，母亲积极鼓励岳飞参军抗金，“命以从戎报国”。即使后来岳飞征战沙场之时，她也不忘时时勉励岳飞尽忠国家：“为我语五郎，勉事圣天子，无以老媪为念也。”[②]

历史上许多杰出人物对岳飞有着较大影响。比如，岳飞特别崇拜三国时期的关羽与诸葛亮。岳飞曾言：“使飞得与诸将齿，不在偏校之列，而进退禀命于朝，何功名不立，一死焉足靳哉！要使后世书策中知

---

① (宋)岳珂编，王曾瑜校注：《鄂国金佗粹编·家集·乞终制札子》，中华书局1989年版，第895页。以下仅注书名和篇目。

② 《鄂国金佗粹编·行实编年·遗事》。

有岳飞之名，与关张辈功烈相仿佛耳。”[①]同时，岳飞极力称赞诸葛亮“开诚心，布公道，邦域之内，畏而爱之”的高尚人格，并以诸葛亮为自身榜样，立志“要使忠信以进德，不为君子之弃”[②]就当朝的杰出人物而言，岳飞特别崇拜司马光。司马光是北宋著名的政治家、文学家，也是儒家道统思想的极力维护者。岳飞曾引司马光的话说：“臣闻先正司马光有言：‘德胜才谓之君子，才胜德谓之小人。’论人者能审于才德之分，则无失人矣。”[③]另外，司马光在《训俭示》中总结的“由俭入奢易，由奢入俭难”[④]的训导言论，对岳飞甘于平淡、不求奢华的生活价值观念也有深刻影响。

岳飞一生喜好读书，这不仅有利于他接受儒家的思想观念，而且使他学习了传统的兵学思想理论。

> 少负气节，沈厚寡言，家贫力学，尤好左氏春秋，孙吴兵法。[⑤]

《左氏春秋》既是一部史学之作，也是一部儒家经典著作，书中记载了很多贯穿儒家思想的战争案例。这里所讲的“孙吴兵法”包括《孙子兵法》和《吴起兵法》，此两书均为传统兵书的经典之作。因此，岳飞对兵家理论的学习应该达到了比较高的水平。比如，当大将张俊问及岳飞“用兵之术”时，岳飞脱口答曰：“仁、信、智、勇、严，缺一不可。”[⑥]这与孙子所论的“将者，智、信、仁、勇、严”(《计篇》)内容完全一致，只是次序有所不同。可见，其对兵学理论学习已经达到熟悉掌握的程度。除上述三部书以外，岳飞很有可能还涉猎过《诗经》和《尚书》等典籍，南宋理宗宝庆元年(1225)追谥岳飞“武穆”告词中，言其是“威名震于夷狄，智略根乎《诗》《书》”[⑦]。

即使在征战的岁月里，岳飞也没有放弃读书和学习。《岳忠武王文集》有载：

---

① 《鄂国金佗续编·百氏昭忠录·纪鄂王事》。

② 《鄂国金佗粹编·家集·御书屯田三事跋》。

③ 《鄂国金佗粹编·家集·御书屯田三事跋》。

④ (宋)司马光：《温国文正公文集》卷六九《训俭示》，《四部丛刊》景宋绍兴本。

⑤ 《宋史·岳飞传》。

⑥ 《宋史·岳飞传》。

⑦ 李慧敏、沈立新主编：《杭州西湖岳王庙志》，杭州出版社2012年版，第68页。

> 王尊贤礼士，食客所至常满，一时名人杰士多归之。王每出则戎服弁首治理军务，入则褒衣缓带讨论经史，恂恂若书生，雅歌投壶，俱极精致。①

从上述文字看，岳飞对兵家理论的学习为其军事思想的形成奠定了基础，而对儒家思想观念的接受又使其军事思想充满了“以仁为本”和“尽忠报国”的理念。这正是岳飞能够对兵儒融合做出贡献的基本条件。

(二)岳飞“兵以义举”“尽忠报国”的战争观念

自从戎之日起，岳飞就胸怀报国之志，立下恢复中原的远大志向。在靖康之变后的特定历史背景下，通过战争手段收复故土，洗雪国耻，迎接被俘的徽、钦二帝还朝，乃是岳飞心目中至高无上的“义”，而这又与中国传统儒家思想所主张的“兵以义举”思想完全一致。

《武穆谥议》称岳飞“结发从戎，前无坚敌，枕戈励志，誓清中原，谓恢复之义为必伸，谓忠愤之气为难遏”②。建炎四年(1130)六月，岳飞在宜兴张大年家中乘兴写下一段题记：“即当深入虏庭，缚贼主，喋血马前，尽屠夷种，迎二圣复还京师，取故地再上版籍。他时过此，勒功金石，岂不快哉！”③绍兴九年(1139)正月，岳飞在《谢讲和赦表》中又谈道：“臣愿定谋于全胜，期收地于两河。唾手燕云，终欲复仇而报国；誓心天地，当令稽颡以称藩！”④绍兴四年(1134)，岳飞率兵收复襄阳六郡之后，宰相朱胜非以许诺授岳飞节度使高官作为激励，岳飞对此表示坚决拒绝：“飞可以义责，不可以利驱。”⑤

岳飞训齐军士，多教导他们为恢复故土而战，并时常以儒家忠孝节义思想激励他们。

> 每调兵食，必蹙额，谓将士曰：“东南民力耗矣！国家恃民以立，而尔曹徒耗之。大功未成，何以报国?”……临戎誓众，言及国

---

① (宋)岳飞著，黄邦宁编：《岳忠武王文集》卷末，乾隆三十五年(1770)影印本。

② 李慧敏、沈立新主编：《杭州西湖岳王庙志》，杭州出版社2012年版，第68页。

③ (清)俞樾：《茶香室丛钞·岳武穆书张氏屏》，清光绪二十五年(1899)刻春在堂全书本。

④ 《鄂国金佗粹编·家集·谢讲和赦表》。

⑤ 《鄂国金佗续编·百氏昭忠录·章尚书颖经进鄂王传》。

家之祸，涕流气塞，士卒皆欷歔听命……与将校语，必勉之以忠孝，教之以节义。①

最为生动而感人的例子，是岳飞在建炎三年(1129)十一月对士兵发表的一段激励誓言。

先臣洒血厉众曰："我辈荷国厚恩，当以忠义报国，立功名，书竹帛，死且不朽。若降而为虏，溃而为盗，偷生苟活，身死名灭，岂计之得耶！建康，江左形胜之地，使胡虏盗据，何以立国！今日之事，有死无二，辄出此门者斩！"音容慷慨，士为感泣。②

为了实现恢复中原的远大志向，岳飞在指挥和组织抗金战争中充分体现了不计私利、尽忠报国的精神。他主张对金采取积极的进攻战略，反对"仅令自守以待敌，不敢远攻而求胜"③的消极防御战略。为此，他不顾个人安危，坚决抵制宋高宗、秦桧等人的投降活动。后来，岳飞的战略方针受到朝廷的重重阻碍，但他仍编练了强大的骑兵、步兵和水兵，并大胆组织了四次较大规模的北伐战争。这充分反映了他"进不求名，退不避罪"的优秀将帅品格。

岳飞在军事战略上提出了注重战争全局和"连结河朔"的思想。比如，岳飞独自承担长江中游地区的防务以后，很快实施了一系列关联战争全局的抗敌规划和措施。绍兴六年(1136)，岳飞主动向北进兵至伊、洛、商、虢等地区，继而兵锋指向陈、蔡地区，同时三援淮西，这些都是他实施战争全局规划的具体行动。岳飞"连结河朔"的军事思想，主要是发动和联合北方民间抗金义军，使他们与岳家军互相配合，共同夹击金军。比如，绍兴四年(1134)十一月，抗金义士赵云突破金兵和伪齐军队的封锁，投奔岳飞，岳飞立即命其北上，与太行山寨义士联合抗敌。绍兴五年(1135)，岳飞派遣边俊、李喜等人率兵渡过黄河，其目的是加强实施"连结河朔"的战略防御计划。岳飞这些高明的战略部署均体现了其先进的军事思想，真正反映了抗金战争的客观规律和发展趋势，从而做到了战争正义性与谋略性的有机统一。

---

① 《鄂国金佗续编·百氏昭忠录·章尚书颖经进鄂王传》。

② 《鄂国金佗续编·行实编年·建炎三年》。

③ 《鄂国金佗稡编·家集·乞本军进讨刘豫札子》。

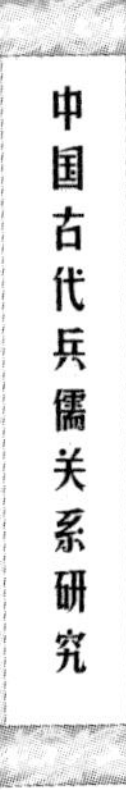

（三）岳飞“以智为先”“仁诈合一”的战争指导思想

岳飞用兵，注重以智谋取胜。他说：“为将无谋，不足以搏匹夫。”[①]张所曾问岳飞：“汝能敌几何？”岳飞回答说：“勇不足恃，用兵在先定谋，栾枝曳柴以败荆，莫敖采樵以致绞，皆谋定也。”[②]宰相张浚对岳飞善用谋略曾大为赞赏：“岳侯殆神算也！”[③]老将宗泽曾授岳飞阵图，岳飞观后，发表自己的见解：“乃定局耳。……兵家之要，在于出奇，不可测识，始能取胜。若平原旷野，猝与虏遇，何暇整阵哉！”宗泽反驳曰：“如尔所言，阵图不足用耶？”岳飞再答曰：“阵，而后战，兵之常法。然势有不可拘者，且运用之妙存于一心。”[④]

岳飞灵活布阵用兵的典型战例，乃是绍兴四年（1134）收复襄阳战役中对战李成之役。岳家军进逼襄阳，伪齐大将李成领兵出城后，左临襄江布阵迎战。岳飞仔细察看其阵后，大笑曰：“此贼屡败吾手，吾意其更事颇多，必差练习，今其疏暗如故。夫步卒之利在阻险，骑兵之利在平旷。成乃左列骑兵于江岸，右列步卒于平地，虽言有众十万，何能为？”[⑤]于是，岳飞指挥王贵、牛皋各率步骑兵左右联合攻击，李成骑兵在江边不能展开，最后大败而逃。

岳飞灵活运用孙子诡道思想的典型战例，则是发生于广东贺州境内的讨伐游寇曹成之战。大战之前，岳家军抓到一名曹成派来的间谍。岳飞于是将计就计，向间谍示以军队“乏粮”，并假意传令全军自贺州撤回湖南茶陵就粮。之后，岳飞故意放回该间谍，使其把假情报传给曹成。曹成听后大喜，部署军队准备次日追击向北撤退的岳家军。然而，岳飞却于当夜安排兵力偷袭曹成所据的太平场寨，将毫无戒备的曹成军打得大败。

从以上战例可以看出，岳飞用兵尤善兵家的“权谋诈术”，他能够将孙子的“诡道”思想发挥得淋漓尽致，这是其指挥战争不断取胜的一个重要原因。宋孝宗对此大赞曰：“岳飞拔自偏裨，骤当方面，智略不

---

① 《鄂国金佗粹编·行实编年·遗事》。

② 《宋史·岳飞传》。

③ 《鄂国金佗续编·百氏昭忠录·章尚书颖经进鄂王传》。

④ 《鄂国金佗粹编·行实编年·靖康二年》。

⑤ 《鄂国金佗粹编·行实编年·绍兴四年》。

专于古法，沉雄殆得于天资。”[①]岳飞在指导战争过程中注重运用兵家之“诈”的同时，更注重以儒家之“仁德”为取胜之本。他在战争中绝不滥杀无辜，人称其“仁心爱物，虽古之名将有所不逮”[②]。

> 凡出兵，必以广上德为先，歼其渠魁，而释其余党，不妄戮一人。裨将寇成尝杀降，即劾其罪。是以信义著敌人不疑，恩结于人心，虽虏之签军，皆有亲爱愿附之意。[③]

绍兴五年(1135)，岳飞平定钟相、杨么盗贼叛乱之后，如何处理除杨么之外的其他部众成为一个关键问题。岳飞手下将领牛皋等主张应将其全部斩杀，永绝后患；而岳飞不愿意滥杀无辜，认为这些民众之所以会跟随杨么入山为寇，实则迫于无奈，是为了活命才会变成盗匪的。岳飞说：

> 杨么之徒，本是村民，先被钟相以妖怪诳惑，次又缘程吏部怀鼎江劫虏之辱，不复存恤，须要杀尽，以雪前耻，至养得贼势张大。其实只是苟全性命，聚众逃生。今既诸寨出降，又渠魁杨么已被显诛，其余徒党并是国家赤子，杀之岂不伤恩，有何利益？[④]

从这段文字看，岳飞将一名儒将的好生之德与恤民人本观念体现得淋漓尽致，真正实现了儒家之“仁”与兵家之“诈”的辩证统一。

岳飞在战争中的仁本思想，还表现在对降将的处理方式上。他既不滥杀降将，还能以信任和真诚来感化和打动他们。岳飞对待游寇曹成部下杨再兴就是一个典型例子。杨再兴英勇善战，武艺超群。岳飞平定曹成叛乱时，他率军和岳家军多次鏖战，杀死了岳飞的同胞兄弟岳翻。后来，曹成战败，杨再兴为岳家军所俘，但岳飞没有杀他，而是诚恳地对杨再兴说：“吾不杀汝，汝当以忠义报国。”[⑤]这让杨再兴十分感动，心悦诚服地加入岳家军，作战十分勇敢，后来在郾城大战中以身殉国。

---

① 《鄂国金佗续编·天定别录·追复少保两镇告》。
② 《鄂国金佗续编·百氏昭忠录》。
③ 《鄂国金佗粹编·行实编年·遗事》。
④ 《鄂国金佗续编·百氏昭忠录·鼎澧逸民叙述杨么事迹》。
⑤ 《鄂国金佗粹编·行实编年·绍兴元年》。

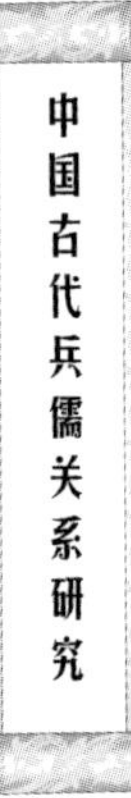

(四)岳飞"以身作则""军纪严明"的治军思想

岳飞治军的最大特点是,能在以身作则的基础上严明军纪,严法治军,与士兵同甘共苦。这充分体现了为兵、儒家所重视的文武相济、以情带兵的治军理念,也使岳家军形成了强大的凝聚力和战斗力,表现出异乎寻常的战斗精神。

岳飞在战斗中素以勇猛著称,能够身先士卒,以身作则,"临战亲冒矢石,为士卒先,摧精击锐,不胜不止,则不知有其身"①。岳飞有一句励志名言:"文臣不爱钱,武臣不惜命,天下当太平。"②岳飞生活简朴,常将朝廷奖赏之物与士兵共享,并能与士兵在残酷的战斗中同甘共苦。另外,岳飞对士兵的关爱几乎达到无微不至的地步,这使其能够深受部属的拥戴。

> 待人以恩,常与士卒最下者同食。樽酒脔肉,必均及其下,酒少不能遍,则益之以水,人受一啜。出师野次,士卒露宿,虽馆舍甚备,不独入。
>
> 诸将远戍,则使妻至其家,问劳其妻妾,遗之金帛,申殷勤之欢,人感其诚,各勉君子以忠报。其有死事者,哭之尽哀,辍食数日。育其孤,或以子婚其女。士卒有疾,辄亲造抚视,问所欲,至手为调药。③

孙子讲:"令之以文,齐之以武,是谓必取。"(《行军篇》)岳飞在坚持以儒家仁爱思想治军的同时,遵循了兵家严明军纪、严格执法的治军原则。他注重对部队平时的严格训练:

> 止兵休舍,辄课其艺,暇日尤详,至过门不入,视无事时如有事时。如注坡、跳壕等艺,皆被重铠,精熟安习,人望之以为神。④

在具体战斗中,岳飞强调培养岳家军形成军令如山、雷厉风行的战斗作风。对此,金军曾发出了"撼山易,撼岳家军难"的感叹。《金佗粹编·行实编年》有载:

---

① 《鄂国金佗续编·天定别录·武穆谥议》。

② 《朱子语类》卷一一二《论官》。

③ 《鄂国金佗粹编·行实编年·遗事》。

④ 《鄂国金佗粹编·行实编年·遗事》。

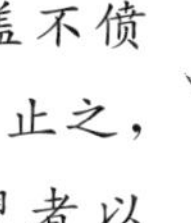

御众得其死力，杨再兴殁于虏，焚其尸，得矢镞二升，盖不偾不止也。在合肥日，遣骑驰奏，至扬子江，风暴禁渡，典者力止之，骑曰："宁为水溺死，不敢违相公令。"自整小舟绝江，望者以为神。①

岳飞之军纪严明不仅表现在战斗命令的执行上，还表现在禁止士兵对百姓的骚扰方面，这是其在军队中践行儒家仁本观念的集中体现。

每驻军，必自从十数骑周遭巡历，惟恐有一不如纪律者。②

有践民稼，伤农功，市物售直不如民欲之类，其死不贷。卒有取民麻一缕，以束刍者，诘其所自得，立斩之。③

在极端严格的纪律管束下，岳家军历经多年的战斗实践和军纪执行，逐渐提炼和概括出两句著名的口号："冻杀不拆屋，饿杀不打虏。"④岳飞所辖部众十几万人，多数本是各地亡命之徒、奸猾之人，但加入岳家军后，均能自觉接受管教，严守军令，几乎没有敢违背者，这无疑是一种奇迹。宋高宗多次在诏令中称赞岳飞军队军纪严明，"兵不犯令，民不厌兵"；"卿纪律素严，士皆效死，故军声远振，其锋不可当"⑤。

总之，岳飞在仁爱和正己的前提下有效治军，真正践行了兵家"令之以文，齐之以武"的治军思路和基本原则，充分体现了其以儒家仁本为本的军事思想理念，因而创造了中国古代治军史上的奇迹。

（五）余论

岳飞是中国古代一位杰出的军事家和战略家，其军事思想和军事成就在古代军事史上占有重要地位。同时，他是中国历史上名副其实的儒将，是宋代最得军心和民心的一位将帅。岳飞忠实地履行自己"一不爱钱，二不惜命"的人生格言，其高尚武德和人格魅力对当时社会各阶层人士起到极大的表率作用，产生了巨大的感召力和影响力。就此而言，岳飞在兵儒互补融合方面做出了突出贡献，堪称中国古代

---

① 《鄂国金佗粹编·行实编年·遗事》。

② （宋）曾敏行：《独醒杂志》卷七，清知不足斋丛书本。

③ 《鄂国金佗粹编·行实编年·遗事》。

④ 《鄂国金佗粹编·行实编年·遗事》。

⑤ 《鄂国金佗粹编·高宗宸翰·绍兴四年》。

将领中践行兵儒融合的杰出典范。

后世对岳飞的总体评价，能从兵家和儒家两个视角肯定其历史功绩。比如，南宋理宗时期的吕中在《类编皇朝中兴大事记讲义》中评价岳飞说："飞忠孝出于天性。自结发从戎，凡历数百战，内平剧盗，外抗强敌。其用兵，尤善以寡胜众。"[①]南宋曹彦约则说："若夫智略足以料敌，鉴裁足以用人，纪律严而下不忍怨，粮运竭而众不忍叛，身死八十年，闻风者犹且悦之，其惟岳飞乎！古之所谓大将，不过于此。"[②]

---

① （宋）吕中撰，张其凡等点校：《类编皇朝中兴大事记讲义》，上海人民出版社2014年版，第604页。

② （宋）曹彦约：《昌谷集·中兴四将赞》，清文渊阁《四库全书》本。

第六章　明清时期的兵儒关系

明清时期，是中国古代兵儒关系发展的最后一个阶段。其中，明代兵儒关系较以往变化很大，体现出更深层次的兵儒结合，“以儒统兵”成为兵儒融合的主要模式。清代兵儒关系较之以往没有什么大的进展，主要成就表现为晚清时期出现了几位杰出的儒兵家，为推动兵儒融合做出了较大贡献。

明代 270 多年的历史，内忧外患不断，各类战争连绵不绝。前后包括平灭元朝残余势力和各地割据势力的战争、“靖难之役”后统治阶级内部的战争、抗击东南沿海倭寇入侵的战争、各地此起彼伏的农民起义战争、对抗蒙古族瓦剌和鞑靼政权的战争以及与后金的战争，等等。明代军事技术得到了较大发展，尤其是火器的发展和应用，大大提升了军队的战斗力，使得军队编制、军事训练、作战样式等发生一系列重大变化，进而为战争指挥者提出了新的命题。

在此背景之下，传统兵学受到统治阶级的重视。洪武年间颁行《武经七书》，正统之后又将其作为武学的教科书。这就使得明朝的大多数军官均能接受兵学的基础教育，也使他们具备一定的兵学理论素养。由于明代思想统治的强化，理学化的儒家思想在思想文化领域占据统治地位。很多军事家在儒学熏染的环境下成长起来，带着儒家的世界观来审视军事问题，并在此基础上研究和改造兵学。如此一来，兵儒融合的趋势更为明显，并向各个领域不断拓展延伸。明代虽有少数儒者持非兵之议，但更多的人着力于探讨兵家思想与儒家思想的结合之路，甚至出现了将兵学思想纳入儒学思想体系的尝试。

值得注意的是，用儒家道德思想框定和改造兵学思想有悖于兵学自身的发展规律，必然会带来消极和负面的影响，但它毕竟在儒学占绝对统治地位的社会环境下为兵学的发展提供了一定的发展空间。

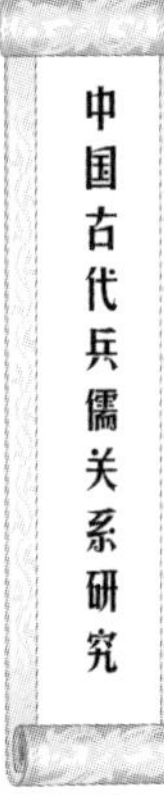

更为可贵的是,明代兵儒融合并非仅限于学术研究层面,而是渗透至作战和治军实践的各个领域。其中,王阳明和戚继光是最为典型的代表。他们将儒家的人本观念、道德观念、修身养性的思路和方法等经过适度改造,创造性地运用于战争指导和治军实践中,极大地发展了兵学的思想体系,在中国传统兵学史上占有重要地位。

明代所开创的“兵儒互动”“兵儒融合”的良好格局,至清代逐渐改变。清代重文轻武,大兴文字狱,将君主专制的思想发展到极致。这不仅使兵学文化本身的发展受到严重阻碍,而且使儒家学说逐渐疏离兵学,从而结束了明代兵儒相互融合、彼此包容的大好局面。

清初,满洲贵族在汉化过程中较为彻底地接受了儒家文化,儒家思想居于主导地位。清统治者虽然不反对兵学理论研究,但也未给予应有的重视。在他们看来,儒家“王道”才是根本,而《武经七书》“未必皆合于正”。康熙就讲:“仁者无敌,此是王道。与其用权谋诈伪无稽之言,不若行王道,则不战而敌兵自败矣。王道二字,即是极妙兵法。”[①]因此,历数顺治、康熙、雍正朝,有关孙子兵学的研究主要围绕武科而展开,有些著作虽对兵学文化的传播和普及有很大作用,但于学术研究而言则没有什么大的突破和创新。当时,能够代表孙子学研究水平的,只有邓廷罗的《孙子集注》《兵镜或问》和《兵镜备考》。

正因如此,当西方列强用坚船利炮打开国门时,清统治阶级还在用传统的军事思想来建构武装力量,用过时的治军方法来管理军队。接受儒家思想改造的传统兵学虽在激励民族意识、鼓舞军队士气方面发挥了一定作用,但在战争指导思想上,一味强调儒家仁义至上的用兵原则,始终难以扭转和改变对外战争中的被动局面,这不能不归结于儒家渗透和改造兵学的负面影响和消极作用。因此,吸收西方近代军事理论,实现传统兵学的近代化转换,是历史发展的必然。

然而,晚清之际,以曾国藩为代表的儒兵家大量涌现,对于挽救清朝危局还是发挥了一定作用。他们以镇压太平天国起义起家,而其兵儒融合的用兵思想也主要是在镇压太平天国起义过程中形成和发展的。

---

① 《清文献通考》卷五三《选举考》,清文渊阁《四库全书》本。

一、明代兵儒关系的互动格局与深层发展

宋代士人虽言兵、论兵，但又耻为兵家。故而，两宋除范仲淹、李纲、宗泽、陈规、辛弃疾等以外，大部分文臣并没有真正参与和指挥大规模军事战争，这种情况到明代才发生根本性变化。

（一）明代文臣拜将现象的普遍化

明初，文臣控兵之势尚未形成。明太祖朱元璋虽然崇儒重道，总体的治国方略也是重文抑武，但他毕竟是马上得天下的皇帝。在他眼中，武人仍然具有较高的地位，兵学仍然受到重视。据《明太祖宝训》记载，朱元璋先后两次与侍臣讨论《孙子》。在第二次讨论时，朱元璋在肯定孙子用间智慧高超的同时，又极力批评孙子的诡诈之术，认为其“特一时诡遇之术，非王者之师也。然其术终亦穷耳”[①]。至永乐年间，由于明成祖朱棣本人乃是军人出身，且颇懂用兵之道，故而文臣控兵之势仍不算明显。然而，自英宗、景帝之后，许多进士出身的文臣开始执掌军政大权，明代的儒将群体开始逐步形成。

历史上文臣参与战争实践和指挥并不稀有，但大量文臣从军拜将，担任高级军事将领，且能建功立业者，以明朝为盛。据明人王世贞记载，从洪武元年(1368)至万历十五年(1587)，兵部尚书共有 95 人。其中，进士 63 人，举人 1 人，合为 64 人，占总数的 63.17%。从正统二年(1437)至万历十三年(1585)，总督军务者有 34 人。其中，除 5 人非进士出身外，余下 29 人均为科举文科进士，进士人数占总数的 85.12%。[②]

范中义先生谈到，明代军事家无一不是儒家：一生征战近 50 年的俞大猷被称为“儒将”；在军事思想上贡献颇大的戚继光“私淑阳明，大阐良知，胸中澄彻如冰壶秋月，坐镇雅俗有儒者气象”[③]；于谦除组织京

---

① 《明太祖实录》卷六八“洪武四年九月至十月”，台湾“中央研究院”历史语言研究所校印本 1950 年版，第 1272 页。

② 参见张亭立：《明代兵儒合流与〈陈忠裕公兵垣奏议〉》，《青海师范大学学报》(哲学社会科学版)2007 年第 1 期。

③ (明)戚祚国：《戚少保年谱耆编》卷一，清道光刻本。以下仅注书名和卷次。

城保卫战的军功业绩以外，还巡按过江西；韩雍是正统进士，曾任巡抚江西授御史、左副都御史等职；王阳明更有丰富的军事实践经历和显赫的军事业绩。也就是说，明英宗以后秉持更坚决的文人治军原则，文臣有了直接统兵指挥战争的机会，能将个人研习兵学的心得体悟直接应用于军事实践中，这与两宋时期文人论兵有了显著不同。换言之，“兵”与“儒”在明代作为一种身份实现了真正的结合。

如此一来，文臣既然能以儒者的身份研习兵学，自然会把儒学的思想更好地融入兵学之中。同时，他们会把兵学的基本思想理念自觉或不自觉地带入对儒学的理解与认识中，这就出现了历史上真正的兵儒互动、交融的格局。

(二)“援儒释兵”，积极改造兵学

兵儒互动首先表现为“援儒释兵”。这种思想倾向大概在两汉时期已经萌发，到明代则更为普遍。其中的原因在于，研究兵学的文人士子越来越多，兵学著作也不断出现。尤其在万历、崇祯二朝，文人所著兵书大量增加，如徐光启的《兵机要诀》、陈子龙的《陈忠裕公兵垣奏议》、吕坤的《安民实务》、孔承宗的《车营扣答合编》、黄道周的《广百将传》，等等。这些深受儒家思想熏陶的文人，在撰写兵学著作之时，自然会带有儒家的思想理念，进而用儒学思想改造兵学。另外，明朝将《武经七书》作为武学考试的教科书，但士人多以儒家思想来解释《武经七书》的具体内容，其中最典型的代表就是刘寅的《武经七书直解》。

刘寅编纂《武经七书直解》，无论是探讨战争指导原则还是说明兵学研究的方法，都是以儒学为基础，保持着儒家的人文精神，体现着儒家的民生关怀理念。其《自序》有云：

> 呜呼，兵岂易言哉！观形势，审虚实，出正奇，定胜负，凡所以禁暴弭乱，安民守国，镇边疆，威四夷者，无越于此也，圣人于是重之。故仁义忠信智勇明决，兵之本也。行伍部曲有节有制，兵之用也。潜谋密运，料敌取胜，兵之机也。一徐一疾，一动一静，一予一夺，一文一武，兵之权也。①

也就是说，兵、儒两家对待战争有着不同的价值取向：前者重视仁义节

① 《武经七书直解·自序》。

制，后者注重谋略权变，但在一定的战争条件下，二者可以统一起来。同时，作者强调，兵书也是讲仁义、礼智、忠信的，其与儒家相比只是表现程度不同而已。

> 《武经》言仁义、礼智、道德、忠信与儒家无异，但用之者，自有大小、浅深、精粗、广狭不同，岂别有所谓仁义、礼智、道德、忠信者哉！[①]

从《武经七书直解》的具体内容来看，很多地方都利用儒家思想来解释兵家观点，有些地方甚至已经偏离了原文的旨意。比如，孙子在《计篇》中讲："道者，令民与上同意，可与之死，可与之生，而不畏危。"刘寅将此句解释为："道者，仁义礼乐孝悌忠信之谓。为君者渐民以仁，摩民以义，维持之以礼乐，教之以孝悌忠信。使民知亲其上，死其长，故与君同心同德，上下一意，可与之同死，可与之同生，虽有危难而不畏惧也。"[②]这完全是以纯粹儒家的思想内涵来解释"道"，从而使《孙子》的"道"变成了儒家的"道"。再如，孙子在《军争篇》中多次谈到"利"。刘寅认为："两军相对必争，争者必以利而动，故篇中多以利言，利非货利之利，乃便利之利。"[③]这也不是客观的解读。如果说该篇中"兵以诈立，以利动"的"利"，尚能解释为"便利"的话，那么"掠乡分众，廓地分利"就绝对不能解释成"便利"。刘寅之所以这样解释"利"，根本目的是使孙子的思想合于儒家思想宗旨，因为儒家是耻言"利"的。这些内容都深刻反映出明人"援儒释兵"的趋向，处处蕴含着"引儒释兵"的旨趣。

（三）"援兵入儒"，推动兵儒合一

兵儒互动又突出表现出"援兵入儒"的倾向，其根本目的是要将兵家思想纳入儒家的思想体系，使二者有机融为一体。有学者指出："明代军事思想在某些方面与其说是兵家吸收儒家的思想内容，倒不如说儒家吸收兵家思想、兵儒融合更为恰当。"[④]对此，戚继光和陈子龙的言

---

① 《武经七书直解·引用》。

② 《武经七书直解·孙武子·始计第一》。

③ 《武经七书直解·孙武子·军争第七》。

④ 张明、于井尧编著：《中国古代军事思想史》，吉林文史出版社 2006 年版，第 160 页。

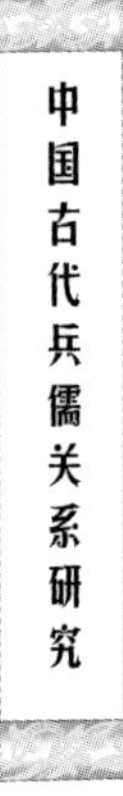

论可为有力的证据。

> 孙武子《兵法》文义兼美，虽圣贤用兵，无过于此，非不善也，而终不列之儒。设使圣贤，其人用孙武之法，《武经》即圣贤之作用矣。苟读《六经》，诵服圣贤，而行则狙诈，《六经》即孙武矣。顾在用之者，其人何如耳。①
>
> 儒者之言曰，霸术必不可用。夫孔子生三代之前，而不能废霸矣。何儒者于三代之后而独能废之？甚矣，其夸而无当也。②

如此看来，儒学和兵学没有什么本质区别，其区别在于为何人所用。换言之，兵儒关系并非水火不容，不仅不能否定兵学，反而要将兵学融入儒学，因为它们能够相互渗透、合而为一。

赵本学《孙子书校解引类》更是这方面的典型代表，著此书的目的在于强调儒者不知兵事以及对于过去《孙子》注家所解甚为不满：

> 《孙子》十三篇，实权谋之万变也。数千年来，儒者未尝一开其扃钥，虽有曹操、李筌、杜佑、杜牧、王皙、贾林、张预、郑友贤、张贲、刘寅、郑灵等十五六家之笺，不过粗略训义，苟且引证，加以讹谬相承，渐失古文。迨至于今，凡用兵者无所于法，庸非治乱所关之一大缺典乎！③

该书的编写以“兵儒合一”为基本指导思想，赵本学一方面称孙武为贤人，“君之用将，将之用兵，万全之理，舍孙子，其孰能言之哉”④；另一方面痛斥儒生“猥云德化，不当用兵，此迂儒保身之谋，卖国之罪也”⑤。在该书序言中，他更是针对传统的观念，就权谋和仁义的关系做出深入的辨析：

---

① (明)戚继光：《止止堂集·愚愚稿上·大学经解》，清光绪十四年(1888)山东书局刻本。以下仅注书名和篇目。

② (明)陈子龙：《陈子龙文集》卷下《安雅堂稿·左氏兵法测要序》，华东师范大学出版社1988年版，第63页。

③ (明)赵本学：《孙子书校解引类·自序》，谢详皓、刘申宁辑：《孙子集成》(五)，齐鲁书社1993年版，第27～28页。以下仅注书名和篇目。

④ 《孙子书校解引类·谋攻》。

⑤ 《孙子书校解引类·自序》。

窃惟天地之间有人则有争，有争则有乱，乱不可以鞭扑治也，则有兵。兵之为凶器，不可以妄用也，则有法。其事起于斗智角力也，则其法不得不资于权谋。用兵而不以权谋，则兵败国危而乱不止。君子不得已而用权谋，正犹不得已而用兵也。用之合天理，则为仁义，合王法，则为礼乐。①

也就是说，权谋作为军事领域的一种基本手段，如果符合“天理”，就等同于“仁义”；如果符合“王法”，就等同于“礼乐”。因此，兵家之“权谋”与儒家之“仁义礼乐”并不矛盾，二者完全可以统一起来。

李贽的《孙子参同》在论证“兵儒合一”的问题上，观点更为激进。他站在中国传统文化的大视角，立足于文武统一的高层面，直言儒学与兵学各有其用，价值并重且可以互补。他在《孙子参同》的序言中，援引时人张鏊的观点对此进行了深入的分析：

文事武备，士君子分内事也。姬鼎奠而尚父之勋可纪，群雄角而孙、吴之略称强。天不生仲尼，则斯文之统以坠；天不生尚父，则戡乱之武曷张！《七书》《六经》，固仁义一原之理，阴阳贞胜之符也。②

此段论述已将“文事”与“武备”及“太公”与“孔子”等同视之，更认为“七书”“六经”同出“仁义一原之理”。然李贽仍认为其论不足，他在序言中进一步强调：

此言固知武事之为重矣。然犹不免与文士为两也；犹以治世尚文，而乱世用武，分治乱时世为二也；犹以太公似未可以继斯文之统，而孔子似未可以谋军旅之事也。③

另外，李贽在《序言》中还立足阴阳辩证的角度进一步阐发论述，以说明国家治理与文武之道的关系。

夫天下未有有仁而无义，亦岂有有阳而无阴？独阳不生，独

① 《孙子书校解引类·自序》。

② （明）李贽：《李温陵集·孙子参同序》，明刻本。以下仅注书名和篇目。

③ 《李温陵集·孙子参同序》。

> 阴不成。谓文专指阳，而武专指阴，则不但不成武，而亦不成文矣。①

在序言的最后，李贽发出“吾独恨其不以《七书》，与《六经》合而为一，以教天下万世也”的感叹。从本质上讲，李贽倡导的“文武合一”，实际上就是“兵儒合一”，即将兵学与儒学置于同等的地位上加以完全肯定。这无论在儒学发展史上还是整个中国思想文化史上，都具有极其重要的意义。

总之，中国古代文人言兵、论兵，力图在原始儒学中找到儒家思想与兵家思想的契合点，进而将二者融为一体。此种趋势发展到明代，极大地推动了兵儒的深层融合。值得注意的是，明朝中叶以后出现的“援兵入儒”现象，与王阳明的“心学”有密切关系。阳明心学的精髓在于“知行合一”与“致良知”，其对“行”的重视和对“事功”的强调，本身就是儒家经世致用传统的重要内容和组成部分。正因如此，兵学作为一门实用之学，在王阳明哲学思想体系中是否应占有一席之地？对其心学的建构是否会产生影响？这是阳明心学研究者们应当关注的一个重要课题。

（四）实学思潮对兵儒关系的深刻影响

“实学思潮是儒学内部的一次思想反思运动，其主体内容是对理学空谈心性、忽视外在事功获取的批判，倡导博学广识，经世致用，力图使儒学的发展走上一条‘内圣’与‘外王’并重的道路。”②实学思潮最早出现于北宋时期，当时的著名教育学家胡瑗首先提出了“明体达用”的办学方针。当程朱理学走向鼎盛之时，又出现了注重现实功利的永康学派。其中，陈亮是主要代表。到明代中后期，在内忧外患的困境中，一些有识之士再次发出了经世致用的倡议，实学思潮由此而兴。

明代实学思潮的勃兴，根本原因在于理学达于兴盛之后，弊端日渐暴露。深受理学影响的士子们，脱离现实，空谈心性，只求个人官职的提升，无心追求真正的经世之道。

> 今五经具在，而世之学者但欲假此以为富贵之阶梯耳！求其

① 《李温陵集·孙子参同序》。

② 赵海军：《孙子学通论》，国防大学出版社2000年版，第164页。

必欲明经以为世用者,能几人哉![1]

当国家出现患难和危机之时,这些人往往拿不出任何实用的良策,只能以愚忠式的赴死来报答君恩。正如颜元所讲:

吾读《甲申殉难录》,至"愧无半策匡时难,惟余一死报君恩",未尝不凄然泣下也!至览和靖祭伊川"不背其师有之,有益于世则未"二语,又不觉废卷浩叹,为生民怆惶久之。[2]

这样的社会背景和文化背景促成了明代实学思潮的兴盛。东林党人抨击时弊,倡导救世济民:"风声、雨声、读书声,声声入耳;家事、国事、天下事,事事关心。"[3]顾炎武提出"读万卷书,行万里路"的求知思路,并发出"天下兴亡,匹夫有责"的呼唤。成书于明代末期,由陈子龙和徐孚远、宋征璧等人合编的鸿篇巨著《皇明经世文编》,便是当时实学思潮兴盛的明证。

实学思潮的兴起,使许多儒者开始以务实的态度关注军事问题,这必然有利于兵儒融合。在当时"南倭北寇""民变四起"的形势下,许多士大夫产生了强烈的危机感和责任感,他们强调识时务、重实用,并对"士无实学"的现象提出严厉批评。陈子龙在为《皇明经世文编》所作的序言中说:

俗儒是古而非今,文士撷华而舍实。夫保(按:抱)残守缺,则训诂之文充栋不厌,寻声设色,则雕绘之作永日以思。至于时王所尚,世务所急,是非得失之际,未之用心,苟能访求其书者盖寡,宜天下才智日以绌。故曰,士无实学。[4]

明末清初著名的改革思想家唐甄更是依据孙子"兵者,国之大事"的基本言论,将仁、义、兵视为"全学"鼎立之"三足",以此希望达到"既重事功之学,又重实功之治"的根本目的。他说:

君子之为学也,不可以不知兵……学者善独身。居平世,仁

① (明)何良俊:《四友斋丛说·经一》,中华书局1959年版,第1页。

② (清)颜元:《存学编·性理评》,中华书局1985年版,第24页。

③ 张建国编撰:《名联故事百题》,大众文艺出版社1999年版,第101页。

④ (明)陈子龙:《安雅堂稿·皇明经世编序》,明末刻本。

义足矣，而非全学也。全学犹鼎也，鼎有三足，学亦有之：仁一也，义一也，兵一也。一足折，则二足不支，而鼎因以倾矣。不知兵，则仁义无用，而国因以亡矣。夫兵者，国之大事，君子之急务也。[①]

二、王阳明对兵儒融合的突破性贡献

王阳明，本名王守仁(1472～1528)，字伯安，浙江余姚(今浙江宁波余姚)人。明代著名的思想家、哲学家、军事家、教育家。明代弘治十二年(1499)进士，历任刑部主事、贵州龙场驿丞、庐陵知县、右佥都御史、南赣巡抚、两广总督等职，晚年官至南京兵部尚书、都察院左都御史。因其谪居贵州龙场，居住于阳明洞，世称阳明先生。

明代学者薛侃品评王阳明有言："具文武之全才，阐圣贤之绝学。"[②]余秋雨也讲："中国历史上能文能武的人很多，但在两方面都臻于极致的却寥若晨星……好像一切都要等到王阳明的出现，才能让奇迹真正产生。"(《乡关何处》)王阳明是儒学大师，是心学之集大成者，他在儒学发展史上的巨大成就世所公认。同时，王阳明是兵学大师，近年来不少学者对其兵学思想和兵学实践成就进行了总结和探究。在笔者看来，既然王阳明在兵、儒两个方面的成就均达于极致，自然在兵儒融合方面也应有卓越的贡献。这当是学术界应该深入探讨的一个新课题。

(一)王阳明的兵学素养

王阳明早年关心时政，心系国家安危，有经略四方之志。26岁寄居京师之时，正逢边关危急，朝廷要求举荐军事人才。王阳明认为，当时科举制选拔的都是一些只懂骑射和搏击的武夫，很难有真正精通韬略的将帅人才。于是，"留情武事，凡兵家秘书，莫不精究；每遇宾宴，尝聚果核列阵势为戏"[③]。

那么，王阳明精研的是哪些兵书呢？嘉靖年间，十分仰慕王阳明

---

① (清)唐甄：《潜书・全学》，清康熙刻本。

② (明)王守仁撰，吴光编校：《王阳明全集・世德纪・附录》，上海古籍出版社1992年版，第1501页。以下仅注书名和篇目。

③ 《王阳明全集・年谱一》。

的书生胡宗宪意外获得王阳明亲手批注的《武经》。

> 龙川公出《武经》一编相示，以为此先生手泽存焉。启而视之，丹铅若新，在先生不过一时涉猎以为游艺之资，在我辈可想见先生矣。[①]

这里的《武经》就是《武经七书》。由此可知，王阳明不仅认真研读过《武经七书》，而且作了评注。此外，明末西洋火炮专家孙元化也见识过王阳明对《武经七书》的批注，并大为赞赏曰：

> 大都以我说书，不以书绳我；借书揣事，亦不就书泥书；提纲挈要，洞玄悉微，真可衙官孙、吴而奴隶司马诸人者矣。[②]

从这段评语看，孙元化认为，王阳明对兵书的理解已经达到了很高的境界，而其在军事实践领域所建的功业只不过是对《武经》的稍加运用而已。王阳明评注《武经七书》，尤为欣赏《孙子》，具体评注内容也最多。有学者指出：

> 《孙子兵法》13篇，王阳明篇篇作了评注，其他六种兵书如《吴子》《司马法》《李卫公问对》《尉缭子》《三略》《六韬》等却没有享受到这份殊荣。[③]

这大概与王阳明作为哲学家特别欣赏《孙子》的理论性和哲理性有关。其在比较《孙子》和《吴子》的价值时就谈道：

> 彼孙子兵法较吴岂不深远，而实用则难言矣。想孙子特有意于著书成名，而吴子第就行事言之，故其效如此。[④]

王阳明不但能在理论上评注和阐释孙子思想，而且能在实践中灵活运用孙子思想解决现实问题。殊为可贵的是，在相关问题的论述中，王阳明并不拘泥于所引《孙子》原文的完整性，更多的是巧妙化用孙子思想言论进行论述，使得孙子思想与现实问题的对接天衣无缝，从而使整个内容显得融洽而完美。比如，他在《案行广东福建领兵官

---

① 《王阳明全集·序说·序跋》。

② 《王阳明全集·序说·序跋》。

③ 阎盛国：《孙子兵法对王阳明兵学思想的影响》，《史学月刊》2009年第9期。

④ 《王阳明全集·补录·武经七书评》。

进剿事宜》中，对敌情的判断和决策就巧妙化用了孙子的“知胜”思想和“因变”原则。

是徒知吾卒之未可击，而不知敌之正可击也。善用兵者，因形而借胜于敌，故其战胜不复，而应形于无穷；胜负之算，间不容发，乌可执滞？①

又如，弘治十二年(1449)，王阳明在《横水桶冈捷音疏》中活用了孙子的“势胜”思想。孙子讲“用势”，强调力量运用的速度和节奏，王阳明对此理解和把握得十分精准。

善战者其势险，其节短，今我欲乘全胜之锋，兼三日之程，长驱百余里而争利，彼若拒而不前，顿兵幽谷之底，所谓强弩之末，不能穿鲁缟矣。②

再如，弘治十三年(1450)，王阳明在《浰头捷音疏》中谈到孙子“兵无常势”及“因敌变化”原则的运用。他说：

臣以为兵无常势，在因敌变化而制胜。今各贼狃于故常，且谓必待狼兵而后敢攻，此所以不必狼兵而可以攻之也。乃为密画方略，使数十人者，各归部集，候我兵有期，则据隘遏贼。③

对于孙子的“全胜”思想，王阳明能立足儒家的政治之道，结合兵家“全胜”与“破胜”相结合的思路，加以正确阐释和应用。他在《绥柔流贼》中说：

盖用兵之法，伐谋为先；处夷之道，攻心为上；今各徭征剿之后，有司即宜诚心抚恤，以安其心；若不服其心，而徒欲久留湖兵，多调狼卒，凭藉兵力，以威劫把持，谓为可久之计，则亦末矣。④

王阳明对兵书的研读和学习，不仅限于《武经七书》，他作为思想大师所涉猎的古代典籍也相当多，对有关古代兵学思想的书籍的阅读必然十分广泛。因此，他除了对《武经七书》作过评注以外，还辑录其

① 《王阳明全集·别录八》。
② 《王阳明全集·别录二》。
③ 《王阳明全集·别录三》。
④ 《王阳明全集·别录十》。

他兵书，自撰兵学著作。

其一是《兵志》。该书不分卷，共五册，系明代抄本，主要是王阳明对古代兵志的辑录，没有作评论或注释，现藏于上海图书馆善本室。据钱明先生考证："该书内容辑录于《左传》《国语》《战国策》《吴越春秋》《越绝书》(第1～288页)和《史记》(第289～485页)。其中第288页末尾记有'此书为王阳明先生纂录，未有刊本，予从清臣处借阅录之，其昌'两行题识。"①

其二是《阳明兵策》。据日本《尊经阁文库汉籍分类目录》②记载，该书共分五卷二册，明王守仁撰，樊良枢评，明崇祯版，现藏于日本尊经阁文库。钱明先生认为："从本书内容看，卷一至卷四所收文字皆见于《王文成公全书》，而卷五的内容则有不少是《传习录》或其他文献未收的阳明有关兵事方面的语录，故属佚文的可能性极大。"③

其三是《历朝武机捷录》。据日本《内阁文库汉籍分类目录》载："《历朝武机捷录》十五卷，附《国朝武机捷录》三卷；明王守仁撰，郭子章注，商周祚评，王守仁、茅元仪序。"④该书系以王阳明对古代军事家的评论为中心组织内容，前十四卷主要介绍了上古黄帝至元代的160位著名将领，最后一卷名曰"武机图说"，实为关于兵阵、兵器等的图解说明。不过，对于该书是否系王阳明所辑的问题，史学界尚存争议。

从上述内容看，王阳明不仅是儒学大师，还可称为兵学大师。他凭借自身智慧，广泛研读、评注、辑录兵书典籍，深刻把握了中国传统兵书思想的精髓，具备良好的兵学素养，这是其能够对兵儒融合做出突出贡献的一个基本条件。

(二)王阳明用兵制胜之"诈术"

王阳明用兵智谋高超，善用诈术，故常能以少胜多，屡建奇功。《明史》评曰："比任疆事，提弱卒，从诸书生扫积年逋寇，平定孽藩。终

---

① 钱明：《王阳明兵学著作考述》，《江西师范大学学报》(哲学社会科学版)2019年第2期。

② 侯爵前田家尊经阁文库，1937年刊，第306页。

③ 钱明：《王阳明兵学著作考述》，《江西师范大学学报》(哲学社会科学版)2019年第2期。

④ 日本内阁文库，1956年刊，第180页。

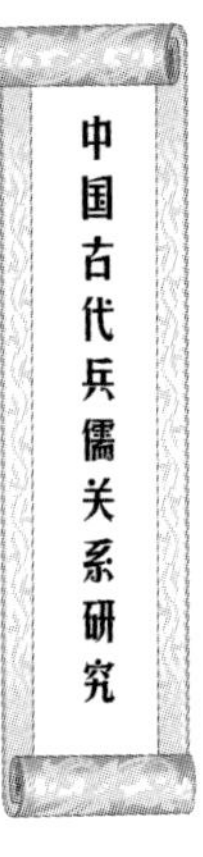

明之世,文臣用兵制胜,未有如守仁者也。”[①]正德十二年(1517)正月,在攻打漳州农民军时,王阳明大用“示形误敌”之法,先令部队扬言,天气转暖,农耕开始,除在冲要之处留兵把守以外,其余军队撤回,等到秋凉之后,再会合三省之兵进攻,并且真的在无关紧要的几个地方撤回驻军。当农民军因此放松警惕之后,他突然命令部队发起攻击,出其不意,乘其不备,最终将农民军打败。

> 或宣示远近;或晓谕下人;此声既扬却,乃大养军士,阳若犒劳给赏,为散军之状;实则感激众心,作兴士气;一面亦将不甚紧关人马,抽放一处两处,以信其事;其实所散人马,亦可不远;而复预遣间谍,探贼虚实,有间可乘,即便赍粮衔枚,连夜速发,当此之时,却须舍却身家,有死无生,有进无退;若一念转动,便成大害。[②]

“出其不意”是王阳明惯用的战术方法,其中深含着兵家“避实击虚”之理。正德十二年(1517)十月,在平定江西、湖广交界的农民军时,农民军首领认为其一定会首先攻打桶冈。因为湖广和江西的官军可以对桶冈形成夹攻之势,就连王阳明的下属也这样认为。然而,王阳明指挥作战时,首先攻击了农民军没有严加戒备的横水。结果,农民军毫无防备,惊慌失措,相继失败。

正德十三年(1518),在攻打江西、广东交界的池仲容时,王阳明运用了连环计式的误敌之策,其诈术的运用几乎让人难以相信为一介儒学文臣所为。他先派人对池仲容进行诏谕,使其不支援横水的农民军。横水义军被平定后,池仲容惊惧之余,暗中准备抵抗,但又谎称为了攻打已经投降明廷的卢珂军。王阳明将计就计,表面听信他的话,宣布征讨农民军行动已经结束。当时临近年关,王阳明借此机会让老百姓兴鼓作乐,闹灯会,热情派人给池仲容送年历。当池仲容放松警惕、受邀来到王阳明住处以后,王阳明更是大摆宴席,热情接待,并一再挽留。待到一切准备完成之后,王阳明突然发兵将池仲容等歼灭,并连夜进攻池仲容分布于各寨的残余军队。攻击九连山时,还让官军

---

① (清)张廷玉:《明史·王守仁传》,岳麓书社 1996 年版,第 2836 页。以下仅注书名和篇目。

② 《王阳明全集·别录八·剿捕漳寇方略牌》。

换上农民军的服装，混入寨内，最后内外夹击，一举攻灭农民军。

正德十四年(1519)，在平定朱宸濠叛乱的过程中，王阳明更表现出一种临危不乱的将帅风范和高超的应变能力。朱宸濠刚叛乱之时，王阳明正被派往福建处置兵变事宜，闻知事变后，他迅速潜回江西，到达吉安，号令各地知府、知县率兵聚集到自己麾下，抵御叛军。针对危急形势，王阳明采取了两条紧急应变策略：其一，伪造讨伐檄文，谎称各路勤王之师已进军南昌；其二，设法离间朱宸濠与军师李士实、刘养正的关系。朱宸濠果然中计，犹豫十几天不敢进兵。王阳明则利用这段宝贵的时间，迅速集结起约3万人的兵力，做好了相应的战斗准备。在平叛过程中，王阳明采用了“多方以误贼人之谋”的乱敌之策。当时，朱宸濠本来计划先夺取南京。王阳明估计南京城还未能做好防守准备，于是“先张疑兵于丰城，示以欲攻之势”[①]，其用意在于拖住朱宸濠的主力，使其不敢轻易率军离开南昌。当朱宸濠得知王阳明并没有攻打南昌的充足兵力时，时间已经过去半个月，朱宸濠夺取南京的计划最终落空。后来，王阳明军攻占南昌之后，朱宸濠回兵救援，王阳明部下认为敌人兵锋正盛，宜“坚守观衅，徐图进止”，然而王阳明大胆出奇，再一次大用诱敌、疑兵之计。他把军队分成四个部分，既有当敌的正兵，又有诱敌的伏兵；既有绕敌背后的奇兵，也有四面虚张声势的疑兵。结果，敌军在不明虚实的情况下受到前后夹击，军心大乱，终至失败。

总之，王阳明用兵深悟孙子“兵者诡道”的原则，其核心在于以谋略诈术不断“示形误敌”，使敌人难以实施正确的计划和行动。王阳明在平定各地农民军和叛军的过程中，从来不是靠正面对抗的残酷搏杀取胜，而是用各种奇袭、突袭手段巧胜、易胜，此正所谓“故举秋毫不为多力，见日月不为明目，闻雷霆不为聪耳。古之所谓善战者，胜于易胜者也”(《军形篇》)。历史上，孙子因以3万军队击败20万楚军的辉煌战绩而被誉为“天下莫能抵者”。事实上，王阳明也创造过这样的战争奇功，他仅靠临时拼凑起来的3万军队，在不到一个月的时间里击败了准备10年、号称18万兵力的朱宸濠叛乱，这不能不说是孙子所谓

---

① 《王阳明全集·别录四·擒获宸濠捷音疏》。

“善用兵者”创造的奇迹。

值得注意的是，王阳明用兵艺术达到这样的高度，自然应归功于其自身的智慧及其所受传统兵学的浸润。然而，其兵学思想智慧及其心学、“格物致知”之学也相为表里。有学者指出，在他身上体现出“融心学于兵学之中的军事哲学思想”①，这当是他能够在战争中不断取胜的更为根本的原因。

(三)王阳明用兵制胜之“仁本”

1.剿抚并用，安民为本

王阳明说过：“夫弭盗所以安民，而安民者弭盗之本。”②这里的“安民”是儒家战争观的基本理念。《左传》有言：“夫武，禁暴、戢兵、保大、定功、安民、和众、丰财者也。”③“安民者弭盗为本”是王阳明重要的创新思想，“盗”是统治者对农民起义和暴动者的蔑称。在王阳明看来，如何平息这些农民起义或暴动，根本办法是“安民”，即让老百姓生活安定，衣食无忧，从而使他们自觉不造反。也就是说，平时要安抚百姓，制止祸乱的发生；暴乱平定后，更要实行安抚之策，消除祸乱的根源。他说：

> 盖用兵之法，伐谋为先；处夷之道，攻心为上；今各傜征剿之后，有司即宜诚心抚恤，以安其心；若不服其心，而徒欲久留湖兵，多调狼卒，凭藉兵力以威劫把持，谓为可久之计，则亦末矣。④
>
> 夫盗贼之患，譬如病人，兴师征剿者，针药攻治之方；建县抚缉者，饮食调养之道。徒恃针药之攻治，而无饮食以调养之，岂徒病不旋踵，将元气遏绝，症患愈深；后虽扁鹊、苍公，无所施其术矣。⑤

由此可见，王阳明的平乱绝非一般将领的以武力杀戮为主，而是“能抚则抚，当剿则剿”，并且把“抚”放在第一位，“剿”放在第二位，力求挽救百姓而不是屠戮百姓。

① 于汝波：《孙子学文献提要》，军事科学出版社1994年版，第57页。
② 《王阳明全集·续编二·与王晋溪司马书》。
③ 《左传·宣公十二年》。
④ 《王阳明全集·别录十·绥柔流贼》。
⑤ 《王阳明全集·别录三·添设和平县治疏》。

历代统治者对于农民起义都采用“剿抚并用”之策，但王阳明在战时将“安抚”作为战争手段的一种补充，在平时将“安抚”作为平息暴乱的根本，且能将相关措施深入到每个乡村、每个乡民，并与政权建设结合起来，这实在是一种剿抚理论上的深远创见。事实上，王阳明这种“安民弭盗”思想对明后期平定倭患起到了很大的借鉴作用。所谓“政事为急，甲兵次之”，“良吏优于良将，善政优于善战”①，这些思想与王阳明“安民弭盗”的思想基本一致，本身也是儒家民本战争观的深刻体现，所谓“得民心者得天下”，实在是颠扑可破的真理。

2.仁心为用，重视民生

王阳明安民思想的背后，有儒家仁本思想作支撑，他的“亲民说”是儒家人本思想在战争实践中的自然升华。他谈道：

> 固有欲亲其民者矣，然惟不知止于至善，而溺其私心于卑琐，是以失之智谋权术，而无有乎仁爱恻怛之诚，则五伯功利之徒是矣。是皆不知止于至善之过也。故止至善之于明德、亲民也，犹之规矩之于方圆也，尺度之于长短也，权衡之于轻重也。②

在战争实践中，王阳明基本执行了仁心为用、不嗜杀人的用兵政策。对于农民起义，王阳明主张“务以破巢诛恶为事，不以多获首级为功”。他谈道：

> 除临阵斩获外，其余胁从老弱，一切皆可宥免。今兹之举，惟以定乱安民为事，不以多获首级为功，各官务要仰体朝廷忧悯困穷之心，俯念地方久罹荼毒之苦，仍要禁约军民人等，所过良民村分，毋得侵扰一草一木，有犯令者，当以军法斩首示众。③

对于平乱战争，王阳明也从重视民生的角度，反对滥用武力，避免战争给人民带来巨大灾难。比如，平定朱宸濠的战争一结束，王阳明立即让参战士兵复员回家，以恢复农业生产。对于一些饱受战祸的地区，他还注意减免百姓税收，并通过官府借贷粮食给百姓以渡难关。

---

① 转引自张云勋：《中国历代军事哲学概论》，西南交通大学出版社2012年版，第183页。

② 《王阳明全集·续编二·大学问》。

③ 《王阳明全集·别录七·八寨断藤峡捷音疏》。

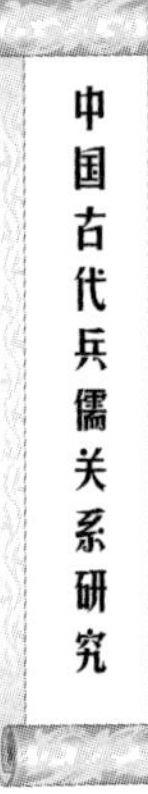

另外，这一时期还发生了一个特别的事件，朱宸濠被擒后，朝廷一些人因妒忌王阳明的功劳，怂恿武宗再次统兵南征，这势必会给早已备受战火摧残的江西带来更大灾难。为此，王阳明先上《请止亲征疏》进行劝阻，继而求助太监张永规劝皇上：

> 先生见永，谓曰："江西之民，久遭濠毒，今经大乱，缁以旱灾，又供京边军饷，困苦既极，必逃聚山谷为乱，昔助濠，尚为胁从，今为穷迫所激，奸党群起，天下遂成土崩之势。至是与兵定乱，不亦难乎？"①

在二人共同努力下，武宗终于提前回朝，江西人民也避免了一场无谓的战乱和灾难。孙子曾讲："夫兵久而国利者，未之有也。故不尽知用兵之害者，则不能尽知用兵之利也。"（《作战篇》）王阳明立足民生角度，极力反对朝廷盲目用兵和长期战争，这无疑是兵儒融合基础上"仁本"战争观念的体现。

3. 教化民众，"破心中贼"

作为一介大儒兼杰出的军事家，王阳明的高明之处在于不仅要"破山中贼"，还要"破心中贼"。他向来认为，南赣地区的"山贼"之所以长期为患，根本原因在于民众缺乏应有的礼制观念，以至于民性刁蛮，很容易发生暴乱或进山为贼的行为。因此，要彻底清除山中之贼，必须先破心中之贼。他言道：

> 破山中贼易，破心中贼难。区区剪除鼠窃，何足为异？若诸贤扫荡心腹之寇，以收廓清平定之功，此诚大丈夫不世之伟绩。②

这里所谓"心腹之寇"，关键在于社会风俗的败坏，而社会风俗败坏又因缺乏社会教育。

> 往者新民盖常弃其宗族，畔其乡里，四出而为暴，岂独其性之异，其人之罪哉？亦由我有司治之无道，教之无方。③

---

① 朱传誉：《王阳明传记资料之三》，天一出版社 1982 年版，第 27 页。

② 转引自张新民：《阳明精粹·哲思探微》，贵州人民出版社 2014 年版，第 72 页。

③ （明）王守仁：《南赣乡约》，转引自张祥浩：《王守仁评传》，南京大学出版社 1997 年版，第 270 页。

因此，为了改善风俗，必须重视社会教育，以此提高民众的道德水平。王阳明的社会教育主要通过制订乡规乡约以及向社会发表告谕的形式进行。

所谓“立乡约”，就是置三个簿子，一个写同约人的姓名，一个写入约人做的好事，一个写入约人做的坏事。目的有四：其一，彰善纠过。同约人一个月内开一次会议，做好事的要表彰，做坏事的要纠正。其二，扶危救困。任何一个入约人一旦有了危难之事，约长和其他同约人要共同帮助解决。其三，限制富商大户的过分剥削。如放贷利息不能过高，借债人一时还不上，要予以宽容。其四，限制官吏勒索。如果朝廷某些下级官吏到乡下勒索财物，约长和同约人要报官追究。

此外，立乡约还有一个重要作用就是戒奢靡之风。王阳明认为，民众本来穷困，但在婚丧嫁娶之时，却有奢侈浪费的坏习惯，其结果往往是一朝之内家财散尽，甚至负债累累。此种情况下，一旦遇上天灾人祸，就很有可能全家流离失所，青壮年上山为贼。为此，王阳明开列了许多节俭办喜丧事的条例。比如，婚姻嫁娶，不许计较彩礼嫁妆，不许大宴宾客，不许用鼓乐，不许请和尚道士做道场，等等。他还实行“十家牌法”，十家牌邻之间要互相监督，有上述情况而隐瞒不报者，十家均罪。

发布告谕是王阳明进行社会教育常用的形式。比如，在倡明道德伦常方面，发布《告谕庐陵父老子弟》：乡邻之道，宜出入相友，守望相助，疾病相扶持，并要求乡中父老，敦行孝义，为子弟作出表率，各念骨肉之情，毋忍背弃亲人。凡染病，要洒扫室宇，具汤药，备馇粥，明人伦之义，兴爱养之道。① 在《告谕各府父老子弟》里，他又指出：

> 父慈子孝，兄友弟恭，夫和妇从，长惠幼顺，勤俭以守家业，谦和以处乡里，心要平恕，毋怀险谲，事贵含忍，毋轻斗争。②

在劝善戒恶方面，发布《谕俗四条》：为善之人，不但宗族亲戚爱护他，朋友乡党敬仰他，即使鬼神也会暗中庇护他；为恶之人，不但宗族亲戚厌恶他，朋友乡党怨恨他，即使鬼神也会惩罚他。他还谈道：

---

① 《王阳明全集·续编三·告谕庐陵父老子弟》。

② 《王阳明全集·别录八·告谕各府父老子弟》。

见人之为善,我必爱之,我能为善,人岂有不爱我者乎?见人之为不善,我必恶之,我苟为不善,人岂有不恶我者乎?故凶人之为不善,至于陨身亡家而不悟者,由其不能自反也。[①]

王阳明知道,要使人们真正从内心自觉接受礼制的规范,还需通过学校教育的形式,以达到教化民众的目的。为此,王阳明在南安、赣州等地全面恢复社学,大力兴办书院。这种乡村教育往往采用官督民办的形式,主要通过发动社会力量来办学,而“三纲”“五常”与封建礼仪是主要的教学内容。为解决校舍问题,他下令将境内祠堂改建为社学,这既解决了校舍问题,又能移风易俗。为解决师资匮乏的问题,他要求所属地方官员,加紧访求“学术明正,行正端方”的乡儒来任教,同时要求家长要教训好子女,务必尊师重道。

(四)王阳明在兵儒融合问题上的突破性贡献

从上述内容来看,王阳明用兵之精髓仍在于“仁”与“诈”的辩证统一,也可说是儒家之“道”与兵家之“道”的有机结合,这本是一个老话题。唐代诗人杜牧在《注孙子序》中写道:“武之所论,大约用仁义,使机权也。”明代兵学家尹宾商更提出“兵以正出而谲用之”[②]的观点。从历史的角度看,大凡真正优秀的将领或统帅,无不自觉将儒家之“仁”与兵家之“诈”有机结合起来,皆“权谋无所不至;求其人则金玉君子,忠厚正直,一言一行无非圣贤正心、修身之法”[③]。王阳明在“仁诈合一”问题上有着突破性贡献,即在兵儒融合问题上实现了质的飞跃。阐明这一问题,还需要立足于王阳明对传统儒学的批判及卓越贡献进行深层次的论证。

众所周知,王阳明有一段关于“三代之衰”的论述,其要旨不仅在于对“霸术”的批判,而且在于对传统儒学的批判。

三代之衰,王道熄而霸术焻;孔、孟既没,圣学晦而邪说横。教者不复以此为教,而学者不复以此为学。霸者之徒,窃取先王之近似者,假之于外以内济其私己之欲,天下靡然而宗之,圣人之

---

① 《王阳明全集·外集六·谕俗四条》。

② (明)尹宾商:《兵罍·谲》,转引自《中国军事史》编写组:《中国军事史》第六卷,解放军出版社1991年版,第257页。

③ 《孙子书校解引类·自序》。

道遂以芜塞。相仿相效，日求所以富强之说、倾诈之谋、攻伐之计，一切欺天罔人，苟一时之得，以猎取声利之术，若管、商、苏、张之属者，至不可名数。既其久也，斗争劫夺，不胜其祸，斯人沦于禽兽、夷狄，而霸术亦有所不能行矣。①

也就是说，在三代王道衰落、孔子圣学亦芜塞的情况下，管仲、商鞅、苏秦、张仪之徒大力崇尚倾诈之谋、攻伐之计。然而，这种"霸术"与"霸道"欺天罔人、斗争劫夺，给天下带来极大的祸害，故而不能长久。于是，后世儒者继起而救世。

世之儒者慨然悲伤，搜猎先圣王之典章法制，而掇拾修补于煨烬之余，盖其为心良亦欲以挽回先王之道。圣学既远，霸术之传积渍已深。虽在贤知，皆不免于习染，其所以讲明修饰，以求宣畅光复于世者，仅足以增霸者之藩篱，而圣学之门墙，遂不复可睹。于是乎有训诂之学，而传之以为名；有记诵之学，而言之而为博；有词章之学，而侈之以为丽。②

这段话的核心意思是，后世儒者虽以恢复王道为目的，但其研究儒学所运用的整理经典的手段与思路，却习染了"霸术"的思维方法，所谓"训诂之学""记诵之学""词章之学"皆把"霸术"的思维方式推演到极致，完全淹没了"王道"之思想和精神。也就是说，他们追求的仍然是实用性知识，与圣人精神毫不相干。

那么，到底什么是霸术呢？我们可以先从现代理论角度来阐释和理解：

所谓霸术即包含了政治学、经济学、外交学、军事学等实用学科。实用学科的一个总的特点，就是从一定的功利目的出发，把人类生活中的某一方面、某一个特定的对象从其活生生的现实中抽取出来进行专门的研究，从而得出对于事物属性的判断，以便

① （明）王阳明著，阎韬注评：《传习录·答顾东桥书》，江苏古籍出版社2001年版，第153～154页。以下仅注书名和篇目。

② 《传习录·答顾东桥书》。

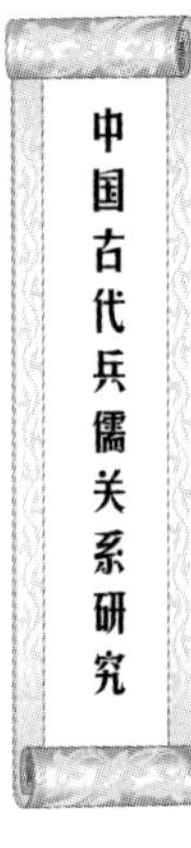

于对这些事物的利用。[①]

由此可以看出,“霸术”虽然有一定的合理性和正当性,但其致命缺陷在于以追求功利为目的,将人类活动的某一对象从现实生活中剥离出来,加以分门别类的研究,孤立地去发展某一个方面,从而背离了人类活动的有机整体性,进而对人类造成危害。以兵学和兵家为例,为了达到战争制胜的功利目的,他们追求兵以诈立、兵不厌诈,即使暴力杀人也在所不惜。就专门的军事活动而言,这是本质和常态,但此种思维方法和观念一旦传播到整个社会,便可能给人类带来严重威胁。

在王阳明看来,传统儒学研究先王所谓“典章法制”,虽然全面而笼统,没有“霸术”那样鲜明的功利性目的,但本质上算是为解决时代问题的实用性知识。它以道德为主要研究对象,依然排斥对人类生活其他方面的关注,依然承袭了强调知识性的学术道路,因而必然具有与“霸术”相同的学术弊端。最重要的是,他们不但不能传达先王之“精神”,甚至完全背离先王之“精神”。“又将圣人所画摹仿誊写,而妄自分析加增以逞其技,其失真愈远矣。”[②]

那么,类似“先王典章法制”的实用知识是不是毫无作用和价值呢?王阳明并未轻易做出简单否定的结论。比如,尧、舜曾命人观察天象,钻研天文学知识,这与“霸术”没什么区别。然而,在王阳明看来,尧、舜利用这些知识是为了能“以仁民之心而行其养民之政”[③]。这就是说,圣人掌握了运用这些知识的“根本”。以此而推,对于服务于“霸术”的实用性知识不能不讲求,关键是要服从于人类整体性存在的思想,“亦不是将名物度数全然不理,只要‘知所先后则近道’”[④]。

正因如此,王阳明承认与肯定“苏秦、张仪之智,也是圣人之资”,他们的纵横之学“亦是窥见得良知妙用处”[⑤]。这就是说,“王道”与“霸术”可以调和,可以相辅而用,只是要在不割裂人类生活整体的思维方

---

① 傅秋涛:《略论王阳明对传统儒学的批判及意义》,《湖南社会科学》2010 年第 1 期。

② 《传习录·陆澄录》。

③ 《传习录·答顾东桥书》。

④ 《传习录·陆澄录》。

⑤ 《传习录·钱德洪录》。

法下进行。这就涉及王阳明心学与传统儒学的根本区别，有学者指出：

> 所谓“王道”，在传统儒学看来是古代圣人掌握了某种绝对真理所推行的一套既定的社会政治制度，而王阳明认为，它只不过是有机整体的世界观的人的本心在政治上的自然表现。[①]

在王阳明看来，圣人之所以能把握人类生活的整体而有“天下万物为一体”的思想，关键在于他们用“心”体悟了事物的本性。

> 盖其心学纯明，而有以全其万物一体之仁，故其精神流贯，志气通达，而无有乎人己之分、物我之间。[②]

也就是说，世界上并不存在绝对孤立的事物，包括人的内在的心灵与外在的事物也是内在统一的。“夫物理不外于吾心，外吾心而求物理，无物理矣，遗物理而求吾心，吾心又何物邪？”[③]因此，万事万物由“心”生成，也由“心”显现，而人对事物的理解只不过是敞开自己的本心而已。人想把握事物的本性，进而掌握真理，就要清除物欲对人心的遮蔽以及由此造成的人心昏昧。

> 若鄙人所谓“致良知”者，致吾心之良知于事事物物也。吾心之良知，即所谓“天理”也。致吾心之良知“天理”于事事物物，则事事物物皆得其理矣。故曰，致吾心之良知者，致知也；事事物物皆得其理者，格物也，是合心与理为一者也。[④]

此种“致良知”的思想自然可运用于王阳明用兵问题上。具体而言，其以心法用兵，亦反映了心学之基本原理。

> 德洪昔在师门，或问：“用兵有术否？”夫子曰：“用兵何术？但学问纯笃，养得此心不动，乃术尔。凡人智能相去不甚远，胜负之决，不待卜诸临阵，只在此心动与不动之间。昔与宁王逆战于湖

---

① 傅秋涛：《略论王阳明对传统儒学的批判及意义》，《湖南社会科学》2010年第1期。

② 《传习录·答顾东桥书》。

③ 《传习录·答顾东桥书》。

④ 《传习录·答顾东桥书》。

> 上，南风转急，面命某某为火攻之具。是时前军正挫却，某某对立矍视，三四申告，耳如弗闻。此辈皆有大名于时，平时智术岂有不足？临事忙失若此，智术将安所施？”①

“养得此心不动”，必然丝毫没有计较个人生死得失的私念掺杂其中。因“良知”而能自我主宰，于是其成为稳操胜券不可或缺的心理素质条件。王阳明在回答王龙溪“人称用兵如神，何术以致之”的问题时就有如此解释：

> 我无秘术，但平生所自信者良知，凡应机对敌，只此一点灵明神感神应，一毫不为生死利害所动，所以发机慎密，故不知其所从来。在我原是本分行持，世人误以为神耳。②

临危能够不动心的工夫③，在王阳明看来，乃是由德性生命自然涵养的工夫所致，绝非任何外力所能强制。这是关注人类生活之整体的“心物一体”的表现，下面这段话，足以说明这一问题。

> 昔有问：“人能养得此心不动，即可与行师否？”（阳明）先生曰：“也须学过。此是对刀杀人事，岂意想可得？必须身习其事，斯节制渐明，智慧渐周，方可信行天下；未有不履其事而能造其理者，此后世格物之学所以为谬也。孔子自谓军旅之事未之学，此亦不是谦言，但圣人得位行志，自有消变未形之道，不须用此。后世论治，根源上全不讲及，每事只在半中截做起，故犯手脚。若在根源上讲求，岂有必事杀人而后安得人之理？”④

这里所谓“身习其事，斯节制渐明，智慧渐周，方可信行天下”，事实上代表了一切生命存在的哲理并非仅限于军旅一事。王阳明所谓“格物之学”，本质上是内外打通之学，即必须透过具体的实践活动方能达到最高的理想境界。唯如此，方能以“不动心”的方式展现心体之“全体大用”，并凭借自身的直观智慧准确把握一切时局的动态变化。

值得注意的是，上段引文还深刻揭示了一个问题：王阳明最重视

---

① （明）钱德洪：《平濠记》，清初钞本。

② 转引自张新民：《阳明精粹·哲思探微》，贵州人民出版社 2014 年版，第 73 页。

③ 王阳明认为，本体即工夫，工夫即本体。

④ （明）钱德洪：《平濠记》，清初钞本。

的并非“用兵斗智之术”，而是他所讲的“消变未形之道”。在他看来，国家长治久安、社会秩序稳定的根本基础，乃是“人心”而非“武力”，其中更重要的是建立合理的文化秩序。由此而言，他的宏伟抱负不是兵家的所谓“以战止战”，而是从心性根源上去兵除暴，将一切兵战消归于无形。换言之，“心中贼”已破，“山中贼”自然就消归于无形。行文至此，王阳明在兵儒关系和兵儒融合方面的突破性成就及杰出贡献已然揭晓，他在兵儒关系史上写下了最光辉的一页。

三、戚继光对兵儒融合的自觉追求与杰出贡献

戚继光(1528～1588)，字元敬，号南塘，山东蓬莱人。明代杰出的军事家、抗倭名将、著名诗人、民族英雄。戚继光早年就有远大的志向。嘉靖二十三年(1544)，他承袭祖先封职之后，就写下了“封侯非我意，但愿海波平”的诗句。

戚继光一生的军事实践活动主要有两个方面：其一，在东南沿海抗击倭寇。他率领亲手创建的戚家军，转战浙江、福建、广东、江西等地，彻底肃清了倭寇之患。其二，在北方抗击蒙古贵族对中原的入侵，坐镇蓟州十六年，保卫了北部边疆的安全，促进了当地民族与社会经济的和平发展。其一生真可谓驰骋疆场，战无不胜，创造了一个又一个战争奇迹，立下了不朽的历史功勋。

在战争实践的基础上，戚继光形成了独特的军事思想，这主要表现于《纪效新书》和《练兵实纪》两部兵书、带有诗文性质的《止止堂集》以及上报朝廷的奏疏之中。就当前的学术研究来看，前人多关注对戚继光军事思想的梳理和归纳。部分学者对于戚继光在兵儒融合方面的贡献虽有所探究，但挖掘还不够深入和全面。在笔者看来，戚继光作为一代名将，既有兵学和儒学的深厚理论功底，又有丰富的参与重大战争指导和决策的实践经历，更为重要的是，他具有积极运用儒家思想改造兵学的务实精神和自觉主动意识。故而，这方面的研究和探讨还有待进一步拓展、深化。

(一)戚继光兵儒融合的思想基础

戚继光军事思想的来源主要有两个方面：其一，以《孙子》为首的《武经七书》；其二，儒家经典中的军事思想主张，因而戚继光军事思想

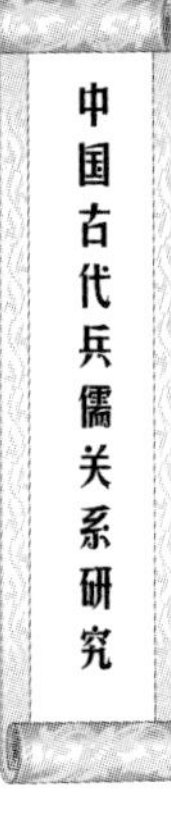

本身就蕴含着兵儒融合的鲜明特色，兵家思想和儒家思想是其思想基础。

据有关史料记载，戚继光熟读《武经七书》，尤为推崇《孙子》。他在《纪效新书》序言中谈道：

> 数年间，予承乏浙东，乃知孙武之法纲领精微莫加矣。第于下手详细节目，则无一及焉。犹禅家所谓上乘之教也，下学者何由以措？于是乃集所练士卒条目。①

从这段文字看，戚继光对孙子思想体系的把握十分精准。《孙子》一书具有高度概括性，理论性非常强，确为"上乘之教"。戚继光所要解决的是，把孙子思想细化、具体化，以便在现实战争中更好地灵活运用。这就好比一座武器库藏有各种武器，一家中药铺存有各种药材，至于用什么、如何用，还需要具体的实践功夫。戚继光解释《纪效新书》书名时谈道："夫曰'纪效'，所以明非口耳空言；曰'新书'，所以明其出于法而不泥于法，合时措之宜也。"②

另外，戚继光对孙子的某些重要思想也有直接继承和引用。比如，孙子讲"知兵之将，生民之司命，国家安危之主也"（《作战篇》）；戚继光强调："夫为将之道，疆场安危，三军死生系焉。"③孙子重视"庙算"，强调"多算胜，少算不胜"（《计篇》）；戚继光主张打"算定战"，反对"舍命战"和"糊涂战"。④

除《孙子》以外，戚继光对《武经七书》中其他兵书的观点也非常熟悉，其著述和文章常引用相关的兵学思想。比如，他讲战争进行的政治条件时谈道："关系军机利钝。必和于国，然后可以出军；必和乎（于）军，然后可以出战。"⑤这句话明显出自《吴子·图国》。他谈将帅之战场专断权又讲道："大将乃一镇第一尊重无二者，所谓四无三不

---

① （明）戚继光著，盛冬铃点校：《纪效新书·自序》，中华书局 1996 年版，第 1 页。以下仅注书名和篇目。

② 《纪效新书·自序》。

③ 转引自范中义：《戚继光评传》，解放军出版社 2014 年版，第 155 页。

④ 参见范中义：《戚继光评传》，解放军出版社 2014 年版，第 167 页。

⑤ 《戚少保年谱耆编》卷二。

制，其人也。”①这里的“四无”，系《六韬·龙韬·立将》之“无天于上，无地于下，无敌于前，无君于后”；而所谓“三不制”当源自《尉缭子·武议》之“上不制于天，下不制于地，中不制于人”。

值得强调的是，戚继光虽出身将门，一生以军旅为业，但他的世界观却以儒家思想为基础。他早年师从儒生梁玠，接受过专门的儒学教育，且不喜欢固守章句，多能通晓经书之大义。他的儿子们称他“私淑阳明，大阐良知，胸中澄彻如冰壶秋月，坐镇雅俗有儒者气象”②。先秦时期孔孟学说的基本思想观念对戚继光有着深刻影响。比如，他论将帅的无私人格之时，援引孔子的话：“朝闻道，夕死可矣。”③在论将帅的修养之时，非常欣赏孟子的话：“我善养吾浩然之气。”④对于汉代董仲舒“正其谊不谋其利，明其道不计其功”⑤的思想观念，戚继光结合战争问题解释说：“利与众共之，不自以为利，则独享其利也大。功与众共之，不自以为功，则独归其功也深。虽为用兵制胜之道，即是心身性命之学。”⑥对于北宋朱熹“圣贤千言万语，只是教人明天理，灭人欲”⑦的思想观念，戚继光在《止止堂集·愚愚稿上》中阐释说：“天理难复而易蔽，人欲难磨而易起。复理如仰面攻城，纵欲如下坡推毂。”

在整个儒家思想体系中，戚继光接受阳明心学的影响更为全面，也更为深入。比如，王阳明重“良知”，戚继光则提出“正心术”；王阳明强调知行合一，戚继光则提倡身体力行；王阳明主张“破山中贼易，破心中贼难”，戚继光则提出“去外寇易，去心寇难”⑧。戚继光重视阳明心学，应该与赏识、提拔他的张居正有密切关系。张居正对心学非常赞赏，曾言：

> 近日静中，悟得心体原是妙明圆净，一毫无染，其有尘劳诸相，皆由是自触。识得此体，则一切可转识为智，无非本觉妙用。

---

① 转引自范中义：《戚继光评传》，解放军出版社2014年版，第178页。

② 《戚少保年谱耆编》卷一。

③ 《论语·里仁》。

④ 《孟子·公孙丑上》。

⑤ 《汉书·董仲舒传》。

⑥ 《止止堂集·愚愚稿上·大学经解》。

⑦ 《朱子语类》卷十二。

⑧ 《止止堂集·愚愚稿上·大学经解》。

故不起净心，不起垢心，不起著心，不起厌心，包罗世界，非物所能碍。[①]

值得注意的是，与以往朝代的众多儒将相比，戚继光军事思想的儒学化倾向更为明显。如果说前代将领接受儒学还是以一种潜移默化的方式的话，那么戚继光对于儒学的认识和态度就是一种自觉且积极的追求，他的最终目的是用儒家思想解决现实的军事问题。正因如此，戚继光不是把儒家和兵家截然对立起来，而是力求使二者融合。他谈道：

孙武子兵法文义兼美，虽圣贤用兵无过于此，非不善也，而终不列之儒。设使圣贤其人用孙武之法，武经即圣贤之作用矣。苟读六经，诵服圣贤，而行则狙诈，六经即孙武矣。顾在用之者其人何如耳。[②]

戚继光具体解释《孙子》的某些言论时，也多联系到儒学之思想深意。比如，他解释《孙子·计篇》“将者，智、信、仁、勇、严也”一句时有言：

智者，仁之辨也；信者，仁之实也；仁者，人之本也；勇者，仁之志也；严者，仁之助也。……故直看则智为首，横看则仁居中。苟智、信、勇、严而不重夫仁，则皆为虚器，为礼文矣。[③]

总之，儒学对戚继光军事思想的影响是非常深刻的。正是因为这种深刻的影响，才使得他在自身武学修养及练将、练兵等方面，达到了明代一般将领所难以企及的高度，也使其相关的军事思想能够超越军事领域，具有更重要的思想价值。对于戚继光在兵儒融合方面所取得的不凡成就，时人汪道昆赞誉道：

文武具足之谓全。讨平战克，则其真也。少保由诸生起当户，褎然以经术鸣。礼乐诗书，故所服习，顾交誉者不名儒，直以武功掩耳。[④]

① (明)张居正：《张太岳先生文集·寄高孝廉元谷三首》，明万历四十年(1612)唐国达刻本。

② 《止止堂集·愚愚稿上·大学经解》。

③ 《止止堂集·愚愚稿上·大学经解》。

④ (明)汪道昆著，胡益民、余国庆点校：《太函集》，黄山书社2004年版，第1579页。

(二)戚继光“练将”思想对兵学与儒学的融合

作为一个兵学概念,“练将”是由戚继光首先提出并做出系统论述的。在他看来,将帅是挽救国家存亡、救民众于水火中的关键因素,因而练将为重,练兵次之,不可本末倒置。

> 古者兵农未分,文武同途,其所设置责成,每如此,固非今日事也。借以今日论之,万一有剧盗起,城或不守,野被荼毒,使有善将兵者一鼓歼之,出生灵于水火中,所系岂小小哉!故必练将为重,而练兵次之。夫有得彀之将,而后有入彀之兵。练将譬如治本,本乱而末治者,未之有也。①

戚继光的这一认识可谓真知灼见。将领是军队的灵魂,是战争制胜的关键因素。古今中外,没有优秀的将领,就难以做出正确的战争指导和决策,更难以取得战争的最后胜利。正因如此,戚继光在《纪效新书·练将篇》中具体提出了二十六条为将标准,详细论述了古代良将所必备的基本条件。

重视“练将”是其另一部兵书《练兵实纪》的重要特色。如何练将呢?戚继光提出了“将德、将才、将智、将艺”四个方面的基本标准,具体内容又包括养成七种品德,克服七种缺陷,具备十二种基本素质,这些内容主要体现在《练兵实纪》的《练将篇》中。养成七种品德具体包括“正心术”“立志向”“明死生”“辨利害”“做好人”“坚操守”“宽度量”;克服七种缺陷具体包括“声色害”“货利害”“刚愎害”“胜人害”“逢迎害”“委靡害”“功名害”;具备十二种素质具体包括“尚谦德”“惜官蔑”“勤职业”“辨效法”“习兵法”“习武艺”“正名分”“爱士卒”“教士卒”“明恩威”“严节制”“明保障”。②

上述二十六条标准,形成了一个系统完整的思想内容体系。与孙子的将帅素养理论相比,这二十六条标准具有具体化、细化的特点,突出体现了兵儒融合的思想特色。对于这些内容的核心点及其彼此的关系,戚继光在《练兵实纪·练将》中有一段集中的论述:

> 心术正,则志向自立而不忒;志向立,则死生自明而不畏;死

① 赵海军评注:《戚继光兵法》,岳麓书社1997年版,第212页。

② 参见赵国华:《中国兵学史》,福建人民出版社2004年版,第505、508、510页。

生明，而利害自辨；利害辨，人品自好；做好人，而未有不知坚操守者也。操守坚，而狭隘者有之，故次之以宽度量，心广体胖矣。而最难窒者，欲也。欲莫如声色与货利。……将以戡乱为务，戡乱有具，兵法为要，武艺次之；治军有方，名分为切，教授次之；教授有术，故次之以恩威也、节制也；合而言之，无非以保民为职，故终之以明保障。约之以一言，曰正心术而已矣。[①]

就这段内容而言，戚继光的论述从“心术正”开始，又以“正心术”收尾，中间环环相扣，逐层递进，最终意在强调“心术”的突出地位和作用。这充分反映了明代心学思想对兵家理论的渗透与改造，即表明“正心术”是戚继光练将思想的核心内容。

按照儒家经典《大学》的说法“心正而后身修，身修而后家齐，家齐而后国治，国治而后天下平”，戚继光治学的突出特点就是活学活用。他笃信儒家经典但又不死板固守教条，而是致力于用儒家思想解决当时军事领域的现实问题，故而能够创建出以“治心”“练心”为特色的治军思想体系，这是对传统兵学的一个巨大发展。

那么，如何以“正心术”来练将呢？要以儒家经典及其他典籍为基础，对将领进行熏陶和教育，使其知心性之源头。

其所先读，则孝经、忠经、语、孟白文、武经七书白文，次第记诵……俟毕，即读《百将传》，将传中诸将人品、心术功业……逐节比拟，以我身为彼身，以今时为彼时，使我处此地当此事，而何如可……然后益之以《春秋》《左传》《资治通鉴》，广其财又授之《学》《庸》大义，使知心性之源头。[②]

由此可见，戚继光将儒家经典理论引入治军的具体实践，是一种积极、自觉且主动性的追求，并因此提出了兵儒融合的具体实践思路。可想而知，一支由“心术”铸魂的军队，战斗力是由内而外打造和展开的，因而是强大而不可战胜的。戚继光的“正心术”思想，因明中期的残酷军事实践而萌发，由传统儒家思想启发而生成，是对兵儒融合的一种深

① （明）戚继光：《练兵实纪·练将》，清文渊阁《四库全书》本。以下仅注书名和篇目。

② 《练兵实纪·储将》。

层次推动和发展。

值得注意的是，戚继光“正心术”的练将思想与王阳明的心学理论体系有着密切联系，二者的结合几乎是儒家道德信仰理论和兵家治军实践的一种完美对接。王阳明认为，良知人人皆有，圣愚并无不同；戚继光提出，无论贵为王侯将相者还是贱而匹夫庶人者，共有的仅是“一心”而已。

> 戚子曰：无分于武弁也，无分于草莱也，无分于生儒也。遴其有志于武者，群督而理之，首教以立身行己，捍其外诱，明其忠义，足以塞于天地之间，而声色货利，足以为人害，以正其心术。①

王阳明强调“知行合一”，戚继光则表现出理论与实践有机结合的思想倾向，他说：“予本无良，然中年以后，颇知于切实处用力。”②故而，对于“练心”与“治心”问题，他强调一定要身体力行，真正与军事实践相结合：

> 近世人轻易看书，辞日繁，道益晦，只是欠“身体力行”四字耳。但将数圣贤、真儒说过的话头，字字认真体贴，来我身上行之，只一“良知”便可径到圣贤地位，便可日日见尧舜。若不实行，总读尽、讲尽数圣人之书，必（按：毕）竟是水面看月而已。③

王阳明强调“破心中贼”，戚继光则提出为将者不仅要“能剿外寇”，而且要“能攻心寇”。在戚继光看来，一名将领若“心寇”不除，则难以立身；如果将身不立，则难以完成守边御敌的伟大使命。

> 将兵治边寇，惟恐不胜，至于治心寇，却弗加意。功名利欲与心为敌，无异于寇。能剿外寇者，却不能攻心寇，可不省旃。……善将心者，以意为偏裨，忠信为甲胄，礼义为干橹，戒慎恐惧，防乎其防。人知治外寇而不知治心寇。视以礼而色寇远矣，听以礼而声寇远矣。声色之伏也无尽，当于慎独攻起则无遁寇矣。④

---

① 《练兵实纪·储将》。

② 《止止堂集·愚愚稿上·大学经解》。

③ 《止止堂集·愚愚稿上·大学经解》。

④ 《止止堂集·愚愚稿上·大学经解》。

综上所述，在练将实践中，戚继光兵儒融合思想表现得更为突出。他不仅坚持儒家的思想观点，而且更倾向于解决现实的军事问题。尤其可贵的是，他将王阳明心学的功夫论具体演化为治军实践中的将帅素养理论，从而创造性地把“练将”问题与“心之体”融会贯通，形成了适合军事战争领域的心学思想体系，从而真正实现了兵学与儒学的有机贯通与内在统一。

(三)戚继光练兵思想对兵学与儒学的融合

戚继光对士兵的管理和训练，同样贯穿了“正心术”的思想宗旨。他以儒家思想为支撑，从以训练士兵身体为主转换为以练心为主，有效弥补了传统兵家对士兵思想训练不足的缺陷，从而大大增强了士兵的战斗力，这也是兵儒融合的一种突出表现。

戚继光认为，士气是决定战争胜负的重要因素，“兵之胜负者，气也”①，“大势所系在气”②。因此，他提出练胆气是练兵的根本。那么，如何训练士兵的胆气呢？他明确强调“气”来源于“心”，“心者内气也，气者外心也”，“气发于外，根原于心”③，练气的根本在于练心。同时，戚继光将胆气分为“真气”与“客气”两种。“真”在古语中同“正”，因而“真气”就是发自内心的凛然正气；“客气”是由“格于物而发”之气，即由器物精良和有利态势而激发的士气。比较而言，“真气”因根植于内心，故而是长久的，是坚不可摧的，是真正的勇气，“出诸心者，为真气；则出于气者，为真勇矣”④。“客气”则是一种外在的浮气，是难以长久的，一旦受挫，则难以延续，“往年征役于吴，一败而不可复振。盖其所发为勇者，乃浮气之在外者，非真气之根于心也”⑤。

在更高层面上，戚继光主张把“卫国保民”的“忠义”教育放在士兵思想训练的首位。他强调，练心首先要“倡忠义之理”，即要求士兵对国家尽忠，对人民尽义，要为“守土卫国”而战。在他看来，一个合格的军人，为国家和人民征战沙场就是最大的忠义之举，而一旦以身殉国

① 《纪效新书·纪效或问》。

② 《纪效新书·胆气篇》。

③ 《练兵实纪·练心气》。

④ 《练兵实纪·练心气》。

⑤ 《练兵实纪·练心气》。

便是尽了忠义。忠义之士因为能够为国出生入死、不怕危险,就是最高贵的人。他说:

> 凡军称曰军士、战士、力士、勇士、义士、士卒。夫必称曰"士"者,所以贵之也。朝廷之命名贵士如此,所以望之出力疆场,卫国保民,其责非轻。①

戚继光主张从伦理意义上引导官兵正确认识卫国保民的思想宗旨。他从军队与国家、民众的伦理关系入手,启迪军人对国家、人民的价值认同。同时强调,治军中难免有赏罚之举,但仁义仍起着根本的作用。

> 谆谆谕以君父之义,祸福之辨,修短之数,死生之理,使之习服忠义,足以无忝所生。其为荣也、利也如何?世之情事有重于死者,有甚于生者。必佐之以不时之赏,斧钺之威,而行吾仁义于其中,乃为有本之用矣。②

为了达到卫国保民的教育目的,戚继光在训练与作战中经常用通俗的语言向士兵阐述军队与百姓的关系,告诫他们要努力杀敌。比如,戚继光经常教导士兵说:

> 兵是杀贼的东西,贼是杀百姓的东西,百姓们岂不是要你们去杀贼。……设使你们果肯杀贼,守军法不扰害地方百姓,如何不奉承官府?③
>
> 凡你们当兵之日,虽刮风下雨,袖手高坐,少不得行月二粮。这银米都是官府征派地方百姓办纳来的。你在家那(按:哪)个不是耕种的百姓?你肯思量在家种田时办纳的苦楚艰难,即当思量今日食粮容易,又不用你耕种担作。养了一年,不过望你一二阵杀胜。你不肯杀贼保障他,养你何用?④

这种卫国保民的思想教育,颇具现实性和感召力,真正触及了士兵的

① 《练兵实纪·练胆气》。

② 范中义:《戚继光兵法新说》,解放军出版社2008年版,第215页。

③ 《纪效新书·练胆气》。

④ 《纪效新书·练胆气》。

心灵深处，唤起了士兵的爱国主义精神，从而为戚家军的训练与作战奠定了良好的思想基础。历史上，戚家军之所以能所向披靡，无往不胜，其实与戚继光的卫国保民教育分不开。

除了卫国保民的思想政治教育以外，戚继光还从儒家“诚心正意”的思想理念出发，注重“以诚感诚”，感化士兵。

> 夫制胜之妙，如珠转圜。将何有秘？盖有不可以言喻而可以意受者，感召之道也。①

戚继光认为，要以诚感诚，要做到切实尊重士兵，真心实意地爱护他们，关心他们，要将诚心真正落到实处。比如，要像父母那样关心士兵的饥饱劳逸、病情轻重，要倾听他们的心声。

> 主将常察士卒饥饱劳逸、强弱勇怯、材技动静之情，使之依如父母，则和气生；气和则心齐，兵虽百万，指呼如一人。②
>
> 凡病兵……队总则时时看视，旗总则一日一看，百总则三日一看，千总则十日一看，营将每半月一看。主将惟看病重者，存恤之。③
>
> 军士若有公事、私事紧急，欲诉本管者，先与旗、队总言之，径赴应该千、把、总处。门上即时放入，不许拦阻执辱。④

当然，戚继光非常重视将教育与赏罚相结合，并且强调赏罚一定要公正，该赏的即使与将领有仇怨，也要赏；如果违犯军令，即使亲子侄，也要依法处罚。

> 凡赏罚，军中要柄。如该赏者，即与将领有不共戴天之憾亦要录赏，患难亦须扶持。如犯军令，便是亲子侄亦要依法施行，决不许报施恩仇。有此者，以其所报之罪坐之。⑤

总之，戚继光在重视练将的同时，深谙练兵之道。他在继承前人

---

① 《练兵实纪·储练通》。
② 《练兵实纪·练胆气》。
③ 《练兵实纪·练胆气》。
④ 《练兵实纪·练胆气》。
⑤ 《练兵实纪·练胆气》。

优秀治军思想的基础上，立足于练兵的实际问题，将“治心术”思想与士兵的思想教育有机结合起来，这是对兵儒融合的又一个重要贡献。

（四）戚继光作战指导思想对兵儒学融合的贡献

戚继光军事思想蕴含着兵儒融合的性质与特色，不仅表现在练兵与练将问题上，而且体现于作战指导思想方面。在战争指导层面，戚继光很好地继承了兵家因敌制胜、注重实效的用兵思想。无论是组织抗倭战争，还是主持蓟镇防务，他都能根据敌我双方的具体情况，采取不同的作战方针，同时有自己的创见。比如，在抗倭战争中，他针对倭寇力量分散、流动性强、擅长刀法等特点，多使用小股部队，组织实施小规模的歼灭战。为了制止蒙古贵族南侵，他则针对蒙古诸部力量集中、机动性较强、擅长骑射等特点，采用“驻重兵以当其长驱，而又乘边墙以防其出没”①的积极防御战略。戚继光曾对倭寇入侵和蒙古贵族入侵的特点做过详细的比较分析，他所讲的二者的根本差异，与实际情形几乎完全相符。

> 倭寇航海而来，通常不过两万人，蒙古诸部进犯边疆，动辄有数十万人；倭寇袒裸跳梁，习惯近身搏斗，蒙古诸部控弦铁骑，擅长机动作战；倭寇来去有时，难以逃避围剿，蒙古诸部来去便捷，终究不可控制。②

为了打赢每一次战争，戚继光特别提出了“称干比戈，用众首务”的原则，就是讲究“称比之术”。何谓“称比之术”呢？

> 杀人三千，我不损一，则称比之术也。譬如彼以何器，我必求长于彼，使彼器技未到我身，我举器先杀到他身上了。他应手而死，便有神技，只短我一寸，亦无用矣。是以我不损一人，而彼常应手便靡。③

在抗倭战争中，戚家军使用的“狼筅”就是一种讲究“称比之术”的武器。据戚继光《练兵实纪》记载：

---

① 《戚少保年谱耆编》卷七。

② 赵国华：《戚继光军事思想谈论》，《理论学刊》2008 年第 5 期。

③ 《练兵实纪·练兵杂纪·军器解上》。

> 狼筅乃用大毛竹，上截连四旁附枝，节节丫杈，视之粗可二尺，长一丈五六尺。人用手势遮蔽全身，刀枪丛刺，必不能入，故人胆自大，用为前列，乃南方杀倭利器。①

值得强调的是，使用这种“狼筅”的士兵并不是单兵作战，而是组成独特的具有很强战斗力的“鸳鸯阵”以御敌。

> 该阵的组成是：队长1人在前，其余10人为二列纵队，前2人为长（藤）牌手，次2人为狼筅（以毛竹制成的长兵器）手，其后4人为长枪手，最后2人手持镗钯等短兵器。作战时，牌手持牌低头前进，由狼筅手替他们防护左右。长枪手跟随狼筅手刺杀敌人，短兵手负责救援长枪手。由此可见，该阵是一个长短兵器互相救援掩护，攻防能力兼备的纵队战阵。②

正因如此，在多年的抗倭战争中，戚家军战无不胜，每次都以极小的代价取得重大的胜利，甚至还创造了歼敌上千名而戚家军无一伤亡的辉煌战例。戚继光曾回忆说：“三十年间，先后南北水陆大小百余战，未尝遭一劫。”③明代文人王世贞非常佩服戚继光的用兵才能，在为《纪效新书》所作的序言中，称戚继光“用兵如神”，既“善用寡”，又“善用众”；既“善用败”，又“善用胜”。④ 纪昀则称赞说：

> 继光为将，精于训练，临事则飙发电举，当世称为戚家军。今以此书考其守边事迹，无不相符，非泛摭韬略常谈者比。⑤

戚继光在战争中能够因敌制胜、用兵如神，但又绝非一个穷兵黩武主义者。他将儒家的仁本理念、民本思想及和平思想有机贯穿到战争实践过程中，从而实现了兵儒思想在战争实践领域的有机结合。这突出表现为两个方面：第一，秉承儒家仁本思想理念，严格执行“善俘”

---

① 《练兵实纪·练兵杂纪·狼筅解》。

② 胡维革主编：《中国传统文化荟要》（八），吉林人民出版社2005年版，第264页。

③ 《戚少保年谱耆编》卷十二。

④ 《纪效新书·序》。

⑤ （清）纪昀总纂：《四库全书总目提要》，河北人民出版社2000年版，第2544页。

政策。“善俘”是古代优秀兵家所遵循的一条重要原则，是儒家仁爱思想渗透至战争领域的一个重要表现。孙子曾讲：“卒善而养之，是谓胜敌而益强。”(《作战篇》)这里是说，对于俘获的士卒要优待和任用，以壮大自己的力量。后来的兵家贯彻“善俘”政策，也多是在这一层面进行拓展运用。然而，戚继光在“善俘”问题上却有理论上和实践上的重大发展。他一方面坚持前人对待俘虏的人道主义精神，每战之后，必亲自督促部属善待战俘和胁从者，不辱不虐，并给予俘虏选择生路的机会；另一方面，将这种人道原则付诸军法，使之理论化、常规化，并将其作为瓦解敌人的一种重要手段。比如，台州之战前，戚继光事先确定了优待俘虏的政策和方式。据《戚少保年谱耆编》记载：“军中立一白帜为信，凡胁从空手伏帜下悉放还，毋为贼树党也。”[①]《练兵实纪》中，也有专门的“处阵降”和“慎妄杀”的纪律条令：

> 凡当阵之时，贼方迎锋而来，若系被掳驱之前向者，令给每哨降旗二面，远远共呼：“丢了枪刀不杀。”若系丢了枪刀者，令径往白旗下，听他投附偷生。若妄杀一级，定斩下手之人偿命，各相近队伍头目不行举首者同罪。
>
> 今后战贼既败，所获子女人口即是真寇贼，不许杀取首级，只将生口送官论功给赏。[②]

可见，戚继光关于战场上善待俘虏的律令十分严格，无论是对敌方士兵还是胁从的老百姓，决不滥杀无辜。这颇符合儒家“仁义之师”和“义战至上”的伦理战争观，其最终目的是更好地争取民心，让战争本身更具价值合理性。同时，这是中华民族武德文化和武德精神的良好延续。

第二，坚守民族和睦思想理念，追求不战而屈人的“全胜”境界。“不战而屈人之兵”是孙子创立的用兵之最高境界。事实上，在历代战争实践中真正能达到这一境界者少之又少。然而，戚继光在多年的战争中却能执着地追求这一理想目标。尤其在对抗北方蒙古贵族入侵的战争中，戚继光坚持“先为不可胜”的作战指导思想，注重加强军队

---

① 《戚少保年谱耆编》卷二。

② 《练兵实纪·练营阵》。

实力建设，通过改造武器，训练士兵，修建长城等措施，大大改变了蓟州的被动防守状况，使得蒙古军队不敢轻易进犯，从而真正做到了“不战而屈人之兵”。

在具体内容上，戚继光以儒家思想理念为基础，坚持“外示羁縻，内修战守”“不割土地，不分人民，适成中国之大”①的指导思想，并实实在在地执行这一方略。他在《覆兵部条议八事》中，全面阐述了对俺答请求封贡的主张和措施：

> 议封职，以臣服夷酋；定贡额，以均赏赉；议贡期、贡道，以便防范；议互市，以利华夏；以抚赏，以求可继；议归降，以杜启衅；审经久，以严边备；戒狡饰，以训将略。
>
> 不如因其请而授之，不割土地，不分人民，适成中国之大。即使虏酋狡猾背盟，而名义昭然，其直在我。为今之计，惟当坚其始盟，要其誓信。②

由此看来，作为封建社会的一员武将，戚继光能辨明对内、对外战争的不同性质，极力主张“南主战，北主守；对外杀，对内和”的御敌策略。可见，他不但具有杰出的军事才能和智慧，而且在政治上也极为成熟。在抗倭战争中，戚继光率兵与倭寇力战80余场，杀敌不计其数，号称“戚老虎”。然而，在北方镇蓟16年，打仗不过10场，杀人不过百名。这说明，他已经能够明确区分民族战争和反侵略战争的不同性质，进而把中华民族的传统爱国主义精神提升到了大中华的高度，把儒家的仁本爱民思想拓展到了整个中华民族的范围，实在难能可贵。

万历三年(1575)，蒙古族朵颜部偷袭董家口，戚继光率大军反击，其间追击敌寇150余里。这本是一场可能导致双方激烈拼杀的惨烈战争，然而戚继光采用了“兵不顿而利可全”的全胜策略，以强大的军事实力进行战略威慑，在伤亡很小的情况下使得该部彻底臣服，最终双方停战和好。自此以后，蓟镇“边备修饬，蓟门宴然。继之者踵其成法，数十年得无事”③。万历七年(1579)，蒙古族土蛮部进犯辽东，戚继

① 《戚少保年谱耆编》卷九。

② 转引自范中义：《戚继光大传》，海洋出版社2015年版，第310页。

③ 《明史·戚继光传》。

光奉命亲率5万大军出关迎敌，先对战于狗河、石河等地，继而“追奔数百里，勒石燕山（今朝阳市西郊）而还”①。5万大军奉旨出关，且实力远超敌方，若是为了个人功名利禄，完全可以大举攻杀对方，创造更大的战绩。然而，戚继光并未大开杀戒，只“斩首十三级，获马十五匹”②，将敌人吓退之后，便收兵回关。

上述两场战争，都是凭战争实力的战略威慑取胜，可以说是运用孙子全胜思想的杰出典范，其根本的思想基础则在于儒家“以仁为本”“恩威并重”的战争理念。战争的最终目的不在杀人，而在于争取民心，安定边疆，实现和平，这是兵儒结合战争观念的深刻表现。就将帅个人的素养和道德境界而言，在历朝历代的民族战争中，如此以民族大局为重，不嗜杀，不黩武，不为个人名利滥杀无辜的优秀将领，着实罕见。

四、曾国藩、胡林翼治兵思想对兵儒融合的杰出贡献

曾国藩（1811～1872），字伯涵，号涤生，中国近代著名政治家、战略家、理学家，湘军的创立者和杰出统帅。胡林翼（1812～1861），字贶生，号润芝，谥号文忠，湖南益阳县泉交河人，湘军杰出统帅和首领，著有《胡文忠公遗书》等。他与曾国藩、李鸿章、彭玉麟等并称“中兴四大名臣”。

曾国藩、胡林翼的军事实践活动与军事思想大大促进了晚清之际兵儒合流的历史进程。比如，胡林翼所讲的“兵事为儒学之至精，非寻常士流所能及也”之言，既表明了兵学在士大夫心目中地位的大幅提升，也体现了曾国藩、胡林翼努力追求兵儒合一的自觉主动意识。曾国藩、胡林翼自觉融合兵儒的思想和成就，对近代一些军事家产生了很大影响。比如，蔡锷对曾国藩、胡林翼的治军思想十分欣赏，并从曾国藩、胡林翼的奏章和日记中，摘取了相关符合现实的内容，分类编辑，取名为《曾胡治兵语录》。该书共分十二章，前十章论治军，后两章谈作战。就治军的基本内容来看，它以儒家思想与兵家思想的有机融

① 《戚少保年谱耆编》卷十一。

② 《戚少保年谱耆编》卷十一。

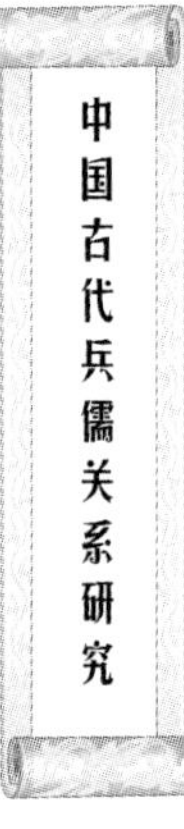

合为主要特点。比如,《将材》《用人》《尚志》《诚实》《勇毅》《严明》《公正》《仁爱》《勤劳》《和辑》等都是在汲取曾国藩、胡林翼治军思想的基础上,集中体现了兵儒合一的治军思想理念。蔡锷在该书序言中亦谈道:

> 曾、胡两公,中兴名臣中铮佼者也。其人其事,距今仅半世纪,遗型不远,口碑犹存。景仰想象,尚属匪难。其所论列,多洞中窍要,深切时弊。爰就其治兵言论,分类凑辑,附以按语,以代精神讲话。我同袍列校,果能细加演绎,身体力行,则懿行嘉言,皆足为我师资,丰功伟烈,宁独让之先贤?①

(一)曾国藩积极改造传统兵学的深厚思想根基

曾国藩自幼勤奋好学,8 岁时就能诵读"四书""五经"。道光十八年(1838)中进士,入翰林院,为军机大臣穆彰阿门生。自此,平步青云,打造了"十年内连升十级"的官场传奇。其一生最大功业乃是在清朝统治危急时刻组建湘军,挽狂澜于即倒,最终攻灭太平天国。

作为一介书生,曾国藩军事天赋并不是特别突出。他在家书中坦言自己"至行军本非余所长,兵贵奇而余太平,兵贵诈而余太直"②。然而,自奉命镇压太平天国以后,他"驰驱戎马,凡十余年,或苦思以求其通,或躬行以试其效,或考信于载籍,或问途于已经,其军事之学识,随经验而并进"③。蔡锷更认为他"按其事功言论,足与古今中外名将相颉颃,而毫无逊色"④。在笔者看来,曾国藩军事学识的渐进或军事奇功的创建,得益于其学问博通而严谨,并将儒家经世致用思想与传统兵学思想有机结合,形成了独特的军事思想理论。《中兴将帅别传》称:"公学究天人,于书无所不读。……治军行政务求蹈实,或筹议稍迂,成功转奇;发端至难,取效甚远。凡规画天下事无不效者,故当时

---

① 蔡锷辑录:《曾胡治兵语录·序》,民国六年(1917)本。以下仅注书目和篇名。

② (清)曾国藩:《曾国藩家书·持家篇》,线装书局 2008 年版,第 223 页。

③ 转引自朱汉民主编:《湖湘文化与巴蜀文化》,湖南大学出版社 2013 年版,第 60 页。

④ 《曾胡治兵语录·将材·蔡按》。

咸称'圣相公'。"[①]这当是颇有见地的认识和评价之语。

作为"中兴第一名臣",曾国藩在理学上有复兴与创新之功。他将理学与礼学相结合,仁心与礼制相统一,在博采众长的基础上形成了独特的理学思想。更重要的是,经世致用是其理学创新的主要特点。据曾国藩日记所载,他在师从理学大师唐鉴学习时,就对其以理学经世的思想颇感"昭然若发蒙也"[②]。他在强调"四学十书"为修养之基时指出:

> 有义理之学,有词章之学,有经济之学,有考据之学。义理之学,即宋史所谓道学也,在孔门为德行之科;词章之学,在孔门为言语之科;经济之学,在孔门为政事之科;考据之学,即今世所谓汉学也,在孔门为文学之科。此四者,缺一不可。[③]

在这里,曾国藩将作为"经世之学"的"经济"独立出来,是对理学发展的一大贡献。同时,他强调,道德为体,经济为用,经世不能脱离义理的控制。

在经世致用的思想指导下,曾国藩将当时社会危机的原因归于人心的沦陷和儒家伦理道德的缺失,并发出率志士仁人挽救民心的呼唤。他说:

> 国藩从官有年,饱阅京洛风尘,达官贵人优容养望,与在下者软熟和同之象,盖已稔知之而惯尝之。积不能平,乃变而为慷慨激烈,轩爽肮脏之一途。思欲稍易三四十年来不白不黑、不痛不痒、牢不可破之习……大局糜烂至此,志士仁人,又岂宜晏然袖视,坐听狂贼之屠戮生灵,而不一省顾耶?[④]

殊为可贵的是,曾国藩对儒家道德理想有着刻骨的虔诚与笃信。他推崇儒家圣贤"不忮不求"的修身之道,极力反对"嫉贤害能""贪利贪名"。

---

① (清)朱孔彰撰,向新阳、朱美士标点:《中兴将帅别传》,岳麓书社1989年版,第14页。

② (清)曾国藩:《曾国藩全集·日记·道光二十一年七月》,河北人民出版社2016年版,第100页。

③ (清)王启原编钞,周殿富编注:《曾国藩日记类钞》,安徽人民出版社2013年版,第24页。

④ 唐浩明:《唐浩明评点曾国藩语录》,广东人民出版社2016年版,第295页。

> 将欲造福，先去忮心，所谓人能充无欲害人之心，而仁不可胜用也。将欲立品，先去求心，所谓人能充无穿窬之心，而义不可胜用也。忮不去，满怀皆是荆棘；求不去，满腔日即卑污。余于此二者，常加克治，恨尚未能扫除净尽。尔等欲心地干净，宜于此二者，痛下工夫，并愿子孙世世戒之。①

曾国藩患有眼疾，这本是生理疾病，但他却称这是自己未能自省之故。其日记有云："自省目病之源在肝，肝病之源则由于忮心名心不能克尽之故。在室中反复自讼，不能治事。"②去世的前几天，他还在坚持阅览儒家经典："是日已至二百二十卷，因病辍笔。犹取《宋元学案》《理学宗传》等书，披览大意。自谓'身心一日不能闲也'。"③

可见，曾国藩对儒家圣贤之道的笃信，已经达到了一种类似宗教信仰的境界。有学者指出："他是每时每刻都能与'信仰'对话，与欲望'血战'，决不给自己的私心贪欲留任何'后路'，决不让自己的信念灵魂有片刻'松懈'的人，不说绝无仅有，亦可谓'多乎哉？不多也'。"④

曾国藩对儒学的这种虔诚信仰，使他在谈兵之时能够自觉地将理学作为兵学思想的出发点和归宿点，并在此基础上对传统兵学的诸多范畴做出了新的诠释，提出了许多富有理学意蕴的新命题。这不仅大大推动了中国传统兵学的发展，而且在很大程度上调和了长期存在的兵儒颉颃与冲突，大大促进了兵儒的进一步融合，使其最终成为清末儒兵家的杰出代表之一。

（二）为将层面的"忠义血性"与"精诚""勇毅"

治军是曾国藩军事思想成就最大、影响最深远的内容，在其治军思想中又以选将方面的成就尤为突出。史家称其"虽不以善战名，而能识拔贤将，规画精严，无间可寻"⑤。俞樾也谈到，他"尤善相士，其所

---

① 《曾文正公家训》卷下，清光绪五年（1879）传忠书局刻本。

② （清）曾国藩著，江河心等编译：《曾国藩日记》，京华出版社2000年版，第1437页。

③ （清）黎庶昌、王定安撰，周殿富编注：《曾国藩编年大传》，安徽人民出版社2013年版，第326页。

④ 刘强：《世上再无曾国藩——〈曾胡治兵语录〉自序》，《书屋》2018年第10期。

⑤ 丁凤麟、王欣之编：《薛福成选集》，上海人民出版社1987年版，第277页。

识拔者，名臣名将，指不胜屈”[①]。那么，曾国藩的选将标准和相应的将帅素养理论是什么呢？

第一，“忠义血性”。与传统兵家一样，曾国藩非常重视将帅在战争中的地位和作用。他谈道：“行军之道，择将为先。得一将则全军振兴，失一将则士气消阻。”[②]在《曾胡治兵语录·将材》篇中，曾国藩明确提出了他的选将标准：“带勇之人，第一要才堪治民，第二要不怕死，第三要不汲汲名利，第四要耐受辛苦。”然而，在曾国藩看来，这四项条件并不是并列的，而是有主次本末之分的：

> 四者似过于求备，然苟阙其一，则万不可带勇，大抵有忠义血性，则四者相从以俱至。无忠义血性，则貌似四者，终不可恃。

由此可见，曾国藩的将帅素养理论以“忠义血性”为前提与核心，这当是其将帅思想中最具特色的地方。他多次强调：“欲练乡勇万人，概求吾党质直而晓军事之君子将之。以忠义之气为主，而辅之以训练之勤。”[③]“今欲图谋大局，万众一心，自须别开生面，崭新日月，专用新招之勇，求忠义之士将之。”[④]“带勇之人，概求吾党血性男子，有忠义之气，而兼娴韬钤之秘者，与之共谋。”[⑤]

血性、忠义是与理学有关的范畴，曾国藩将其渗透至军事领域，与战争中的“道胜”思想结合起来，并加以改造运用，既体现了兵家的基本要求，也充分体现了理学的深刻性。何谓血性？“血性”即个体所固有的一种淳朴冲动。在两军对垒之际，血性之勇是决定战争胜负的一个重要因素。在曾国藩看来，将血性与忠义结合，更能克服、驱除军队中的劣习，保持三军将士的士气与朝气。故而，曾国藩每次指挥湘军与太平军大战之际，都亲自撰写讨匪檄文，使湘勇子弟带着血性与激

---

① (清)俞樾：《春在堂随笔》，江苏人民出版社1984年版，第1页。

② (清)曾国藩：《曾国藩全集·奏稿》，岳麓书社1994年版，第627页。

③ (清)曾国藩著，李瀚章编：《曾国藩书信》，中国致公出版社2011年版，第34页。

④ (清)曾国藩著，李瀚章编：《曾国藩书信》，中国致公出版社2011年版，第68页。

⑤ (清)曾国藩著，李瀚章编：《曾国藩书信》，中国致公出版社2011年版，第60页。

情义无反顾地走上战场。每当大战结束后，曾国藩又亲自书写挽联，带领全军将士以血性的悲壮祭奠战场逝去的亡灵。何谓忠义？曾国藩给出的解释是："不忘君，谓之忠；不失信于友，谓之义。"[①]同时指出，"忠，不必有过人之才智，尽吾心而已矣"，其应该达到的最高境界是"能剖心肝以奉至尊"，"能苦筋骸以捍大患"，绝不藏丝毫的"巧伪"。[②]

说到底，"忠义"乃是一种高度的政治自觉，是由"血性"和"良心"所激发出来的一种强烈的道义感和责任心。这充分体现了曾国藩不同于传统兵家的先进思想理念。换言之，他论兵的出发点不仅基于政治、军事之现状，而且基于理学背景下的核心范畴——"人心"。在曾国藩看来，当时清王朝最大的忧患不在于太平军的造反，而在于整个国家和统治集团的人心丧失。换言之，作为表层外显的军事上的失败并不可怕，更可怕的是人心的衰败和人心的沦陷。曾国藩讲："无兵不足深忧，无饷不足痛哭。独举目斯世，求一攘利不先，赴义恐后、忠愤耿耿者，不可亟得……此其可为浩叹者也。"[③]胡林翼亦谈道："方今天下之乱，不在强敌，而在人心。不患愚民之难治，而在士大夫之好利忘义而莫之惩。"[④]

如何唤回人心以挽回失败的命运呢？这就需要以"忠义血性"来激发良知，改变人心；需要以"舍身卫道"的热血精神和坚定不移的崇高理想信念，投身于这场挽救社会、拯救民众、恢复正常社会秩序的伟大事业。要做到这一点，唯有那些自拔于流俗的忠义、卫道之士才能真正从根本上彻底扭转朝廷在政治、军事上的衰败命运。

事实上，在曾国藩"忠义血性"的号召下，湘军将士确实表现出了血性凶悍、勇猛顽强的一面。当代学者宫玉振曾引《中兴将帅别传》谈到，曾国藩"履危濒死屡矣，有百折不挠之志"，胡林翼"虽挫而其气弥厉"，江忠源"每战亲临阵，踔厉风发"，罗泽南和他的弟子们"以灭'贼'自任"，"忠义愤发，虽败犹荣"。这些平时手无缚鸡之力的书生，竟然"敢战胜于勇悍愚夫"，表现得如此凶悍，与所谓"忠义血性"的激励是

---

① （清）曾国藩：《曾国藩家书》，吉林大学出版社 2011 年版，第 361 页。

② 参见蒋星德：《曾国藩传》，吉林人民出版社 2013 年版，第 30 页。

③ 《曾胡治兵语录・尚志》。

④ 《曾胡治兵语录・尚志》。

有很大关系的。①

曾国藩以“忠义血性”作为为将之本的用兵思想，本质上是以封建伦常为基础的。然而，它为后世实实在在地提出了一个创新性的兵学命题：政治理念及相应的使命感与责任感，在将帅素养理论中占据极其重要的地位；将帅的政治素质与政治信仰在战争实践中往往能起到至为关键的作用。对于曾国藩这一颇具创新性的命题，蔡锷在编撰《曾胡治兵语录》之时大为赞叹，认为其是“尤为扼要探本之论”②，并将其主要内容进一步提升为救国救民的爱国主义精神。就此而言，曾国藩对这一命题的揭示，无论是对传统武德的发展还是对兵儒融合，都做出了重大贡献。

第二，“精诚”。“诚信”自古就是兵家强调将帅素养的一个基本内容。孙子论将帅“五德”（智、信、仁、勇、严），将“信”排在了第二位。以孙子为代表的传统兵家讲诚信，主要是就将帅素养而言的；而曾国藩则将“信”上升到了世界观和道德观的高度，强调它是化育天地的源泉，是立国立业的根本，因而是治军的根本。他说：

> 天地之所以不息，国之所以立，圣贤之德业所以可大可久，皆诚为之也。故曰：诚者，物之终始，不诚无物。
>
> 驭将之道，最贵推诚，不贵权术。吾辈总以诚心求之，虚心处之。心诚则志专而气足，千磨百折，而不改其常度，终有顺理成章之一日。心虚则不客气，不挟私见，终可为人共谅。③

蔡锷对此评价说：“吾国人心，断送于伪之一字，吾国人心之伪，足以断送国家及其种族而有余。上以伪趋下，下以伪事上。同辈以伪交；驯至习惯于伪，只知伪之利，不知伪之害矣。”④

曾国藩“贵诚”的思想乃是对宋明理学的继承与发展。“诚”是典型的理学话语，其本质乃是“真实无妄”。《中庸》有言：“诚者，天之道也；诚之者，人之道也。”朱熹在注释《中庸》时也讲：“诚者，真实无妄之

---

① 参见柴宇球主编，宫玉振著：《曾国藩兵法与领导艺术》，广东经济出版社2005年版，第132页。

② 《曾胡治兵语录·将材·蔡按》。

③ 《曾胡治兵语录·诚实》。

④ 《曾胡治兵语录·诚实·蔡按》。

谓,天理之本然也。诚之者,未能真实无妄,而欲其真实无妄之谓,人事之当然也。”①

曾国藩的杰出贡献在于,将“诚”这一儒学范畴有机地引入兵家的将帅素养理论中,并在哲学层面上赋予其大本大原的最高地位,从而使诚信在兵学思想体系中的地位被大大抬高了。值得注意的是,“诚”在儒家话语中有多层内涵,而曾国藩最为注重的是“精诚”。他曾讲:“精诚所至,金石为开!鬼神亦避!此在己之诚也。”②这里所谓的“精诚”就是对人所从之“事业”的一种毫无保留的信念,是对主体力量的高度自信以及对进取精神的至高推崇,因此它可以化为一种主宰宇宙和历史发展的力量。在当时“天下大乱,人怀苟且之心”的形势下,曾国藩注重“诚”的价值,以“精诚”来鼓舞将帅,最终是要挽回清朝大厦将倾的败局。所谓“志专而气足,千磨百折而不改其常度,终有顺理成章之一日”③,这样的内涵是以往传统兵家所没有提倡和重视的。

第三,“勇毅”。在实践活动过程中,人们总会遇到种种挫折和磨难。因此,要想真正完成一个实践行为,就必须有勇气不断克服各种艰难困苦,这一过程所体现的德性便是“勇毅”。“勇毅”就是坚定、刚毅,主要是指人的意志力强大,意味着“勇德”渗透至人的心理层面,代表着人类勇往直前、矢志不渝的精神力量。进一步讲,“勇毅”突出表现为个人为了追求“善”的事业而持续地忍受痛苦、磨难的能力。柏拉图说:“裹尸沙场,很容易,随便一个男人就能办到。但真正的勇德是在该活下去的时候活下去,在该死的时候毫不犹豫去死。”④托马斯·阿奎那也说,所谓“勇德”就是使人的愤怒之情愤其所应愤、忍其所应受的德行。⑤

无勇毅者难当重任。古人在论述治学传道或经国安邦问题时,反复强调必须具备坚强的意志。孔子的弟子曾子说:“士不可以不弘毅,

---

① 《四书章句集注·中庸》。

② 《曾胡治兵语录·诚实》。

③ 《曾胡治兵语录·诚实》。

④ 转引自[日]新渡户稻造:《武士道》,潘星汉译,新世界出版社 2012 年版,第 31 页。

⑤ 参见李国山、王建军编著:《欧美哲学家通史》(古代哲学卷),南开大学出版社 2012 年版,第 364 页。

任重而道远。”[①]朱熹在《四书集注》对此解释说:“弘,宽广也。毅,强忍也。非弘不能胜其重,非毅无以致其远。”在儒家看来,要成为真正的君子,就得有坚强的意志,要能面对艰难险阻,大义凛然,直道前行。孔子周游列国屡次遇险,仍然“明知不可为而为之”,这就以亲身实践有力诠释了什么是“勇毅”。故冯友兰对其评价道:“孔子本人威猛有力,擅长骑射,但他的勇德,表现于执善之固执、行道之执着、临危之从容以及在君国关键时刻的指挥若定。”[②]

在曾国藩、胡林翼的兵学体系中,其对“勇”的强调,更重视了“毅”的成分,也就是所谓的为将要“勇而毅者也”[③]。与传统兵学单纯的“勇德”相比,“勇毅”更强调了“勇”在时间上的延续性以及在空间上的广延性。按照蔡锷的说法,这是一种“广义的、持续的”勇。如果说,“狭义的、急遽的”勇的主要含义为“不怕死”,那“勇毅”则是在与历史、命运的搏斗中所体现出来的一种更深沉、更厚实、更坚韧的“勇”。

值得注意的是,“勇毅”是儒家力命观的一种突出体现。宫玉振讲,从孔子的“知其不可而为之”,孟子的“舍我其谁”,荀子的“制天命而用之”,到《易传》的“天行健,君子以自强不息”,再到宋儒的“为天地立心,为生民立命,为往圣继绝学,为万世开太平”,无不冲荡着一种对主体力量的高度自信和由此而来的“天命”抗争精神。[④] 对此,曾国藩有自己的独到体会:

> 事会相薄,变化乘除。吾当举功业之成败,名誉之优劣,文章之工拙,概以付之运气一囊之中,久而弥自信其说之不可易也。然吾辈自信之道,则当与彼赌乾坤于俄顷,较殿最于锱铢,终不令囊独胜而吾独败。[⑤]

以上着重分析了曾国藩为将理论比较有特色和创见的地方,其他

---

① 《论语·泰伯》。

② 转引自王联斌:《武德之光:中华传统武德文化漫笔》,长征出版社 2015 年版,第210 页。

③ 《曾胡治兵语录·勇毅》。

④ 参见宫玉振:《援儒入兵:〈曾胡治兵语录〉的理学底蕴》,《滨州学院学报》2003 年第 5 期。

⑤ 《曾胡治兵语录·勇毅》。

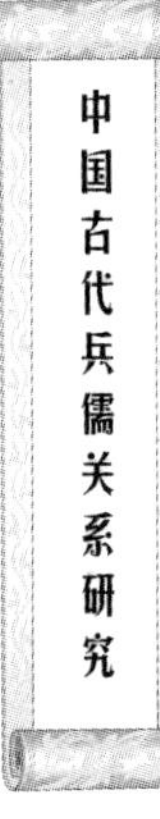

方面的内容还有很多，当与具体的治军思想理论合并阐述，其重点仍要突出其在兵儒融合基础上对传统兵学的改造和发展。

（三）治兵层面的“仁礼”“勤朴”与“廉明”

第一，“仁礼”。作为孔子最早提出的儒学范畴，“仁”“礼”同样受到曾国藩的重视。如果说明末清初顾炎武发动儒学思想变革的基本纲领是“经学即理学”，即强调从经学出发去发挥真正的理学精神，那么曾国藩推动儒家思想变革的基本纲领就是“理学即礼学”，其基本宗旨是学“治世之术”，即注重理学经世致用的精神。曾国藩谈道：

> 古之君子之所以尽其心、养其性者，不可得而见。其修身、齐家、治国、平天下，则一秉乎礼。自内焉者言之，舍礼无所谓道德；自外焉者言之，舍礼无所谓政事。[①]

在曾国藩看来，所谓“礼”就是“理”，它调节着统治阶级内部的关系，主要目的在于维护以“礼”为主要内容的封建纲常。这一思想渗透至治军领域，则要求将士恪守“君臣父子”“上下尊卑”的封建秩序，在军内形成一种“秩然如冠履之不可倒置”的“军礼”，以维系军队上下之间的等级关系。同时，曾国藩并未忽视“仁”的地位和作用，强调“内仁外礼”，“圣王所以平物我之情，而息天下之争，内之莫大于仁，外之莫急于礼”[②]。这在本质上就是“以仁为体，以礼为用”。

首先，“仁”表现为将帅对下属的爱护。“仁者，即所谓欲立立人，欲达达人也。待弁勇如待子弟，常有望其成立，望其发达之心，则人知恩矣。”[③]对于传统兵学的治军理论而言，这是一个较大的进步。人性本是自私的，人天然就是以自我为中心的。然而，将帅必须能够突破自我，超越自我，从己立到立人，从己达到达人，唯如此方能实现统帅力和领导力的真正跨越和突破。事实上，士兵是战争取胜的主要力量，将帅成就了士兵，也就成就了自己；成就了下属，也就成就了自我，这是一种育人和达人的快乐，曾国藩在谈到“君子三乐”时说：“宏奖人才，诱人日进，为其一乐。”[④]

---

① 转引自蒋星德：《曾国藩传》，吉林人民出版社 2013 年版，第 120 页。

② 唐浩明：《唐浩明评点曾国藩诗文》，广东人民出版社 2016 年版，第171 页。

③ 唐浩明：《唐浩明评点曾国藩日记》，广东人民出版社 2016 年版，第 156 页。

④ 唐浩明：《唐浩明评点曾国藩诗文》，广东人民出版社 2016 年版，第 79 页。

其次,"仁"表现为"教之爱民,爱民必先保护闾阎"①。这就是说,爱民要以保护普通百姓为主。在湘军与太平军激烈大战之时,曾国藩编写了著名的《爱民歌》,以此教育和约束湘军官兵,从而赢得民心。

> 三军个个仔细听,行军先要爱百姓。贼匪害了百姓们,全靠官兵来救人。百姓被贼吃了苦,全靠官兵来作主。第一扎营不要懒,莫走人家取门板,莫拆民房搬砖石,莫踹禾苗坏田产,莫打民间鸭和鸡,莫借民间锅和碗。莫派民夫来挖壕,莫到民家去打馆。筑墙莫拦街前路,砍柴莫砍坟上树。挑水莫挑有鱼塘,凡事都要让一步。②

从根本上讲,曾国藩在治军领域的一个重要贡献,乃是将儒家"仁""礼"思想看作兵家达成"恩""威"之治的必然手段和有效路径,且强调二者要相辅相成、不可分割,有"仁"无"礼"或有"礼"无"仁"皆不能体现恩威并重的精髓。

> 用恩莫如仁,用威莫如礼。仁者,即所谓欲立立人,欲达达人也。待弁勇如待子弟,常有望其成立,望其发达之心,则人知恩矣。礼者,即所谓无众寡,无小大,无欺慢,泰而不骄也;正其衣冠,尊其瞻视,俨然人望而畏之,威而不猛也。③

曾国藩不仅把儒家"仁""礼"的核心理念合理地引入军事实践和理论著述,而且把"勤""朴""廉""直""明""恕"等儒家基本道德规范进一步渗透到治军思想之中,从而实现了更具体、更实际的兵儒融合。

第二,"勤朴"。儒学向来重"勤",极力提倡勤学、勤政与勤劳的优秀品德。《尚书·大禹谟》中就有"克勤于邦,克俭于家"之说。曾国藩深受儒家文化的熏染,故而能以"勤"释兵,这是他对传统兵学范畴的又一改造和贡献。他指出:

> 治军以勤字为先,由阅历而知其不可易。未有平日不早起,而临敌忽能早起者;未有平日不习劳,面临敌忽能习劳者;未有平

① 转引自(清)曾国藩:《曾国藩家书:中兴第一名臣的人生智慧》,金城出版社2012年版,第197页。

② 唐浩明:《唐浩明评点曾国藩语录》,广东人民出版社2016年版,第333页。

③ 唐浩明:《唐浩明评点曾国藩日记》,广东人民出版社2016年版,第156页。

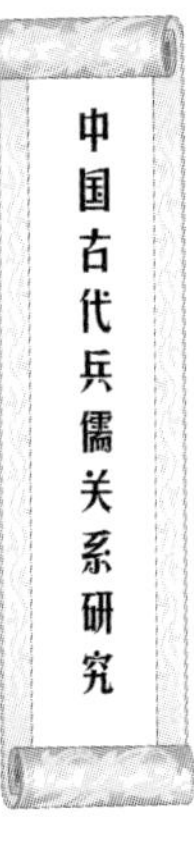

日不能忍饥耐寒，而临敌忽能忍饥耐寒者。①

胡林翼结合儒家“苦其心志，劳其筋骨”的思想言论，以论证“勤”在治军中的地位。他认为：

> 淫佚酒色，取败之媒；征逐嬉娱，治兵所戒。金陵围师之溃，皆由将骄兵惰，终日酣嬉，不以贼匪为念。或乐桑中之嬉，或恋室家之私，或群与纵酒酣歌，或日在赌场烟馆，淫心荡志，乐极忘疲，以致兵气不扬，御侮无备，全军覆没，皆自宣淫纵欲中来也。夫兵犹火也，不战则焚；兵犹水也，不流则腐。治军之道，必以苦其心志、劳其筋骨为典法。②

正因如此，曾国藩和胡林翼都要求统领、营官以勤劳自励，战时多着眼于大局下细功夫，平时则从小处入手，从严治军，严加督促。

> 办事之法以五到为要。五到者：身到、心到、眼到、手到、口到也。身到者，如作吏则亲验命盗案，亲巡乡里，治军则亲巡营垒，亲探贼地是也。心到者，凡事苦心剖析，大条理、小条理、始条理、终条理，理其绪而分之，又比其类而合之也。眼到者，着意看人，认真看公牍也。手到者，于人之长短，事之关键，随笔写记，以备遗忘也。口到者，使人之事，既有公文，又苦心叮嘱也。③

自古治兵原则与条令无计其数，但能够注重以勤勉作为治军原则者，曾国藩实为第一人。这与曾国藩能够勤劳吃苦的性格特点密切相关。

另外，曾国藩又以“朴拙”作为治军的重要原则。他强调：“军事是极质之事，二十三史，除班马外，皆文人以意为之。不知甲仗为何物，战阵为何事，浮词伪语，随意编造，断不可信。”④因而，要“务求蹈实”，“摒去一切高深神奇之说，专就粗浅纤悉处致力，虽坐是不克大有功效，然为钝拙计，则犹守约之方也”。⑤ 在谈到将帅才略与质朴品格的关系时，他强调：“观人之道，以朴实廉介为质。有其质而傅以他长，斯

① 《曾胡治兵语录·勤劳》。

② 《曾胡治兵语录·勤劳》。

③ 常峰瑞编撰：《曾国藩智慧书·批牍》，中央编译出版社2014年版，第45页。

④ 《曾胡治兵语录·诚实》。

⑤ 唐浩明：《唐浩明评点曾国藩书信》，广东人民出版社2016年版，第49页。

为可贵。无其质而长处亦不足恃。”①他对那些浮言取宠、巧语媚上的“浮滑”之徒深恶痛绝：“将领之浮滑者，一遇危难之际，其神情之飞越，足以摇惑军心；其言语之圆滑，足以淆乱是非。”②在湘勇的招募上，“须择技艺娴熟、年轻力壮、朴实而有农夫土气者为上。其油头滑面，有市井气者，有衙门气者，概不收用”③。不仅如此，各营招募的兵勇经两个月的操练之后，“体弱者、艺低者、油滑集中体者”还要陆续淘汰。

中国传统兵学向来崇尚智巧，这是其优势的一面，但也有很大弊端，即忽略质朴、扎实的作风，不喜欢去做用兵和治军的硬功夫和苦功夫。故而，曾国藩以上所言，不仅是对文人论兵的批判，而且是对传统兵学重机巧而轻朴拙的一种批判和改造。很明显，这是曾国藩对传统治军思想发展和创新的一个重要内容。

第三，“廉明”。对于将帅的廉洁品格，前人虽有论述，但曾国藩认识得更为深刻。他对廉洁与服众的关系讲得最为透彻：

> 兵勇心目之中，专从银钱上着意。如营官于银钱不苟，则兵勇畏而且服；若银钱苟且，则兵勇心中不服，口中讥议，不特扣减口粮缺额截旷而后议之也。即营官好多用亲戚本家，好应酬上司朋友，用营中之公钱，谋一身之私事，也算是虚糜饷银，也难免兵勇讥议。④

正因如此，曾国藩认为，“求勇敢之将易，而求廉正之将难”⑤。一名真正好的将领，要想治军成功，必须以俭朴为上，“必先崇俭朴。不妄花一钱，则一身廉；不私用一人，则一营廉；不独兵勇畏服，亦且鬼神钦服矣”⑥。

曾国藩所说的“明”，可以理解为兵家所讲的“智”和“英”，“三达德之首曰智，智即明也。古豪杰，动称英雄。英即明也”⑦。在曾国藩看

① 《曾胡治兵语录·诚实》。
② 《曾胡治兵语录·诚实》。
③ 皮明勇：《湘军》，山西人民出版社1999年版，第41页。
④ 唐浩明编：《曾国藩诗文集》，岳麓书社2015年版，第446页。
⑤ 《曾胡治兵语录·将材》。
⑥ 唐浩明编：《曾国藩诗文集》，岳麓书社2015年版，第446页。
⑦ （清）曾国藩：《挺经》，中国言实出版社2014年版，第49页。

来，“明”既指高明，也指精明：“明有二端，人见其近，吾见其远，曰高明；人见其粗，我见其细，曰精明。”[①]所谓“明以应务”，即要求统兵的将领对治军和作战的每一个环节都要了如指掌。他认为：

> 明之一字，第一在临阵之际，看明某将弃系冲锋陷阵，某弃系随后助势，某弃回合力堵，某弃见危先避。一一看明，而又证之以平日力、事之勤隋虚实，逐细考核。久之，虽一勇一夫之长短贤否，皆有似识其大略，则渐几于明矣。[②]

总之，“得‘廉明’二字为之基，则‘智’‘信’‘仁’‘勇’诸美德，可以积累而渐臻。若不从二字下手，则诸德亦茫无把握”[③]。所以，他强调，对于带兵之人“不苛求乎全材，宜因量以器使。然血性为主，廉明为用，三者缺一，若失輗軏，终不能行一步也”[④]。

（四）作战指导层面的“敬戒”“审势”与“存气”

理学对于曾国藩军事思想的影响，反映在作战指导思想领域主要体现为“稳慎徐图，谋定后进”的谨慎用兵理念。这大体上可分为三个方面：

第一，“敬戒”。孙子对战争之事持有敬畏之心。《计篇》开篇即言：“兵者，国之大事也。死生之地，存亡之道，不可不察也。”《火攻篇》又谈道：“怒可复喜，愠可复悦；亡国不可以复存，死者不可以复生。故明君慎之，良将警之。此安国全军之道也。”这两句话集中代表了孙子的慎战和重战思想。“敬畏”也是儒家道德修身思想的重要内容。孔子讲：“君子有三畏：畏天命、畏大人、畏圣人之言。”[⑤]朱熹也说：“君子之心，常怀敬畏。”[⑥]“敬字工夫，乃圣门第一义，彻头彻尾，不可顷刻间断。”[⑦]

---

① （清）曾国藩：《挺经》，中国言实出版社 2014 年版，第 49 页。

② 《曾文正公全集 · 批牍 · 吴廷华禀奉委管带新立之湖北抚标新仁营勇由》，世界书局 1936 年版，第 3 页。

③ 《曾文正公全集 · 批牍 · 吴廷华禀奉委管带新立之湖北抚标新仁营勇由》，世界书局 1936 年版，第 3 页。

④ 转引自唐浩明：《唐浩明评点曾国藩书信》，广东人民出版社 2016 年版，第 32 页。

⑤ 《论语 · 季氏》。

⑥ 《四书章句集注 · 中庸》。

⑦ 《朱子语类》卷十二。

曾国藩在儒家“敬畏”思想的基础上，将“敬戒”一词渗透至兵家的思想话语中，突出了仁本与人文情怀，具有特别的启示意义。

> 兵者，阴事也，哀戚之意，如临亲丧，肃敬之心，如承大祭，庶为近之。今以羊牛犬豕而就屠烹，见其悲啼于割剥之顷，宛转于刀俎之间，仁者将有所不忍，况以人命为浪博轻掷之物，无论其败丧也，即使幸胜，而死伤相望，断头洞胸，折臂失足，血肉狼藉，日陈吾前，哀矜之不遑，喜于何有？故军中不宜有欢欣之象。有欢欣之象者，无论或为和悦，或为骄盈，终归于败而已矣。[①]

同时，曾国藩能够结合自己的亲身经历加以论证。《曾胡治兵语录·兵机》谈道：

> 每介疑胜疑败之际，战兢恐惧，上下悚惧者，其后常得大胜；当志得意满之候，各路云集，狃于屡胜，将卒矜慢，其后常有意外之失。

胡林翼亦多次强调，要对战争时刻保持敬戒恐惧之心，并将其与战争结局联系起来。他说：“恃强者是败机，敬戒者是胜机。”[②]

敬戒与畏惧本是理学在对待个人修养和为学态度上的基本内容与方法，曾国藩将其引入兵学的范畴，实际上是要求将帅时刻保持一种“如临深渊、如履薄冰”的高度冷静、理智、清醒的心态，不能张狂，不能懈怠，时刻不忘战争乃“死生之地，存亡之道”。此种蕴含了敬戒思想的战争意识和战争态度，显然是兵、儒两家思想高度融合的产物。

第二，“审势”。曾国藩曾讲：“用兵以审势为第一要义。”[③]所谓“审势”，包括“审地势”“审敌势”“审兵力”等内容，其相关内容在《曾胡治兵语录·兵机》中有详细论述。所谓“审地势”，就是要详细考察战争的客观地理环境，诸如“城市要隘、平原旷野、深山穷谷、河湖小溪、大道小径”等地形地势因素，其中又包括更为具体的“敌来之路，应敌之路，埋伏之路，胜仗追击之路”等。曾国藩强调，这些情况都要“一一探

① 唐浩明：《唐浩明评点曾国藩家书》，广东人民出版社2016年版，第253～254页。

② 《曾胡治兵语录·兵机》。

③ 《曾胡治兵语录·兵机》。

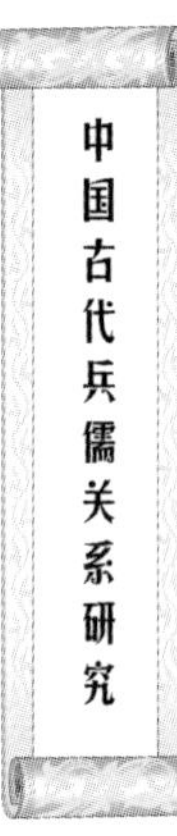

明，切勿孟浪”。所谓“审敌势”，就是要审明对手的具体情况和应变能力。曾国藩说：“不特知贼首之性情伎俩，而并知某贼和某贼不和，某贼与伪主不协。”胡林翼也讲：“惟须审明地势、敌情，先安排以待敌之求战，然后起而应之，乃必胜之道。”所谓“审兵力”，就是要弄清敌我双方的兵力，实质就是要看透双方实力。胡林翼说：“古人行师，先审己之强弱。”曾国藩也讲：“审机审势犹在其后，第一犹贵审力。”

“审时度势”本是传统兵学的基本用兵要求，但曾国藩和胡林翼对这一问题的强调，集中体现了理学的思想理念和方法论，进而深刻表现出二人以儒学改造兵学的主动意识。《曾胡治兵语录·兵机》所讲的“熟审详思，不可造次”“专就粗浅纤悉处致力”以及“小处下手”“铢积寸累”“钝拙”“守约”等用兵思想和术语，无不是宋明理学的方法论在兵家作战指导思想上的深刻反映。

第三，“存气”。曾国藩非常重视“气”在战争中的地位和作用，认为“气”是关系战争胜负的根本因素，“胜负不在形而在气，有屡败而无伤，亦有一蹶而不振，气为之也”[①]。值得注意的是，曾国藩所讲的“存气”，是指“存有余之气”。《曾胡治兵语录·兵机》中多次谈道：“用兵之道，最忌‘势穷力弱’四字”，“凡行兵，须蓄不竭之气，留有余之力”，“大约用兵无他巧妙，常存有余不尽之气而已”。曾国藩“存有余之气”的提法应该是对兵家有关思想的继承与发展。孙子在《军争篇》中谈道：“是故朝气锐，昼气惰，暮气归。故善用兵者，避其锐气，击其惰归，此治气者也。”《左传》中的“曹刿论战”也讲：“一而鼓，再而衰，三而竭。”曾国藩专门评论此语：“《左传》所称再衰三竭，必败之道也。……国藩于此数语，常常体念。”[②]

值得强调的是，孙子等传统兵家所讲的“治气”，主要是就作战指导思想而言的，而兵家的一些主要范畴包括形势、虚实、主客、奇正等也多与“治气”思想密切相关。然而，曾国藩、胡林翼的兵学理论和思想体系却带有以“气”来统领整个作战指导理论的倾向，湘军特别擅长的制胜战法就是所谓的“以主待客之道”：

---

① (清)赵烈文撰，廖承良标点整理：《能静居日记·同治六年六月十五日》，岳麓书社2013年版，第1064～1065页。

② 《曾胡治兵语录·兵机》。

主气常静，客气常动。客气先盛而后衰，主气先微而后壮。故善用兵者，每喜为主，不喜作客。①

可见，在曾国藩、胡林翼的兵学话语体系中，“气”的地位和作用被大大提升，而形势、虚实、主客、奇正等兵学范畴却下降为第二层次的东西，所谓“言兵事归之于气，至矣”。这一特点，既体现了曾国藩、胡林翼兵学思想深刻的理学背景，又说明兵儒融合的发展趋向已在两种学术思想体系的细节内容中逐步拓展和深化。

（五）余论

以曾国藩、胡林翼为代表的湘军将帅，绝大部分都可以归为儒兵家。一方面，他们善于总结历史和现实成功的经验，注重吸收和继承传统兵学的思想精华。另一方面，曾国藩、胡林翼具有深厚的理学文化背景，他们以理学家的身份谈兵论战，将理学的诚心正意学说作为兵学的出发点和归宿点。这使他们能够对传统兵学的范畴和体系做出新的诠释，进而提出大量富有新意的兵学概念和兵学命题。

在评价晚清儒兵家对兵儒融合贡献的同时，要深刻认识到兵、儒两家作为两种不同学说毕竟有着不同的价值趋向，二者之间的深层矛盾和冲突是不可能完全消解的。比如，曾国藩以治军用兵而成就功业，却深以此为自己之不幸。他在给儿子的信中直言，自己为以“杀人为业”而感到悲哀，不希望儿子将来以带兵为业。对于曾国藩的这种心态自白，我们不能简单地以“虚伪”二字斥之。它所反映的其实是一位儒兵家内心深处的矛盾与纠结，是儒家与兵家两种价值观冲突的深刻反映。

值得注意的是，以曾国藩、胡林翼为代表的晚清儒兵家又是生不逢时的。他们所处的时代正逢中国历史几千年未有的大变局，中国原有的兵学体系正走向瓦解，作为曾国藩、胡林翼军事思想重要支撑的儒家思想也正走向衰落，传统兵学向近代军事思想的转变已是历史必然。因而，晚清的儒兵家就成了中国古代最后一个对历史产生影响的兵家群体。

① 《曾胡治兵语录·战守》。

第七章　兵儒互补在当代社会的价值和作用

对于“兵儒互补”这一历史文化现象的认知和评价，从其主导地位和作用来看，应该持肯定态度。按笔者的理解，在“兵儒互补”的思想体系之中，儒家思想的主要作用在于通过其政治理想和道德信念，为稳定国家政权和社会秩序奠定思想根基，即对兵家的军事活动进行规范与引导；而兵家思想的主要作用在于通过权变谋略，指导战争活动，以获取战争行为的最佳效益。因此，兵学必须由儒学来统领，儒学必须以兵学为辅助，二者相辅相成，本质上反映的是国家政治与军事活动的辩证统一。对此，我们可以通过《韩非子》中的一段话来充分说明“兵儒互补”的实际价值和作用：

> 晋文公将与楚人战，召舅犯问之，曰：“吾将与楚人战，彼众我寡，为之奈何？”舅犯曰：“臣闻之，繁礼君子不厌忠信；战阵之间不厌诈伪。君其诈之而已矣。”文公辞舅犯，因召雍季而问之，曰：“我将与楚人战，彼众我寡，为之奈何？”雍季对曰：“焚林而田，偷取多兽，后必无兽；以诈遇民，偷取一时，后必无复。”文公曰：“善。”辞雍季，以舅犯之谋与楚人战以败之。归而行爵，先雍季而后舅犯。群臣曰：“城濮之事，舅犯谋也，夫用其言而后其身，可乎？”文公曰：“此非君所知也。夫舅犯言，一时之权也；雍季言，万世之利也。”仲尼闻之，曰：“文公之霸也宜哉！既知一时之权，又知万世之利。”①

① 《韩非子・难一》。

一、问题的提出

在今天，“兵儒互补”的基本内涵及价值作用虽因历史条件的差异已发生深刻变化，但其蕴含的思想理念及思维方法却值得我们借鉴。在当代社会激烈竞争的条件下，儒家思想和兵家思想各有其优势和弊端：“兵家者流，大抵以权谋相尚；儒家者流，又往往持论迂阔，讳言军旅，盖两失之。”①为此，我们可以考虑通过“兵儒互补”的方式，更好地发挥二者在民族复兴中的社会功能。尤其对于孙子学界而言，“兵儒互补”可以更好地弥补兵家思想在非军事领域应用的缺失，最大限度地避免孙子权谋诡诈思想所带来的负面影响，进而更好地发挥其在当代社会的应用价值。

众所周知，以孙子为代表的兵学文化之核心与精髓在于战争谋略与智慧。作为兵学圣典，《孙子》的创新性贡献在于，提出了“兵者诡道”理论，从而揭示了战争的本质规律，并在此基础上创立了传统兵学的理论体系。当然，孙子这一创新性贡献主要是针对战争和军事这一人类特殊的社会活动而言的。关于孙子“兵者诡道”思想在其他社会领域的应用，自古以来就有激烈的争论。

一种意见认为，孙子“兵者诡道”思想是诈术和欺骗，任其流传，必将损害社会的仁爱与道德。比如，高似孙说：

> 兵流于毒，始于孙武乎！武称雄于言兵，往往舍正而凿奇，背义而依诈。凡其言议反覆，奇变无常，智术相高，气驱力奋，故诗书所述，韬匮所传，至此皆索然无余泽矣。②

苏轼对孙子的“诡道”也进行了激烈的抨击，认为此说得行，“则天下纷纷乎如鸟兽之相搏、婴儿之相击，强者伤、弱者废，而天下之乱何从而已乎？”③

另一种意见则认为，孙子“兵者诡道”思想是必要的谋略手段，并

---

① （清）永瑢等：《四库全书总目》卷九九《太白阴经八卷》，清乾隆武英殿刻本。

② （宋）高似孙：《子略·孙子》，明刻百川学海本。

③ 《苏东坡全集·孙武论上》。

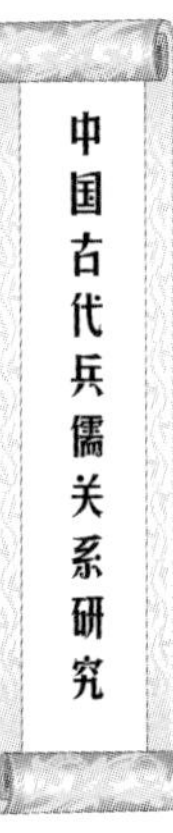

非专指世俗奸诈之术而不可用。比如,郑有贤说:

> 古之人立大事,就大业,未尝不守于正,正不获意,则未尝不假权以济道。夫事业至于用权,则何所不为哉?但处之有道,而卒反于正,则权无害于圣人之德也。①

黄震则指出:

> 所异于先王之训者,惟"诡道"一语。然特自指其用兵变化而言,非俗情所事奸诈之比。且古人诡即言诡,皆其真情,非后世实诈而反谬言诚者比也。若《孙子》之书,岂特兵家之祖,亦庶几乎立言之君子矣。②

在现代社会,尽管大多数学者对孙子思想的社会应用持赞同态度,但亦有不少学者表示反对。比如,廖祖义对兵法应用于商战提出批评说:

> 市场经济是信用经济,与"诡道"水火不容。不难想象,《孙子兵法》中的那套"诡道"一旦引入企业管理领域,市场竞争乃至整个社会经济生活就势必会被"诡道"的阴霾所笼罩,以诚实守信和公开、公平、公正为准则的市场经济也势必会蜕变成到处都是假冒伪劣、坑蒙拐骗的"诡道经济"。③

孙果达则从更广泛的社会领域,对兵法应用之弊进行了阐释分析:

> 兵法中运用得最基本、最普遍、最频繁的也许可以用两个字来概括,那就是"诡"与"诈"。前者是变化多端深藏不露,目的是掩护自己争取出其不意。后者是欺骗引诱制造错觉,目的是误导对方争取事半功倍。如果社会漠视"无信不立"的规律,习惯以"诡"与"诈"作为常用手段来争取或维护自身利益,这个社会将成为什么样的社会,民族现代化素质又如何能够提高。可以断言,当今社会诚信的缺失,与我们长久以来崇尚兵法是不无关系的。

① (宋)郑友贤:《孙子遗说》,中华书局1985年版,第11页。

② (宋)黄震:《黄氏日钞·读诸子·孙子》,元后至元刻本。

③ 廖祖义:《孙子兵法应用于现代企业管理值得商榷》,《攀登》2005年第2期。

试想,一个崇尚和擅长兵法的社会能够重视与建设社会的诚信吗?①

在笔者看来,《孙子》不仅是言兵之书,也是哲学著作,其蕴含的深刻哲理、人文精神及某些战略思想,完全可以应用于非军事领域。然而,在孙子的思想体系中,精华与糟粕是并存的,许多内容是密切联系而不可分割的。因此,我们研究和推广孙子思想在非军事领域的应用,务必持有谨慎持重之心,时刻警惕权谋诈术余毒流布于社会,从而危害中国的道德诚信建设及法治建设。要知道,中国数千年的权谋文化为中国社会所带来的影响是广泛而又深刻的,而广大民众在未能全面把握孙子思想内容的情况下,极难辨识其中的精华与糟粕。

如何既坚持孙子思想的宣传和应用,又切实避免孙子诡诈思想流传社会的诸多弊端,当代学者和有志之士为此做出了很多努力。在笔者看来,通过对兵儒融合的研究和应用,实现兵家思想与儒家思想在当代社会的互补与共融,未尝不是一种良好的途径与方法。为此,我们要充分把握儒家思想与兵家思想在当代社会的最大优势以及相应的价值作用。

二、充分认识和发挥儒家道统思想的作用和价值

千百年来,儒家道统思想一直是华夏道统的主体内容,其以仁爱为核心的政治理想和道德伦理信仰在稳定国家政权、安定社会秩序、支撑整个社会与国家的发展方面起到了显著的历史作用,可以说历代王朝政权的兴衰存亡莫不与此息息相关。

从历史角度看,曾经一统天下、盛极一时的大秦帝国之所以短命而亡,就是因为它独尚法制,刻薄寡恩,背离了中国传统社会之恤民仁本、崇德重礼的文明习惯,丢掉了华夏民族注重亲情伦理的道德理想信念,进而破坏了能够使社会长期稳定发展的政治思想根基。从某种意义来说,一个政权动摇了传统,也就动摇了根本,这是一个最容易被

① 孙果达:《让兵法远离社会——浅论孙子兵法在和平建设时期的影响》,《人民论坛》2005年第4期。

思想短视的统治者忽略的政治问题。可以说，大秦帝国的统治，从动摇华夏传统根基的那一天起，就注定了必然败亡的命运。

两汉时期，汉武帝之“独尊儒术”，只是在礼仪制度层面实现了儒家的政治愿望，而在思想和意识形态领域，儒家思想并没有取得独尊地位。换言之，“独尊儒术”绝对不是对儒家传统政治精神的改造和重建。至于西汉后期及东汉时期，儒学更是因为过于依附现实政治的局限性以及过度神学化、谶纬化的倾向，既终结了自身的高贵与灵性，也丧失了以其思想和良知支撑社会和国家发展的优势。事实上，西汉与东汉之所以在约 200 年的时间内就相继败亡，原因就在于未能真正恢复和重建儒家学说基础上的华夏道统和政治理想。

魏晋南北朝时期，玄学的兴起及佛教、道教的盛行，更加破坏了儒家道统学说在社会发展中的历史作用和价值。玄学崇尚清谈，佛教和道教宣扬神学迷信和消极避世思想，它们虽然适应了战乱环境下统治集团的需求，在一定程度上满足了下层民众的精神需求，但难以取代儒家政治理想和道德信仰对稳定国家政权和社会秩序的支撑作用。这是魏晋南北朝时期国家长期分裂、战争连绵不断、社会动乱不已的一个重要原因。

隋唐两代，在儒、释、道三家并尊的历史条件下，儒学能否因应时代需求继续弘扬华夏道统及社会政治理想，成为亟待解决的问题。正是在此背景下，韩愈高举起反佛大旗，正式提出儒家道统说，并借古文运动，提出“文以载道”的问题，而这个“道”实际上是对儒家思想中所蕴含的“人本”“民本”等人文精神观念的深刻揭示。韩愈提出道统论，目的在于振兴儒学，恢复和重建儒学在思想领域的历史地位，以此规范整个社会政治生活。唐代安史之乱的爆发及之后唐代综合实力的由盛转衰，证明这种努力并未取得实际的客观效果。

明清两代，理学的兴盛，使儒家道统思想地位远超前朝，这对维系当时天下一统的大好局面起到了重要作用，国家内部也获得了政治上的长治久安。明清理学的兴盛，关键在于思想大师们将儒家的政治伦理原则提升到了哲学本体的地位，使其占领了时代道德精神与政治理想的制高点，进而将天下苍生引入了道德崇拜和真诚信仰的精神殿堂。即使晚清之际，在西方侵略势力入侵、中国内忧外患的情况下，也有曾国藩、左宗棠、张之洞等中兴名臣依托儒家理想信念，集结士人，

独撑危局，这彰显了理学的教化之功，充分体现了儒家道统思想的价值和意义。

从历史的经验看，儒家道统思想在稳定国家政权和维护社会秩序方面具有极其重要的地位和作用。在今天，儒家思想固然有其自身的历史局限性和政治局限性，如过于理想化，强调等级制度等，但其所蕴含的政治理想主义、道德理想信念及人文关怀精神却具有普适性价值，仍然可以在政治和道德层面给予诸多启示与借鉴。

第一，传统实际上是一个社会能够长期稳定发展的政治根基与思想根基。时至近代，儒家道统思想的深远历史价值仍为后人所认同和提倡。孙中山先生就说："中国有一个道统，尧、舜、禹、汤、文、武、周公、孔子相继不绝。我的思想基础，就是这个道统，我的革命，就是继承这个正统思想，来发扬光大。"[①]钱穆先生在《国史新论》中也谈道：

> 远从周公以来三千年，远从孔子以来两千五百年，其间历经不少衰世乱世，中国民族屡仆屡起，只是这一个传统直到于今，还将赖这一个传统复兴于后。这是人类全体生命命脉之所在。[②]

从某种意义上讲，动摇了华夏道统也就动摇了国家存续的根本，丢掉了华夏道统也就丢掉了民族昌盛的根基。当前，中国社会一直面临着现代转型的各种深层问题，而要真正解决这些问题，实现中华民族之复兴，一个很重要的方面就在于我们能否针对社会各个层面的现实问题，主动自觉地回归和弘扬儒家道统，进而吸取、融汇传统文化之精髓，建设社会主义新文化。

第二，精英群体在传道方面具有崇高的社会责任和使命。孔子对崇高政治理想的追求，不仅赋予了当时的士阶层以崇高的社会责任和使命，而且使他们找到了安身立命的精神支柱，所谓"士不可不弘毅，任重而道远。仁以为己任，不亦重乎？死而后已，不亦远乎？"[③]余英时先生有言：

---

① 转引自鲁谆等主编：《武昌首义与中华文化：纪念辛亥革命 100 周年学术研讨会论文集》，武汉出版社 2012 年版，第 250 页。

② 钱穆：《国史新论》，三联书店 2001 年版，第 228～229 页。

③ 《论语·泰伯》。

> “哲学的突破”以前，士固定在封建关系之中而各有职事；他们并没有一个更高的精神凭借可持以批评政治社会，抗礼王侯。但“突破”以后，士已发展了这一精神凭借，即所谓“道”。“道”确立以后，“士”的特征已显然不在其客观身份，而在其以“道”自任的精神。①

然而，在物欲横流、金钱至上的当代社会，一些精英人士的自私自利观念已经达到极致。在2012年的一次研讨会上，钱理群教授谈道：“我们的一些大学，包括北京大学，正在培养一些‘精致的利己主义者’，他们高智商，世俗，老到，善于表演，懂得配合，更善于利用体制达到自己的目的。这种人一旦掌握权力，比一般的贪官污吏危害更大。”在“精致的利己主义者”的眼中，个人的私欲和私利是唯一的追求目标，他对国家和社会绝对不会有超越自我的政治理想和远大抱负，也绝对不能承担起传承华夏道统的崇高使命和责任义务。

第三，道德伦理是政治信仰的基石。在社会信仰层面上，中国当代社会确实面临着信仰缺失的问题。一方面，怪力乱神泛起，很多人对马克思主义的正确理论有所怀疑；另一方面，利益至上、娱乐至上，人文精神的空间被大大压缩。一位明星宣布结婚的消息，可以使号称支撑8亿人访问的微博陷于瘫痪；然而，几乎同一时间内，官方发布的关于袁隆平种植海水稻、开耕盐碱地的重大消息却少有人关注，这真可谓“明星家事天下知，英雄伟业无人问”。要知道，缺乏道德精神和道德信仰支撑的社会秩序，其潜在的矛盾和危机是随时随地都有可能发生的。那么，如何重建国人的道德理想和信念？我们需要以传统文化为根基，进而正确认知和探索马克思主义中国化的真理性和实效性。事实上，传统文化与马克思主义中国化有着内在的不可分割关系，传统文化的精华所在正是马克思主义中国化的沃土。

第四，一个具有远大抱负的政治家应该追求终极的政治理想目标。在社会政治层面上，虽然党中央对复兴传统文化有着清醒的认识和自觉，但部分党的基层领导干部并没有认识到传统文化所蕴含的政治理想和道德信仰观念在国家治理中的深远意义。一个具有远大抱

① 余英时：《士与中国文化》，上海人民出版社1987年版，第98页。

负的政治家，应该具有长远的历史眼光和宏观的历史视野。我们党为什么要提倡不忘初心，牢记使命？实际上就是要弘扬党的政治理想，夯实国家发展的政治根基。中国共产党自诞生以来，从小到大、从弱到强，带领中国人民取得了那么多伟大胜利，其实就是道路正确、制度正确。中国最大的软实力就是凝聚亿万人民的根本的社会主义制度。习近平总书记多次强调，要“毫不动摇坚持和发展中国特色社会主义”。谋求国家与社会的长治久安，追求民族的繁荣昌盛，应是一个终极的政治理想目标，而不是追求一时一地的短期功利目标，这是每一位执政者和领导者所必须领悟和遵循的历史法则。

三、重视发掘与应用兵家现实理性及谋略智慧的价值和作用

就兵家而言，其在当代社会的最大价值和作用，在于兵学思想体系中的现实理性认知及相应的谋略智慧，这正是其最能与儒家道统思想相匹配、相辅助的思想观念。

兵家现实理性的第一个突出表现是，其对待战争的慎重态度。战争是人类最残酷的竞争活动，其胜败结局直接决定着国家和民族的命运，故战争活动最能够体现人类的理性精神和理性态度。李泽厚先生指出：“只有在战争中，只有在谋划战争、制定战略、判断战局、选择战机、采用战术中，才能把人的这种高度清醒、冷静的理智态度发挥到充分的程度，才能把它的巨大价值最鲜明地表现出来。”[①]作为兵家的杰出代表，孙子对战争问题的思考正是以现实理性为立足点，反对任何感情用事或依托于天命鬼神的战争决策行为：“主不可以怒而兴军，将不可以愠而致战。合于利而动，不合于利而止。怒可复喜，愠可复悦；亡国不可以复存，死者不可以复生。故明君慎之，良将警之。”(《火攻篇》)值得注意的是，孙子对战争理性的这种高度概括和总结，对先秦时期现实理性精神的形成具有深刻的影响。要知道，当时人们已经明确认识到“国之大事，在祀与戎”[②]，战争在国家政治生活中具有举足轻重的地位，因而战争领域的经验理论总结很容易引起人们的认同和追

---

① 李泽厚：《孙、老、韩合说》，《哲学研究》1984 年第 4 期。

② 《左传·成公十三年》。

随。反而言之，人类一般生活领域虽然也有对现实问题的重视和关注，但远不如战争活动那样突出而深刻，因而就不能有效地促进人类在这一问题上的反思和觉醒。

兵家现实理性的第二个重要表现是，对现实功利的追求。比如，《孙子》一书中共讲到52个“利”字，以利为本是孙子战争观的核心。在先秦诸子中，孙子的战争观念，既不是儒家的“仁战”“义战”，也不是道家、墨家的“非战”“非攻”，更不是法家的“尚战”“务战”，而是以利为本的“利战”，所谓“非利不动，非得不用，非危不战”；“合于利而动，不合于利而止”（《火攻篇》），一切以我方的利益算计为转移。对此，有学者指出：

> 孙子研究战争的落脚点不在于胜负，而在于利害。利害是考虑战争行动的最基本的依据。在整个战争过程中都必须站在战略全局的高度，充分考虑利害得失……以利害关系为尺度，形成了一条用兵作战的基本要求：用最小的代价换取最大的胜利。这种情况发展到极致，便是孙子“不战而屈人之兵”的全胜思想。①

兵家现实理性的第三个突出表现是，辩证思维基础上的知行合一思想。战争是对抗性活动，对战争的认知要求人们分析任何一种现象和事物时，要把它们看作对立但又不可分离的矛盾共同体。唯如此，才能真正抓住问题的要害，准确把握它们的本质特征，进而指导或谋划主体的活动。这正是《孙子》一书出现大量对立统一范畴的根本原因。再者，孙子谋略思想的魅力之处正在于，通过辩证思维将这些对立统一的范畴活化为关于战争的现实智慧：“战势不过奇正，奇正之变，不可胜穷也。”（《势篇》）“攻而必取者，攻其所不守也。守而必固者，守其所必攻也。”（《虚实篇》）。李泽厚先生对兵家的这种辩证思维方法做过深刻的分析，即“要求以一种概括性的二分法即抓住矛盾的思维方式来明确、迅速、直截了当地去分别事物、把握整体，以便作出抉择。所谓概括性的二分法的思维方式，就是用对立项的矛盾形式概括出事物的特征，从而便于掌握住事物的本质”②。

---

① 赵海军：《孙子学通论》，军事科学出版社2004年版，第52页。

② 李泽厚：《孙、老、韩合说》，《哲学研究》1984年第4期。

在现实理性观念的基础上，孙子通过对战争这一特殊社会现象的分析，深刻揭示了战争指导的基本规律，进而总结了许多有关战争的谋略思想和用兵原则。比如：战略决策层面的庙算、全胜、速胜、称胜等战略思想；战争指导层面的避实击虚、出奇制胜、以迂为直、我专敌分、因情造势、因敌制变等兵学原则和战术思想；治军管理层面的令文齐武、以情带兵、用兵如一、深入则专等基本原则。这些思想和原则与竞争中的基本原理和方法是相通的，可以说，它是《孙子》所概括和总结出的人类宝贵的生存智慧与精神财富。

兵家的现实理性及谋略智慧在当代社会亦具有特殊的地位和作用。比如，在社会理想与社会现实结合的问题上，孙子既不同于儒家、墨家的极端理想主义，又区别于道家只讲利己之事功、不讲道德精神价值的消极无为主义，而是以敏锐的目光和冷静清醒的认知态度，将自己的理想诉求建立在客观现实之上。这对我们探求强国之路，实现民族复兴是非常有益的启示。有学者指出："两年前，中国的经济总量超过日本，成为全球第二大经济体。庆贺之余，大家都在掐指计算着中国什么时候超过美国，成为全球第一大经济体。但当经济总量真的超过美国时，中国是否意味着就成了现代化的强国？对于这个问题，谁也无法正面回答。"[①]更有学者强调："没有文明转型，大国崛起不可续，民族复兴不可济。大国崛起的逻辑是融入、参与全球化，顺势而为，乘势而上。"[②]总之，实干兴邦，空谈误国，自大则骄，狂妄则败。要实现中华民族之复兴，一方面需要理性的"知"，要客观真实地了解当今世界的现状及中国所处的地位，另一方面则需要谨慎的"行"，要扎扎实实、脚踏实地，用勤劳的双手托起伟大的"中国梦"。

四、结　论

儒家道统思想的政治理想及道德理想信念，不仅在中国历史上发挥了巨大的作用，对当代社会政权的稳定及各种社会问题的解决也具有重要的启示意义。他们提出的人与人、人与社会、人与自然都要和

---

① 陈圣来：《美国梦和中国梦》，《解放日报》2012 年 8 月 12 日。

② 王义桅：《破解后崛起时代的道统性难题》，《学术前沿》2013 年第 3 期。

谐相处、互利互惠的原则，永远反映着人类中大多数人的需求，因而具有跨越时空的淑世性。然而，受儒家和谐价值观、道德理想主义及等级观念的影响，中国的传统文化也存在着明显缺陷。比如，过于追求社会稳定，推崇中庸之道，难以适应优胜劣汰和资源优化的社会竞争现实，而“知足常乐”“委曲求全”等思想则大大抑制了人的个性发展与创新理念。

与儒家的忍辱负重、恭谦礼让相反，兵家公然宣称战争或竞争的合理性，主张通过“争”以达到击败对手、成就自我的目的，并在此基础上形成一套完整的竞争制胜理论和方法论体系。它启示我们：人类竞争是一种普遍的社会现象，是推动社会发展的根本动力。然而，不可讳言的是，兵家思想所孕育的战争观或竞争观念又是异常残酷的，其对暴力与血腥的推崇也使人类在竞争中付出了惨痛代价。如何彻底改变、超越丛林世界的基本法则，单靠兵家理论和兵家智慧是难以实现的。

有鉴于此，历史上“兵儒互补”和“兵儒融合”的文化现象在当代社会仍有深刻的价值。儒学对治国安邦之道有重要的启示，兵学对竞争制胜之道有深刻的借鉴意义；儒家思想重在伦理，具有超越性品格；兵家思想重在功利，具有现实理性品格。兵儒关系从本质上讲就是国家治理上的文武之道、战略文化上的刚柔并济、竞争文化上的“仁诈合一”，其中的理论和实践意义不仅对中华民族复兴具有深远影响，而且对世界人类文明的发展有深刻的启迪价值。

主要参考文献

一、古籍

1.(汉)河上公注,(汉)严遵指归,(三国)王弼注,刘思禾校点:《老子》,上海古籍出版社 2013 年版。

2.(清)颜元:《颜习斋先生四书正误》,上海古籍出版社 1996 年版。

3.(清)孙星衍等辑,郭沂校补:《孔子集语校补》,齐鲁书社 1998 年版。

4.(清)毕沅标注,吴旭民标点:《墨子》,上海古籍出版社 2014 年版。

5.杨思贤译注:《孔子家语译注》,中州古籍出版社 2016 年版。

6.(周)吕望:《六韬》,清平津馆丛书本。

7.陈澔注:《礼记》,上海古籍出版社 1987 年版。

8.(春秋)左丘明著,蒋冀骋点校:《左传》,岳麓书社 2006 年版。

9.陈戍国点校:《四书五经·孟子》,岳麓书社 2014 年版。

10.(宋)陈祥道:《论语全解》,清文渊阁《四库全书》本。

11.郭超主编:《四库全书精华·吴子》,中国文史出版社 1998 年版。

12.(战国)左丘明著,(三国)韦昭注,胡文波校点:《国语》,上海古籍出版社 2015 年版。

13.(战国)韩非撰,(元)何犿注:《韩非子》,清文渊阁《四库全书》本。

14.(战国)吕不韦:《吕氏春秋》,北方文艺出版社 2014 年版。

15.(西汉)刘向辑录:《战国策》,上海古籍出版社 1985 年版。

16.(汉)班固:《汉书》,岳麓书社 2008 年版。

17.(汉)黄石公著,陈世平译评:《三略》,经济日报出版社 2012 年版。

18.(汉)刘安著,(汉)许慎注,陈广忠校点:《淮南子》,上海古籍出版社 2016 年版。

19.(汉)司马迁:《史记》,中华书局 1959 年版。

20.(汉)桓宽:《盐铁论》,上海人民出版社 1974 年版。

21.(三国)诸葛亮著,韦建黎解译:《将苑》,广西人民出版社 2007 年版。

22.(三国)鲁肃注:《孔子家语》,《四部丛刊》景明翻宋本。

23.(晋)袁宏撰,李兴和点校:《袁宏后汉纪集校》,云南大学出版社 2008 年版。

24.徐寒主编:《中华传世兵书全集·便宜十六策》,线装书局 2006 年版。

25.(晋)陈寿撰,(宋)裴松之注:《三国志》,中华书局 1982 年版。

26.(宋)范晔撰,(唐)李贤等注:《后汉书》,中华书局 2000 年版。

27.(唐)杨倞注,耿芸标校:《荀子》,上海古籍出版社 2014 年版。

28.(唐)李靖:《李卫公问对》,续古逸丛书景宋刻《武经七书》本。

29.(唐)杜牧:《樊川文集》,上海古籍出版社 1978 年版。

30.(唐)杜佑著,颜品忠等校点:《通典》,岳麓书社 1995 年版。

31.(唐)房玄龄等撰:《晋书》,中华书局 1974 年版。

32.(唐)李筌:《神机制敌太白阴经》,东北财经大学出版社 2012 年版。

33.(唐)赵蕤:《长短经》,清文渊阁《四库全书》本。

34.骈宇骞译注:《唐太宗李卫公问对译注》,河北人民出版社 1992 年版。

35.(后晋)刘昫等撰,陈焕良、文华点校:《旧唐书》,岳麓书社 1997 年版。

36.(宋)陈亮:《陈亮集》,中华书局 1974 年版。

37.贡安南译注:《何博士备论译注》,军事科学出版社 1989 年版。

38.(宋)罗大经撰,孙雪霄校点:《鹤林玉露》,上海古籍出版社 2012 年版。

39.(宋)刘敞:《公是集》,中华书局 1985 年版。

40.(宋)苏轼:《苏东坡全集》,北京燕山出版社 2009 年版。

41.(宋)苏洵著,张以文、刘凯译析:《权书》,民族出版社 2000 年版。

42.(宋)楼钥:《范文正公年谱》,明正德十二年(1517)叶士美欧阳席刻本。

43.(宋)范仲淹:《范文正公集》,《四部丛刊》景明翻元本。

44.(宋)司马光:《资治通鉴》,清文渊阁《四库全书》本。

45.(宋)岳珂编,王曾瑜校注:《鄂国金佗粹编》,中华书局 1989 年版。

46.(宋)朱熹撰,金良年今译:《四书章句集注》,上海古籍出版社 2006 年版。

47.(宋)赵汝愚编:《宋朝诸臣奏议》,上海古籍出版社 1999 年版。

48.(宋)陈傅良,陈国勇主编:《历代兵制》,广西民族出版社 2003 年版。

49.(宋)叶适撰,刘公纯、王孝鱼、李哲夫点校:《水心别集》,中华书局 1961 年版。

50.(元)脱脱等:《宋史》,中华书局 1977 年版。

51.(明)戚继光著,盛冬铃点校:《纪效新书》,中华书局 1996 年版。

52.(明)戚祚国:《戚少保年谱耆编》,清道光刻本。

53.(明)戚继光:《练兵实纪》,清文渊阁《四库全书》本。

54.(明)戚继光:《止止堂集》,清光绪十四年(1888)山东书局刻本。

55.(明)王阳明著,阎韬注评:《传习录》,江苏古籍出版社 2001 年版。

56.(明)钱德洪:《平濠记》,清初钞本。

57.(明)刘寅直解,张实、徐韵真点校:《武经七书直解》,岳麓书社 1992 年版。

58.(明)胡应麟:《少室山房笔丛》,(台北)商务印书馆 1986 年版。

59.(明)张溥辑:《汉魏六朝百三家集》,清文渊阁《四库全书》本。

60.(明)赵本学:《孙子书校解引类》,齐鲁书社 1993 年版。

61.(明)王守仁撰,吴光编校:《王阳明全集》,上海古籍出版社1992年版。

62.(清)张廷玉:《明史》,岳麓书社1996年版。

63.(清)王夫之著,勾利军、刘海文主编:《读通鉴论》,山西人民出版社1994年版。

64.(清)曾国藩著,李瀚章编:《曾国藩书信》,中国致公出版社2011年版。

65.(清)曾国藩:《曾文正公全集》,世界书局1936年版。

66.(清)蔡锷辑录:《曾胡治兵语录》,民国六年(1917)本。

二、著作

1. 霍印章编著:《孙膑兵法浅说》,解放军出版社1986年版。

2. 范中义:《戚继光评传》,解放军出版社2014年版。

3. 宫玉振:《书剑飘逸:中国的兵家与兵学》,解放军出版社1999年版。

4. 宫玉振:《中国战略文化解析》,军事科学出版社2002年版。

5. 宫玉振:《中国战略文化解析》,军事科学出版社2002年版。

6. 龚延明:《岳飞评传》,南京大学出版社2001年版。

7. 洪兵:《孙子兵法与经理人统帅之道》,中国社会科学出版社2005年版。

8. 李零:《司马法译注》,河北人民出版社1992年版。

9. 李零:《兵以诈立:我读〈孙子〉》,北京大学出版社2006年版。

10. 钮先钟:《孙子三论》,广西师范大学出版社2003年版。

11. 钮先钟:《战略家》,广西师范大学出版社2003年版。

12. 王惠敏编:《李世民全传》,华中科技大学出版社2013年版。

13. 王瑞功主编:《诸葛亮研究集成》,齐鲁书社1997年版。

14. 魏鸿:《宋代孙子兵学研究》,军事科学出版社2011年版。

15. 吴九龙主编:《孙子校释》,军事科学出版社1991年版。

16. 许保林:《中国兵书通览》,解放军出版社2002年版。

17. 于汝波:《孙子兵法研究史》,军事科学出版社2004年版。

18. 张凡:《李贽散文选注·孙子参同》,北京师范学院出版社1991年版。

19. 张祥浩:《王守仁评传》,南京大学出版社 1997 年版。

20. 赵国华:《中国兵学史》,福建人民出版社 2004 年版。

21. 赵海军:《孙子学通论》,国防大学出版社 2000 年版。

22. 曾枣庄:《三苏评传》,上海书店出版社 2016 年版。

23. 周斌:《〈长短经〉校证与研究》,巴蜀书社 2003 年版。

24. [德]克劳塞维茨:《战争论》,中国人民解放军军事科学院译,解放军出版社 1964 年版。

三、期刊

1. 陈二林:《论孙子兵法的"利本"思想》,《济南大学学报》2001 年第 6 期。

2. 陈亚如:《六韬论》,《上海师范大学学报》1992 年第 2 期。

3. 范中义:《明代军事思想简论》,《历史研究》1996 年第 5 期。

4. 付开镜:《司马懿父子的卑劣人格:晋王朝松软的立国根基》,《许昌学院学报》2006 年第 6 期。

5. 傅秋涛:《略论王阳明对传统儒学的批判及意义》,《湖南社会科学》2010 年第 1 期。

6. 高尚刚:《略论孔子的军事思想》,《河南师范大学学报》1986 年第 4 期。

7. 宫玉振:《和合价值观与中国传统兵学的文化性格》,《滨州学院学报》2010 年第 5 期。

8. 宫玉振:《援儒入兵:〈曾胡治兵语录〉的理学底蕴》,《滨州学院学报》2003 年第 5 期。

9. 郭绍林:《唐代文人李筌的兵书〈太白阴经〉》,《西安外国语学院学报》2002 年第 2 期。

10. 黄朴民:《兵家亚圣,制胜钤键——〈吴子兵法〉略议》,《绍兴文理学院学报》2009 年第 5 期。

11. 黄朴民:《历史的真实与历史的重构——兼论儒家有关上古战争现象的虚拟化解读》,《文史哲》2012 年第 3 期。

12. 黄朴民:《秦汉兵学的建树及其文化特征》,《济南大学学报》2001 年第 5 期。

13. 黄朴民:《中国历代军事思想的演化大势及其特征》,《浙江社会科学》1997 年第 5 期。

14. 黄朴民《荀子军事思想简述》,《邯郸学院学报》2013 年第 4 期。

15. 李存山:《范仲淹与宋代儒学的复兴》,《哲学研究》2003 年第 10 期。

16. 李泽厚:《孙、老、韩合说》,《哲学研究》1984 年第 4 期。

17. 李泽厚:《中国思想史杂谈》,《复旦学报》(社会科学版)1985 年第 5 期。

18. 刘庆:《"文人论兵"与宋代兵学的发展》,《社会科学家》1994 年第 5 期。

19. 倪乐雄:《孔子与战争》,《军事历史研究》1999 年第 4 期。

20. 倪乐雄:《农耕社会军事思维的超越——儒家战争观与现代军事技术之间的艰难对话》,《学术界》2008 年第 2 期。

21. 倪乐雄:《战争的文化透视》,《读书》1992 年第 3 期。

22. 钱明:《王阳明兵学著作考述》,《江西师范大学学报》(哲学社会科学版)2019 年第 2 期。

23. 王珏:《有关〈孙子〉研究的新认识》,《中国军事科学》2016 年第 4 期。

24. 王联斌:《走向安国、人道与和平——孙子兵法道德资源对现代世界文明的价值》,《军事历史研究》1999 年第 1 期。

25. 魏鸿:《〈权书〉与〈孙子兵法〉异同探论》,《军事历史研究》2006 年第 2 期。

26. 魏鸿:《孙子兵法儒学化与中国传统兵学文化的建构》,《解放军艺术学院学报》2015 年第 1 期。

27. 魏鸿《范仲淹边防思想与实践述论》,《军事历史》2016 年第 1 期。

28. 吴如嵩:《试论孙子兵法军事思想的文化解读》,《滨州学院学报》2005 年第 5 期。

29. 阎盛国:《孙子兵法对王阳明兵学思想的影响》,《史学月刊》2009 年第 9 期。

30. 俞正山:《仁为兵本,兵依仁用——略论先秦兵学的人道观念及人道规则》,《西安政治学院学报》2008 年第 1 期。

31. 张颂之:《兵家文化与儒家兵文化》,《孙子学刊》1992 年创刊号。